우리는
왜
이런 시간을
견디고 있는가

삶을 소진시키는
시간의 문제들

우리는
왜
이런 시간을
견디고 있는가

노동시간센터 기획
전주희
김영선
정재현
김보성
신경아
정하나
김형렬
김인아
최민
강수돌

코난북스

우리는 왜 이런 시간을 견디고 있는가

추석 마지막 날 꽉 막힌 귀경길. 라디오에서 재밌는 얘기가 들렸다. 2017년 추석의 빨간 날에 대한 내용이었다. 그해 추석 연휴가 장장 열흘간 이어진다고 한다. 화요일인 개천절이 추석 연휴 첫날과 겹쳐 대체휴일로 10월 6일 금요일까지 쉴 수 있고, 주말 이후 돌아오는 월요일이 한글날이다. 그러니 10월 2일 월요일에 연차 휴가를 쓸 수 있는 직장인이라면 9월 30일 토요일부터 10월 9일 월요일까지 무려 열흘을 쉴 수 있다는 것이다. 검색해보니 '역사상 가장 긴 빨간 날', '꿀추석', '초황금연휴', '연휴 대박', '그때까지 꾹 참고 열심히 살아봅시다!', '2017년 황금연휴 마음껏 즐기자'처럼 한껏 들뜬 제목을 단 기사가 쏟아졌다. 마찬가지 패턴이 2044년에 반복된다며 '우리가 2044년 10월까지 살아야 하는 이유', '그때까지는 죽으면 안 돼'라는 꽤 야단스러운 제목의 기사도 눈에 띄었다. 물론 열흘 동안 내리 쉬려면 조건이 있다. 연차를 쓸 수 있느냐에 따라, 대체휴일제를 적용하는 기업에 다니느냐에 따라 연휴의 길이는 달라진다. 어쨌든 2017년 연휴가 기다려지는 것은 사실이다.

그런데 왠지 씁쓸했다. 이런 빨간 날을 기다리지 않고도 우리는 2주 연속 휴가를 얼마든지 쓸 수 있음에도 그러지 못하는 현실 때문이다. 한국의 휴가 총량은 사실 프랑스의 그것과 크게 다르지 않다. 하지만 휴가 소진율이 50퍼센트를 밑돌고 연속 휴가를 보장하지 않는 사회적 분위기 탓에 프랑스의 바캉스 같은 2주짜리 휴가는 우리에게 꿈같은 얘기다. 제도의 효율성만 높여도 2017년 또는 2044년을 우리가 손꼽아 기다릴 필요가 없지 않을까. 제도의 효율성을 높이는 동시에 휴가의 대상 범위를 넓혀 현실 적합성을 높인다면 호들갑스러운 기사에 일희일비할 필요 없이 우리도 평상시에 2주 연속 바캉스를 즐길 수 있지 않을까.

다가올 미국 대선의 후보 가운데 가장 예외적인 인물이면서 돌풍을 일으키고 있는 인물인 버니 샌더스. 그가 한결같이 던지는 질문이 있다. "우리는 왜 이것을 견디고 있는가?" 그의 질문은 상위 1퍼센트가 하위 99퍼센트보다 많은 부를 소유한 왜곡된 경제 구조에 문제를 제기하기 위함이다. 그는 기괴한(grotesque) 수준의 불평등을 낳는 현재의 자본주의 시스템에 직격탄을 날리면서 '주 40시간을 일하는 사람이 빈곤해서는 안 된다'라고 외친다. 그런데 그가 던진 질문과 직격탄이 미국에만 해당하는 것은 아니다. 우리라고 예외는 아닌 것이다.

2천 시간이 훌쩍 넘는 장시간 노동 사회, 이러한 우리네 삶에서 쉼과 여유 부리기는 불가능하다. 아이와 마주할 시간, 햇살을 머금을 시간, 새를 관찰할 시간, 동네 산책길을 어슬렁거릴 시간, 뉘엿한 석양 녘 평온한 저녁을 가질 시간, 사람을 만나고 사랑할 시간, 이 모두가 불가능하다. 시간 박탈, 시간 빈곤, 시간 기근, 시간 소외, 시간 불평등…… 그것을 무엇이라 부르든 장시간 노동 사회에서 우리는 절대적인 시간 부족에 시달릴 수밖에 없다.

시간 구조는 중요하다. 우리가 발 딛은 시간 구조가 어떠한가에 따라 우리 삶의 질은 다르게 모양 지어진다. 노동 패턴을 비롯해 식생활, 가족관계, 사회관계, 여가 활동, 수면 패턴, 심지어 사물에 대한 감각이나 세계관까지 시간 구조에 따라 다르게 구성되기 때문이다.

여가 없는 사람을 노예라 여겼던 아리스토텔레스의 설명대로라면 노동시간 외에 거의 틈이 없는 상태가 일상이 되어버린 우리 대부분은 노예의 범주에 들어가는 것이 아닌가. 우리는 왜 이런 시간을 견디고 있는가. 질문하지 않을 수 없다.

이 글을 작성할 즈음 우연하게 '요크셔 노예제'라는 기사를 접했다. 영국의 사회개혁가였던 리처드 오슬러가 1830년 〈리즈 머큐리〉에 투고한 글이다. 오슬러는 "매일 아침 여섯 시부터 저녁 일곱 시까지 오직 30분의 식사시간만을 제공 받은 채 줄곧 혹독한 노동"을 하는 노동자들을 노예에 빗댔다. 아동노동 문제를 드러내는 글이긴 하지만 당시의 노동을 노예제에 빗댄 그의 일갈은 어찌 보면 그 옛날 저 먼 나라 이야기만이 아니라 지금, 여기, 우리에게도 유효한 문제제기다.

"한 달에 두 번 쉬는 일요일이라도 제대로 쉬게 해달라"던 어느 노동자의 외침이나 "즐겁게 땀 흘려 노동하고/ 뉘엿한 석양녘/ 동료들과 웃음 터트리며 공장문을 나서/ 조촐한 밥상을 마주하는/ 평온한 저녁을 가질 수는 없는가"라던 어느 시인의 시구는 여전히 요원한 바람에 불과한 경우가 다반사다. 시간 박탈을 유발하고 삶을 곯게 만드는 장시간 노동 사회. 이것이 시간 문제를 또다시 다루어야 하는 본질적인 이유다. 이 책에서 김인아, 김형렬, 김보성의 글은 장시간 노동이 건강과 가족에 미치는 영향을 현재적 맥락에서 구체화하면서 시간 문제를 곱씹는다.

지금 여기서 시간 문제를 다시 꺼내들어야 하는 이유가 하나 더 있다. 우리는 시간 문제가 길이 차원뿐만 아니라 배치 차원에서도 더욱 중요해진 새로운 노동 세계에 발을 딛고 있다. 6 더하기 4와 9 더하기 1의 합은 같아도 평균의 의미는 다르다. 마찬가지로 야간 노동을 하는 맞벌이 부부는 여느 맞벌이 부부와 노동시간의 총량이 같다고 하더라도 그 의미는 질적으로 다르다.

해리엇 프레서는 밤에 일하는 사람이 많아지면서 커플 중 한 명은 낮에 일하고 나머지 한 명은 저녁에 일하게 되어, 마치 프로레슬링 선수처럼 바통을 넘기면서 일을 하며 살아가는 맞벌이 부부를 태그팀 커플(tag-team couple)이라 말한다. 24시간 회전하는 한국사회에서 이러한 시간의 배치 문제는 더욱 고민해야 하는 지점이다. 물론 시간의 배치 문제는 야간 노동자에만 해당되는 것이 아니다. 일상의 모든 시간을 자기계발에 투여하도록 몰아가는 신자유주의 시대를 살아내야 하는 우리 모두가 고민해야 하는 문제다. 정하나, 전주희, 정재현, 신경아, 강수돌, 최민, 김영선의 글은 이렇듯 '변화하는' 노동 세계에서 일어나는 시간 문제의 독특성을 포착한다. 이 책은 노동시간 자체에 대한 문제 제기에서부터 시간을 둘러싼 투쟁 방식의 변화까지 새로운 형태의 시간 문제들을 담았다.

이 책의 기획은 한국노동안전보건연구소의 월간지 〈일터〉에 게재되었고 〈오마이뉴스〉의 '노동시간에 대해 말해야 하는 것들' 시리즈에 실렸던 기사에서 시작되었다. 기획 연재를 통해 노동시간센터는 "자신이 더 행복할 수 있고, 우리 모두 더 행복할 수 있는 삶의 시간을 넓히고 또 새롭게 만들어가려면 '노동시간' 문제는 우리가 거쳐야 하는 중요한 시험대"임을 강조했다. 이 글들을 보고 코난북스에서 출간을 제안했고, 사회학·의학·경영학·경제학·여성학·철학을 전공한 열 명의 필자들이 새로 글을 썼다. 노동시간센터는 앞으로도 노동시간을 포함한 한국사회의 기괴한 시간 구조를 해체하기 위한 일련의 실천을 전개하고자 한다. 이 책은 그 첫걸음이다.

한갓진 시간 속에서 우리 모두 더 행복할 수 있는 삶을 기대하며

김영선

차례 ————————————————————————————

1장

/

시간을 강탈하는 부채

비타500 인생

—

A홈쇼핑에서 텔레마케터로 일하는 지은의 별명은 '비타500'이다. 출근하는 지은의 손에는 오늘도 어김없이 비타500 음료가 뚜껑이 따진 채로 들려 있고, 나머지 한 손에는 최근 지은의 주식인 '참치마요 삼각김밥' 원 플러스 원 묶음이 들려 있다. 지은은 운동화 뒤축을 질질 끌면서 엘리베이터에서 내려 사무실로 들어오는 참이다.

"비타500 왔니?"

"지은이는 오늘도 비타500이네. 호호호."

팀의 막내인 지은을 반기며 언니들이 한마디씩 인사를 건넨다. 지은은 콜센터에서 저녁 일곱 시부터 새벽 세 시까지 야간 조로 일한다. 야간 조 근무시간에는 넥타이를 맨 정장 차림의 젊은 남성도 곧잘 눈에 띈다. '투잡맨'인 그들은 풀어헤친 넥타이와 걷어 올린 와이셔츠 차림으로 이제 막 두 번째 직장에 출근하는 길이다. 콜센터에 어울리지 않는 정장 차림으로 헤드셋을 주섬주섬 챙긴다. 오자마자 의자에 털썩 앉아 한숨 돌릴 틈도 없이 여성 노동자들 틈에 끼어 두 번째 노동을 시작한 그의 목소리가 벌써부터 건조하다.

홈쇼핑 콜센터에서 주문 전화를 받는 일은 야간 조를 뛰면 오전 근무를 할 때보다 월급이 더 두툼하다. 야간수당이 붙는 것은 물론이고 밤에는 구내식당이 문을 닫아 저녁 식대가 별도로 지급되기 때문이다. 그렇지만 밤늦게 나가서 뭘 사먹기도 뭐하고 무엇보다 식사시간이 온전하게 한 시간이 되는 날이 적기 때문에, 다들 식사는 주로 도시락을 싸오거나 편의점에서 파는 음식들을 사 와 휴게실에서 조별로 돌아가면서 해결한다.

두 달 전에 지은은 한참 친구들과 어울려 다닐 시간인 야간 조 근무시간으로 옮겨 왔다. 다니던 4년제 대학교를 휴학했지만 다시 학교로 돌아갈 생각은 없다고 했다.

"졸업해봤자 월 2백만 원짜리 직장 얻기 힘들어요."

대학 입학하고 나서 2년 동안 지은은 하루 세 끼를 제대로 먹어본 적이 없다. 매달 30만 원씩 내야 하는 고시원 월세에 생활비까지 벌려면 하루도 쉬지 않고 아르바이트를 해야 했고, 학교 수업에 팀플에 과제를 해내는 것만으로도 시간이 꽉 채워졌기 때문이다. 아침이 되어도 피곤에 잠겨 있는 지은의 몸을 깨우는 것은 비타500이다. 야간 조로근무시간을 바꾼 이후로 지은이 마시는 비타500은 대용량으로 바뀌었다. 마지막 한 방울을 혀끝에 톡톡 털면서, 지은은 이미 계산을 끝낸 자신의 삶에 대해 말한다.

"알바하면서 좋은 성적으로 대학 졸업하기 힘들어요. 그리고 좋은 성적으로 졸업해봤자 요즘 대졸자 월급 2백만 원 못 받는 곳은 또 얼마나 많다구요."

홈쇼핑 전화 상담 업무가 입에 밴 탓인지 지은은 같은 이야기를 한 번 더 말하는 습관이 있다. 지은이 결국 학교로 돌아가지 않고 홈쇼핑 야간 근무를 선택한 것은 대학을 더 다닌다면 학자금 대출 금액은 더욱 늘어날 것이고, 아르바이트와 학교 수업을 병행하며 버텨 2년이라는 시간을 투자해야 하는데, 그래봐야 투자가치가 마이너스라고 셈을 마쳤기 때문이다.

교육부채, 부모와 자식의 부비 트랩
–

지은의 가족처럼 학자금 대출을 받는 대학생 가족은 IMF 위기 이후부터 본격적으로 늘어나기 시작했다. 자식 교육이라면 물불 가리지 않는 한국의 부모들이 갑자기 쿨해졌기 때문일까. '너도 이제 대학생이니 자립을 해야 하지 않겠니. 대출을 받든 일을 해서 벌어 해결하든 이제 네 등록금과 생활비는 네 스스로 해결하거라.' 그러나 얼어붙은 것은 부모의 교육열이 아니라 수입이다. 부모의 노동이 불안정해지면 소득 감소로 이어진다. 소득이 줄면 지출을 줄인다. 그럼에도 그중 가장 나중에 손대는 것이 아이들 학원비다. 우리나라 부모의 89.9퍼센트는 자녀가 대학생이 되어도 양육의 책임이 있다고 생각한다.[1] 그럼에도 불구하고 학자금 대출이 늘어나고 있다는 것은 자녀의 대학 등록금을 마련해주지 못하는 부모가 늘어난다는 뜻이다. 지원은 물심양면으로 이루어져야 하는데 물질이 따르지 못하니 죄책감과 미안함이 물질의 빈자리를 메꾼다.

자본주의 사회에서는 부모 노릇도 자식에게 투자하는 비용으로 환산되지 않던가. 따라서 부모의 경제적 능력을 넘어서 공부하겠다는 자식에게 미안한 마음을 가지는 것에서 그쳐서는 안 된다. 그만큼 투자비용으로 환전이 가능해야 한다. '강남 아줌마 신화'는 모성이 투자가치로 환산된다는 것을 상징적으로 보여준다.

그런데 오늘날 교육비용의 증대는 실상 투자라기보다는 생존비용에 가깝다. 이만큼 투자하지 않으면 생존할 수 없다는 절박함이 교육비용의 과잉 투자를 이끈다. 사회적으로 일자리가 부족할수록 교육에 대한 투자는 과도하고 비정상적으로 늘어난다. 삶이 불안정해질수록 안정적인 일자리에 대한 열망이 높아지게 되고 이는 교육에 대한 과도한 지출을 감수하게 만든다. 미래를 위해 투자하면 할수록 미래의 삶이 더욱 불안정해지고 빈곤해지는 역설적인 상황은 가족 단위의 삶을 들여다보면 더욱 선명해진다. 불안정한 삶은 젊은 세대만의 문제가 아니라 한 가족의 삶을 변형시킨다.

IMF 위기 이후 청년의 일자리가 불안정해진 만큼 중장년의 일자리도 높은 인건비와 낮은 생산성을 이유로 구조조정의 주된 대상이 되어왔다. 명예퇴직, 희망퇴직의 칼바람을 운 좋게 피했어도 그들의 일자리는 더 이상 안녕을 보장받지 못한다. 노사가 맺은 단체협약이나 취업규칙 상의 정년은 권고사직, 고과성적 미달자 퇴출, 대기발령 등의 형태로 일상적으로 파기되고 있다. 구인구직 웹사이트 잡코리아가 2015년에 실시한 조사는 직장인들이 체감하는 고용 불안이 어느 정도인지 잘 보여준다. 직장인들인 현실적으로 체감하는 퇴직 예상 연령은 평균 52세다. 이 숫자를 연령별로 갈라놓고 보면 나이가 낮을수록 예상하는 퇴직 시기가 빨라진다. 20대 직장인들은 자신이 48.6세가 되면 어떤 방식으로든 고용이 종료될 것이라고 응답했다.[2] 이들은 노동조합과 회사 측이 체결한 단체협약이나 취업규칙 상 박아놓은 정년의 숫자가 오히려 비현실적인 것이라고 생각하고 있는 듯하다. 매순간 해고 위협을 체험하고 있기에 미리 체념하고 있다고 봐야 할까. 서류 속 숫자와 현실에서 체험된 숫자의 간극 사이에 자신이 희망하는 숫자 따위란 중요하지 않다는 체념 말이다.

가까스로 취업을 해도 미래의 불안이 해소된 것은 아니기에, 불안은 늘 현재의 삶으로 되돌아온다. 살에 달라붙는 거머리처럼 삶에 들러붙은 불안은 떨치려야 떨칠 수 없이 나의 현재를 앙상하게 만든다. 이제 불안은 세대를 이어 대물림하는 시대의 감성이 되어버렸다.

지은이 대학에 합격했을 때, 지은의 엄마는 지은에게 짜증을 냈다. "이번 학기만 해줄 테니, 다음 학기부터는 너 알아서 해라." 지은의 부모는 늙어서 자식에게 짐이 되지 않겠다는 이야기를 아침저녁으로 불경 외우듯 중얼거렸지만, 자식 역시 부모의 짐이 되는 게 버거울 만큼 버겁게 된 지 오래다. 지은의 오빠는 공부를 잘해 서울의 명문대에 합격했고 대학원까지 진학했다. 그리고 3천만 원을 훌쩍 넘은 학자금 대출이 그가 공부한 양만큼 쌓여버렸다. 처음 오빠가 등록금을 학자금 대출로 해결하겠다고 했을 때 지은의 엄마는 하릴없이 매일 오빠에게 전화를 했다. "학자금 대출을 받는다더니……. 어떻게 되고 있니." 진행 과정을 묻는 것도 아니고, 그다지 결과를 궁금해하는 것 같지도 않았다. 엄마의 말은 등록금을 내주지 못해 미안하다는 말 대신이었다. 사회에 나가기도 전에 대출을 받기 위해 서류를 떼러 이리저리 뛰어다니고 있을 아들 모습이 눈에 밟혀 매일 전화를 했던 것이다. "학자금 대출 받는다며……. 어떻게 돼가고 있니."

우리나라에서 교육비 관련 대출이 증가하는 속도는 가계부채 증가율(6퍼센트)의 두 배가 넘는다. 이는 학생 본인뿐만 아니라 부모가 빌린 경우까지 포함하여 가계가 교육비 지출을 위해 빌린 대출이 다른 용도의 대출보다 두 배 이상 빠르게 늘었다는 의미다.[3]

한국사회의 남다른 교육열과 경제 상황에 더해, 대출 중심의 정부 정책은 '교육부채'를 빠른 속도로 증가시키고 있다. 정부는 한국장학재단을 중심으로 본격적으로 학자금 대출 사업을 벌이고 있다. 한국장학재단의 학자금 대출은 2005년 5천억 원 규모에서 2012년에는 11조 3천억 원으로 7년 만에 스물세 배 늘어났다. 학자금 대출을 받는 학생 수역시 2005년 18만 명에서 2012년 181만 명으로 열 배가 되었다.[4] 한국장학재단에서 학생을 대상으로 조사한 결과 대학생 열 명 중 세 명이 학자금 대출을 받은 경험이 있다고 응답했다.

이름이 장학재단이니 학생들에게 장학금을 지원해야 할 곳에서 학자금 대출 사업을 벌이는 것은 IMF 위기 이후 신자유주의가 그린 복지의 민낯을 보여준다. 과거에 7퍼센트가 넘는 고금리 대출이라는 비난을 받았던 학자금 대출이 지금은 3퍼센트대로 낮아졌고, 일자리가 부족한 사회 현실을 반영해 취업 후 상환하는 조건을 달았다. 그러나 그렇다고 하더라도 이는 대출 사업이지 장학 제도가 아니다. 가난한 학생은 등록금이 없고 정부는 교육비에 재정을 할당할 의지가 없다. 정부는 재산과 직장이 없는, 무엇 하나 저당 잡힐 것이 없는 학생들이 대출을 받을 수 있도록 도와준다. 대출 사업이 국가를 매개로 사회복지로 둔갑한 셈이다.

최근 학자금 대출 문제가 심각한 사회적 문제가 되고 있는 미국의 경우도 마찬가지다. 학자금 대출은 저소득층 주택 담보 대출 사업처럼 경제 상황의 자연스러운 결과라기보다는 미국 정부의 정책적 결과 중 하나다. 현재 미국의 학자금 대출은 가계부채 중 주택 담보 대출 다음으로 높은 비율을 차지한다. 더욱 심각한 것은 대학을 졸업한 학생들이 학자금 대출을 갚지 못하면서 연체율이 늘고 있다는 점이다. 신용카드 연체율보다 학자금 대출의 연체율이 높다는 점은 학자금 대출이 미국 청년의 문제를 넘어 미국 경제의 발목을 잡는 위험 수준까지 다다랐다는 것을 보여준다.

미국의 청년들이 학자금 대출금을 갚지 못하는 것은 다른 이유가 없다. 자신의 스펙을 갈고 닦기 위해 아무리 투자를 해도 정작 일자리를 찾지 못하기 때문이다. 미국의 자본들은 값싼 노동력 쇼핑을 위해 이미 현지 공장을 해외로 옮긴 지 오래다. 애플의 아이폰은 캘리포니아에서 디자인되지만 생산은 '메이드 인 차이나'다. 그나마 중국에서 모든 아이폰이 만들어지는 것도 아니다. 한국이나 일본, 동남아시아 국가 등에서 각 부품들이 만들어지고 중국 공장은 이를 조립한다.

얼마 전에 버락 오바마 미국 대통령이 한국의 교육열에 대해 입이 마르게 칭찬했다는 소식이 언론에 보도되었다. 교육에 대한 오바마의 강조는 오늘날 금융자본주의 하에서 적은 일자리를 두고 경쟁이 격화되고 있는 상황과 무관하지 않다. 오바마의 눈에 비친 한국의 유별난 교육열은 글로벌화된 시장에서 살아남을 수 있는 노동 능력에 대한 능동적인 투자로 비쳤을 것이다.

몸에 익은 부채에 대한 감각
–

자본은 이제 국경을 넘어서 자유롭게 저임금 노동력이나 고급 노동력을 선택할 수 있게 되었다. 현대·기아자동차는 미국, 브라질 피라시카바, 러시아, 체코, 터키, 인도, 중국 등 10여 개 현지 공장을 가동 중에 있으며, 삼성그룹은 90개국 6백 개 현지 거점에서 생산과 영업 활동을 하고 있다. 초국적 거대 자본들은 전 세계의 값싼 노동력을 찾아 나서고 있으며, 국적과 인종에 상관없이 고급 노동력을 소유하기 위해 전 세계 인재들을 스카우트하는 데 열을 올리고 있다. 이러한 '노동자

쇼핑'은 선진국과 개발도상국, 북반구와 남반구를 분할하며 빈곤과 불평등을 심화시키고 있다. 가령 실리콘밸리는 미국에 있지만 미싱을 돌리는 의류공단은 캄보디아에 있는 것은 우연이 아니다. 개발도상국 노동자들이 저임금과 열악한 노동 조건에 시달리는 것과 미국이나 유럽의 청년들이 만성적인 실업에 노출되는 것은 자본시장의 불균등한 편중과 관련이 있다. 그리고 이러한 전반적인 상황은 금융화된 자본주의에 와서 그 속도와 불균형이 보다 심화되고 있다. 화폐는 사람과 공장보다 더 쉽사리 국경을 넘을 수 있기 때문이다.

이러한 상황에서 신자유주의 교육 정책은 노동 능력에 대한 투자로 제기된다. 사람에게 투자하는 것이 꽤나 매력적인 평등 정책으로 보이기도 하지만 실상 투자의 책임은 철저하게 개인에게 전가된다. 국민의 건강에 투자하기 위해 공공병원을 늘리거나 무상 의료를 시행하는 것이 아니라, 개인이 스스로 자신의 건강을 책임질 수 있도록 시장의 논리가 개입된다. 교육 역시도 마찬가지다. 신자유주의라는 입장에 서서 보면 무상 교육이나 무상 급식은 개인을 나약하게 만들 뿐이다. 투자란 무엇보다 자기 자신을 관리하고 경영하는 능력이다. 투자에 따른 수익이나 손해의 책임은 오로지 개인에게 귀속된다. 따라서 개인은 현재 능력과 미래의 목표 수입 격차를 계산하여 교육에 투자해야 한다. 신자유주의에서 교육은 보편적 인권의 실현이 아니라 투자의 영역이다. 문제는 투자할 현재의 자산이 없다는 데 있다. 이 지점이 부채가 개입하는 지점이다. 신자유주의가 빚어낸 불안정한 삶과 부채 사회와 결합되어, 교육이 강조되면 될수록 사람들은 정부가 물꼬를 터놓은 부채의 길로 들어서게 된다.

이렇듯 부채를 통과해 이전과는 다른 사회가 구성되고 있다면 부채 사회에서 살아가는 우리에게 시간이란 어떤 의미를 가지게 될까? 조선시대의 시간과 오늘날의 시간은 다르고, 편지를 쓰던 시절의 시간과 스마트폰을 사용해 매 분 매 초 소식을 공유하는 오늘의 시간은 다르다. 단순히 더욱 빨라졌다는 것으로는 이 다름을 설명할 수 없다. 시간을 구성하는 삶의 내용들이 달라지기 때문이다. 이런 차원에서 부채 사회에서 살아가는 청년들의 시간은 어떻게 변화하고 있는지 생각해 볼 필요가 있다.

결론적으로 이들의 미래는 이중으로 강탈당하고 있다. 학자금 대출이란 국가가 보증해야만 가능한 것이다. 이들에게는 자산과 소득이 없기 때문이다. 그렇다면 국가는 청년들의 무엇을 보고 보증해주었을까? 국가는 그들을 미래의 노동력으로 간주한다. 은행은 그들의 잠재적인 노동력을 미래의 소득으로 계산하고 이를 현재로 할인해 가져온다. 그만큼이 청년들이 대출 받을 수 있는 금액이다. 그들은 이미 잠재적인 미래소득을 현재로 미리 당겨왔다. 그들이 앞으로 노동해야 할 미래의 시간이 저당 잡힌 셈이다.

하지만 역설적으로 이들에게 미래의 노동시간은 보장되지 않는다. 신자유주의에서 자본의 전략은 더 적은 일자리로 더 많은 이윤을 얻는 데 있다. 경제 위기라서 일자리가 부족한 것이 아니라, 경제가 발전할수록 자본은 일자리를 없앤다. '구조조정'이란 더 적은 일자리로 최대한의 이윤을 뽑아내는 것을 의미한다는 것을 우리는 지난 20년간 삶으로 체득해왔다. 노동시간을 저당 잡혔지만 노동시간이 보장되지 않는 역설적인 상황은 현재의 시간을 더욱더 압박한다. 남들보다 더 많은 능력을 갖기 위해 현재를 더욱 첨예하게 살아가거나, 아니면 그러한 압박을 이겨내지 못한 루저가 된다. 인생의 절반도 채우지 않은 이른 나이에 말이다. 때문에 미래라는 시간을 기획하고 구성하기 위한 현재의 열정은 빠르게 소진된다. '달관 세대'니 일본의 '사토리 세대'니 하는 최근의 20대에 대한 호명은 열정이 소진되어버린 상태에서 현재를 체념하는 삶을 그저 받아들일 수밖에 없게 된 객관적인 조건을 '달관'이나 '무위'라는 개인의 자발적인 선택으로 덧씌운 관념적인 수사에 불과하다.

"근데 조금 짜증나는 건, 내가 지금 전화를 받고 130만 원을 받기 때문이 아니에요. 여기서 20년을 일해도 20년 뒤에 똑같이 130만 원을 받게 되기 때문이지."

짜증보다는 조금 울적해진 얼굴로, 지은은 일하다 말고 불현듯 생각난 듯이 내뱉는다. 그녀는 월 130만 원으로 이미 이 세상과 합의를 봤다. 하지만 그래도 조금은 우울한 끝에 짜증이 나는 건 어쩔 수 없나 보다. 이미 회복할 수 없는 정도로 빚을 진 미국의 대학생들과 지은에게 주어진 시간은 오로지 현실의 불안정한 삶을 버텨내는 데 소모된다. 부채 사회에서 청춘의 시간은 미래와 현재의 시간을 강탈당한 채 텅 빈 시간이 되었다. 그리고 이 텅 빈 시간은 기약 없이 늘어나고 있다. 젊어서'부터' 하는 고생이 나이가 들어서도 '이자'와 '상환금'으로 발목을 잡기 때문이다.

부채 사회의 도래
부채에 대한 새로운 감성의 출현

—

우리는 어느덧 '빚'을 진다는 것이 게으름과 무능력의 결과라고 비난하지 않는 시대에 살고 있다. 땀 흘려 번 돈으로 알뜰하게 저축하던 시대는 지나가버렸다. 지금은 빚이 자산의 일부로 간주되고 투자라는 명목으로 부채를 관리하는 시대의 한가운데에 있다. 새로운 현상이 출현했다는 것은 자연스러운 흐름의 결과가 아니다. 사람들의 인식이 변화하게 된 배경에는 객관적인 조건들이 놓여 있다. 부채 사회가 도래한 근저에는 바로 신자유주의가 주도하는 금융화가 자리한다.

프랑스 철학자 미셸 푸코는 신자유주의가 만들어낸 새로운 주체를 '기업가로서의 주체'[5] 라고 이름 지은 바 있다. 푸코의 논리를 부채 사회와 접목시켜 보면 개인이 떠안은 부채는 자기경영에 실패한 결과물이라기보다는 자기경영의 일부로서, 삶에 대한 태도와 사회적 감수성의 요소가 된다. 그렇다면 우리는 어떻게 부채를 삶의 일부로 받아들이게 되었을까? 이 부채는 우리의 삶을 어떻게 바꿔놓고 있을까?

한국사회는 어느덧 가계부채 1300조 원을 품었다. 얼마 전까지 천조 원을 넘어섰다며 언론에서 한국 경제의 위험을 일제히 보도했고 경제에 빨간불이 켜졌다고 근심 섞인 기사가 쏟아져 나왔다. 이 상황이 한국뿐만 아니라 세계 경제에 드리운 거대한 파국의 징조가 될 수 있음을 경고하는 목소리도 점점 강도 높게 제기된다. 지난 3월 미국 컨설팅 회사 맥킨지는 우리나라를 '세계 7대 가계부채 위험국'으로 꼽았다.

가계가 1년 동안 번 돈에 비해 빚이 얼마나 많은지를 나타내는 자금순환표 상 가처분소득 대비 가계부채 비율이 지난해 이미 163퍼센트를 넘었다. 미국의 113퍼센트는 물론 금융 위기 위험국가인 스페인의 130퍼센트보다도 높은 수치다. 게다가 현재 가계부채가 불어나는 속도가 전 세계 어느 나라보다도 빠르다는 점에서 문제는 더욱 심각하다.[6]

우리 일상에서 빚을 지며 생활하는 것이 자연스럽게 되어버린 것은 언제부터였을까? 물론 누군가에게 돈을 빌리고, 일정한 시간이 지난 뒤 빌린 돈을 갚거나 갚지 않는 채무 문제는 어제오늘 일이 아니다. 시대와 장소를 막론하고 가난한 자들은 늘 있어왔고, 이들이 먹고살기 위해 빚을 지고, 또 가난하기 때문에 이 빚을 차마 못 갚는 상황은 오래된 이야기다. 개인 간의 채무불이행 문제는 공동체에서 해결해야 할 문제 중 하나였다. 역사적으로 기록된 파산 제도와 절차는 로마시대보다 훨씬 이전인 기원전 2450년경 메소포타미아 문명까지 거슬러 올라간다. 한국 전래소설 〈심청전〉은 심청이가 악덕 사채업자를 잘못 만나 신체 포기 각서를 이행하는 불운한 이야기가 아니던가.

이렇게 놓고 보면 '빚을 진다'는 것은 공동체의 경제 활동에 어긋나는 행동이라기보다는 경제 활동의 중요한 요소 중 하나라고 말할 수 있을 것이다. 하지만 자본주의 사회라고 해서 지금처럼 개인이 부채를 천문학적인 규모로 떠안고 살지는 않았다. 특별한 경우를 제외하고는 대규모 부채란 국가나 기업의 영역이었다. 그러나 IMF 위기 이후 한국사회는 그 어느 때보다 개인이 부채를 떠앉고 사는 사회로 급속하게 바뀌고 있는 중이다.

IMF는 우리에게 돈을 빌려주는 대신 그들이 요구하는 구조조정 프로그램을 제시했다. 그 결과 노동시장이 한없이 유연화되었고, 불안정 노동은 예외적이고 일시적인 노동 형태가 아니라 일반적인 노동이 되었다. 전체 산업이 금융의 지배 아래 놓이게 되었으며, 자본이 국경을 넘어 잘 이동할 수 있도록 걸림돌이 되는 규제를 풀었다. 돈이 되는 알짜 국가 기간산업을 시장에 내놓아 해외 자본으로 하여금 투자하기 좋은 국가라는 이미지를 얻게 되었다. 1997년 외환위기 이후 한국사회는 IMF로부터 모범생이라는 칭찬을 받을 정도로 전 사회적인 구조조정을 단행했다. 그런데 한국 경제의 체질은 더 약해졌고 삶은 더욱 불안정해졌다.

삶이 불안정하다는 것은 안정적인 생활을 지속적으로 영위할 수 없다는 것이므로, 간헐적인 실업이나 질병과 같은 자극에도 생존에 위협을 받게 되는 삶이 일반화되었다는 것을 뜻한다. 건강한 사회라면 개별적으로 위태로워진 개인의 삶을 모르는 척하지 않고 공동의 힘으로 회복할 수 있도록 지원할 것이다. 이것은 사회복지의 취지이기도 하다. 이들이 가난이나 개인적인 삶의 위험을 극복한다면 건강해진 이들은 타인의 어려움을 모르는 척하지 않을 것이고, 이는 결국 사회 전체의 힘을 증대하도록 노력할 것이다. 그러나 IMF 위기 당시 한국사회에서 사회복지 정책은 생존을 위한 최소한의 조건마저 보장해주지 못했다. 정리해고와 일자리 감소는 중산층마저 위태롭게 했다. 빈곤한 사람들은 돈이 없어서, 중산층은 소득이 줄어들어 좀처럼 소비 여력이 살아나지 않았고, 그 여파로 경기가 위축되었다. 악화일로를 걷는 불안정한 삶에 대해 국가의 결단이 필요한 시점이었다. 당시 김대중 정부가 내놓은 방안은 신용카드였다.

1998년 9월 2일 김대중 대통령 주재로 청와대에서 열린 경제대책조정회의에서 수요자 금융을 확대해 소비자에게 돈을 풀어 소비를 부추김으로써 경기를 활성화한다는 내용의 내수 진작 종합대책이 발표되었다. 내수 진작 종합대책과 관련하여 '수요자 금융 확대' 방안으로 신용카드 수수료 인하와 인출 한도 확대, 주택이나 가전제품을 구입할 때 이용되는 할부금융의 금리 인하, 주택자금 대출 확대 등을 검토하고 있다고 발표했다.[7]

그런데 문제는 신용카드로 물건을 사는 신용 거래를 활성화시킨 것이 아니라 신용카드로 현금을 빌릴 수 있는 현금서비스를 겨냥했다는 점이다. 현금서비스의 경우 은행에서 대출이 쉽지 않고 소액 대출을 필요로 하는 계층이 주요 타겟이 될 수밖에 없다. 따라서 신용카드사들의 수익 확대를 위한 영업 전략은 저소득층을 대상으로 하게 된다.[8] 주머니도 비었고 은행에서 대출을 내줄 리 없었던 빈곤계층들은 '신도림역에 가면 노숙자도 카드를 만들어준다더라'라는 입소문을 타고 너도나도 신용카드를 발급 받았다.

2000년대 초반 신용불량자 4백만 명 사태는 이렇게 해서 시작되었다. 2001~2003년 전체 신용카드 사용액 중 현금 대출이 약 74퍼센트를 차지했다. 결과적으로 2003년 신용불량자 사태를 견인한 것은 카드 현금 인출이었다. 당시 언론에서 '모럴 해저드' 운운하며 신용불량자를 과소비자로 지적한 것은 사태의 본질을 가리는 것이었다. 사치스럽고 경제 능력이 없는 사람들이 흥청망청 과소비를 한 탓에 신용불량자가 양산된 것이 아니라, 그것은 국가의 정치적 전략과 금융시장의 확대가 불러온 예고된 채무였다.

그런데 은행이나 제2금융권에서 돈을 빌리는 것만이 부채가 아니다. 우리는 일상적인 소비 생활에서 신용카드를 사용하고, 휴대폰으로 소액 결제를 하고, 심지어 집 전화로 결제도 가능한 시대에 살고 있다. 지은이 일하는 홈쇼핑에서는 얼마 전부터 고가의 교육용 수입 교구를 렌트 상품으로 판매한다. 상담 예약을 받으면 구매자의 신용등급에 따라 판매 여부와 월 렌트 비용이 결정된다. 부모의 신용등급이 낮으면 '자녀의 IQ와 EQ를 자극해 향상시키는' 놀이용 교구는 아이들에게 렌트될 수 없다. 자동차와 정수기를 비롯한 가전제품을 렌트하는 것이 보다 현명한 소비 패턴으로 자리 잡았다는 것은 내 주머니에 있는 화폐를 당장 꺼내들지 않아도 '신용'만으로 거래가 가능한 사회가 되었다는 것을 뜻한다. 냉장고를 무이자 36개월에 구매한다는 것은 일시불로 결제할 능력이 없음을 나타내는 것이 아니라, 카드 7퍼센트 청구할인을 적용 받은 '알뜰한 소비'를 했음을 의미한다. 냉장고 가격은 내가 오늘 이 상품을 살 수 있는 통장 잔고를 의미하는 것이 아니라 한 달에 지불할 수 있는 할부 금액과 이를 36개월간 지속적으로 운용할 수 있는 '합리적 소비'를 뜻한다. 이러한 상황에서 '빚'은 더 이상 도덕적 결함이나 무능력을 상징하지 않는다. '빚테크'라는 신조어는 부채가 곧 개인의 경제적인 능력의 일부가 되었다는 달라진 인식과 행동을 나타낸다. 이제 부채는 '빚'이 아니라 신용의 다른 이름이 된다.

신용이란 미래소득에 대한 믿음(credit)이다. 신용 능력은 미래의 잠재적 능력을 현실의 가치로 환산하는 것과 같다. 마치 국가 간 화폐를 환전하듯이 금융 사회에서는 미래의 가치를 현재의 가치로 환산한다. 물론 그에 따르는 비용은 이자로 지불해야 한다. 금융이 일상화된 사회에서는 돈이 돈을 버는 금융의 메커니즘으로 우리의 삶과 태도, 감수성이 재편된다. 금융 사회는 개인에게 늘 돈을 빌려주면서도 '투자할 수 있는 자'가 되기를 요구한다. 나의 소비가 개인을 위한 투자로, 기업과 사회를 위한 투자로 변형된다. 빚은 악덕 고리대금 업자의 불로소득의 원천이 아니라 일상을 살아가는 개인들의 동력이 된다. 돈을 빌리거나 더 많은 돈을 버는 것에 대해 탐욕스럽다거나 무능력하다는 오래된 도덕적 감성은 '투자'라는 고리를 통과하면서 삶에 대한 생산적인 능력으로 변모하는 중이다.

물론 돈을 빌린다는 행위에 대한 부담은 여전히 존재한다. 언젠간 갚아야 한다는 도덕적 명령은 부채 사회가 작동하는 근본적인 이념이다. 하지만 오늘날 부채는 경제적 활동이라는 합리적 영역으로 포함되어 자신의 삶을 기업가처럼 경영할 수 있는 능력으로 인식하게 되었다.

부채가 소득의 원천으로 둔갑하는 세상에 살면서 이젠 더 이상 이러한 현상이 낯설지 않다. 어느 새 가계부채 1300조 원이라는 숫자를 보고서도 무심한 듯 쿨하게 '투자'를 위해 당당하게 부채를 운용할 수 있는 능력이 고급진 능력이 된 세상이 성큼 도래했다. 소수의 부자나 기업가를 대상으로 하는 금융 컨설팅은 이제 월급쟁이 개인의 자산 상태를 조언해주는 유력한 상담자가 된다. 이처럼 개인은 기업가처럼 자신

의 경제적 삶을 운용하는 기업가형 주체가 되어야 하고 그 경영의 성
패 여부는 온전히 개인 자신의 몫으로 할당된다.

신용품행 사회:
신용이 만들어낸 규율
—

앞서 말했듯 신용이란 믿음이다. 내가 다른 사람을 믿고 먼저 물건을
내주거나 돈을 빌려주면, 그는 나에게 빌린 돈을 나중에 돌려준다. 그
런데 금융자본주의에서 신용이란 개인 간의 믿음이나 약속 따위로 이
루어지지 않는다. 금융화된 사회의 특징 중 하나는 국가건 기업이건
개인이건 신용을 등급으로 매길 수 있다는 것이다.

IMF 위기 때 온 국민은 국가 신용등급이 추락했다는 언론 보도를 보
면서 공포를 느꼈다. 대체 언제부터 국가조차도 금융자산처럼 신용등
급이 매겨졌는지 알 수는 없었다. 다만 국가의 신용등급이 추락하면
국가도 기업처럼 부도가 날 수 있다는 협박이었다. 그런데 국가나 기
업에 신용등급을 매기는 주체는 하나의 기업에 불과하다. 세계 3대 신
용평가기관으로 알려진 영국의 피치, 미국의 무디스와 스탠더드앤드
푸어스(S&P)는 세계를 대상으로 채무 상환 능력 등을 평가해 국가별
등급을 발표한다. 이들 기업이 판매하는 상품은 바로 평가등급이다.
공적인 서비스와 안전을 담당해야 할 국가의 고유한 역할은 금융 사회
에서 조정될 수밖에 없다. 국가 역시도 하나의 금융자산으로 간주되기

때문에 국가가 수행해야 할 가장 중요한 역할은 금융자산의 일환으로 국가재정을 운용하는 일이 된다. 공공복지를 늘리기 위해 재정 지출을 늘린다면 이 국가의 신용등급은 하락하게 될 것이다.

개인 역시 마찬가지다. 각 나라는 개인의 신용등급을 관리하고 측정한다. 우리나라에서는 신용이 1등급부터 10등급까지 등급화된다. 이 등급에 따라 은행에서 대출 받을 수 있는 자격이 결정된다. 뿐만 아니다. 이자율도 등급에 따라 차등 적용된다. 가령 현재 신용등급이 1등급인 사람은 6퍼센트 금리로 대출이 가능하다면 10등급인 사람이 대출을 받으려면 이보다 훨씬 높은 23퍼센트의 금리를 감수해야 한다.

2001년부터 시작된 카드 대란 사태 이후 개인의 신용을 정확하게 평가하고 동시에 다양한 정보를 한꺼번에 자동으로 처리할 수 있는 신용평가시스템이 일반화되었다. 각 금융기관은 자체적으로 보유한 고객 정보와 신용정보 제공 회사인 CB(Credit Bureau)에서 제공하는 정보를 활용해 개인들의 신용을 평가한다. 중요한 것은 CB를 통해 다른 금융기관의 우량 정보, 이를테면 대출 상환 이력, 이자 납부 실적, 카드 사용 실적까지까지 공유되고 있다는 점이다.

신용등급은 개인의 신용을 위계화하는 것뿐 아니라 개인이 얼마큼 신용을 일상적으로 관리하는가를 평가하는 척도이자 명령이다. 이는 개인에게 일상적인 금융 거래 실적을 관리하게 하고, 자신의 금융 습관을 점검하게 만든다.

개인신용등급 관리 십계명

1. 인터넷, 전화 등을 통한 대출은 신중하게 결정하라

2. 건전한 신용 거래 이력을 꾸준히 쌓아라

3. 갚을 능력을 고려하여 적정한 채무 규모를 설정하라

4. 주거래 금융 회사를 정하여 이용하라

5. 타인을 위한 대출 보증은 가급적 피하라

6. 주기적인 결제 대금은 자동이체를 이용하라

7. 연락처가 변경되면 반드시 금융 회사에 통보하라

8. 연체는 소액이라도 절대로 하지 말라

9. 연체 상환 시에는 오래된 것부터 상환하라

10. 본인의 신용정보 현황을 자주 확인하라

금융감독원이 2013년 배포한 신용등급 관리를 위한 십계명은 개인의 행동을 신용과 적극적으로 결합시킨다. 이는 폭력이나 강제적인 조치 없이 개인이 자발적으로 금융화된 인간형이 될 수 있도록 작은 습관과 행동을 조직한다.

휴대폰 결제 대금이나 수도요금, 전기요금 같은 공과금이 연체되지 않도록 자동이체를 권장하고, 자신의 주거지 같은 정보를 금융 회사에 즉각적으로 알리고, 적정한 채무 규모를 설정하기 위해 자신의 신용등급을 체크하며 금융 상담을 일상화한다.

이때 신용이 포괄하는 시간은 노동시간을 넘어서, 개인이 삶을 구성하고 행동하는 모든 시간이다. 자본에 포획되어 자본에 의해 작동하는

시간이 노동을 수행하는 시간이라면, 행동하는 시간이란 노동으로 포획된 시간의 바깥을 구성하는 시간이다. 이 시간은 물론 다음 날 노동을 정상적으로 수행하기 위한 재충전의 시간이기 때문에 온전한 의미에서 자본주의의 통제를 벗어난 시간이라고 말할 수는 없다. 그러나 노동하지 않는 시간은 개인이 스스로 삶을 자본주의가 강요하는 방식과는 다르게 구성할 수 있는 가능성의 시간이기도 하다.

그런데 금융이 지배하는 사회는 노동시간을 넘어 행동의 시간을 포획하고자 한다. 이를 위해 금융자본은 노동과 행동의 경계를 적극적으로 허문다.[9] 앞서 말한 신용등급 관리 십계명을 살펴보면 모두 부채를 운용하기 위한 능력을 습득하고, 나아가 이것을 습관으로 만들기 위한 조언들로 채워져 있다. 십계명은 금융 사회에서 내린 자본의 명령이다. 좋은 신용등급을 얻기 위해서는 개인이 금융을 잘 운용하기 위한 습관을 신체에 새겨야 한다. 습관이란 무의식으로 가라앉은 일종의 반복된 행동이다. 일부러 애써서 어떤 행동을 의식적으로 반복하다 보면 어느 새 우리는 생각하지 않고 특정한 행동을 반복하게 된다. 때문에 습관은 지나간 현재로서 무의식적인 기억을 이루는 시간이다. 마치 지나가다가 짜장면 냄새가 나면 침이 고이는 것처럼 짜장면을 기억하는 것은 나의 의식뿐만 아니라 위장, 혀, 코와 같은 신체이며, 이러한 신체 속에 각인된 기억이야말로 아주 근본적인 습관을 구성한다.

부채 사회의 이러한 십계명은 신용을 단순히 경제적인 활동으로 국한하는 것이 아니라 새로운 신체에 각인된 새로운 습관을 목표로 한다. 그리고 이러한 습관은 부채 사회를 능동적으로 헤쳐나갈 새로운 인간형을 만든다. 부채로 고통받고 부채로 침울한 주체가 아니라, 부채가 하나의 윤활유가 되어 자신의 삶을 다 소진하기를 욕망하는 주체 말이다.

부채가 가져간 시간, 부채가 결정하는 시간
–

더 중요한 것은 부채를 지속시키는 신용이 이미 결정된 것이 아니라 계속 결정되는 중이라는 사실이다. 신자유주의에서 개인의 신용등급은 날 때부터 정해진 신분이거나 웬만해서는 넘을 수 없는 계급의 벽이 아니다. 90일에 한 번씩 개인의 채무 상태나 상환 이력, 노동 능력 등에 대한 포괄적인 평가를 수행하고 매번 등급을 달리 적용하게 된다. 오늘의 1등급의 미래가 절대적으로 보장되지 않으며 어제의 10등급이 평생 짊어져야 할 낙인이 아니다. 이러한 유동적인 평가는 개인이 지속적으로 자신의 삶을 관리하는 주체가 되도록 명령하는 것이나 다름없다.

금융기관은 개인의 신용에 따라 차별적으로 채권–채무 관계를 맺는다. 때문에 부채는 신용과 결합해 능력의 표지가 된다. 그런데 이 능력이란 것이 기묘하다. 신용이란 가깝거나 먼 미래에 부채를 상환하겠다는 약속이다. 이 약속은 늘 예측 불가능하다. 얼핏 보면 이러한 예측 불가능성은 자명해 보인다. 미래란 정해진 것이 없는 시간이기 때문이다. 정해진 것이 없기 때문에 어떤 시간이든 펼쳐질 수 있는 무한한 가능성이 미래시간에 함축되어 있다. 하지만 신용의 예측 불가능한 시간이란 미래의 무한한 가능성을 제약한다. 미래의 가능성을 신용의 위험으로 대체하며 신용이 허용하는 가이드라인 안에서 진동하게끔 미래를 규제한다. 신용과 결합된 부채는 시간 안에 내재하는 가능성을 자본 아래에 두어 자본주의적 권력 관계 아래 개인을 종속시키려고 노력한다.[10] 고대에는 주술사가 신의 목소리를 인간에게 전했다. 인간의 미래는 늘 알 수 없는 것이어서 인간은 그들의 미래를 알고 싶어 했다. 하지만 금융화된 자본주의 사회에서 개인의 미래는 신용등급 일람표와 부채의 규모가 설계한다. 부채 사회에서는 개인이 미래에 노동해야 할 시간과 노동 능력을 현재로 회수한다. 그리고 개인이 자신의 윤리적이고 정치적인 행동의 범위를 통제하고 구획하며 결정한다.

개인의 시간만이 아니다. 사회에서 주어진 집단적인 시간은 개인들에게 주어진 시간들의 합이 아니다. 역사적인 사건이란 개별화된 시간들을 합한다고 해서 만들어지는 것이 아니듯이 사회라는 집단적인 시간이란 개인들이 가진 시간의 합을 훨씬 초과한다. 그러나 개인들의 행동을 최대한 통제하려는 금융의 시간은 정치적이고 사회적인 시간의 가능성을 제약한다. 이러한 사회는 보수화될 수밖에 없다. 갚아야 할 부채가 얼마 남았고, 더 빌릴 수 있는 여지가 화폐가치로 환산되는 미래의 시간 앞에 놓인 개인은 미래가 안정적이길 바란다. 미래가 예상을 벗어난 모험의 시간이 되기보다는 연체 없는 분할 납부가 가능한 시간이길 희망한다. 그러한 미래가 기다리고 있는 개인의 현재는 더욱 제약될 수밖에 없다.

인간의 시간이란 연속적이지 않다. 시계가 가리키는 초침과 분침은 균질적이지만 인간에게 주어진 시간이란 기억과 미래일 뿐이다. 현재는 늘 순식간에 과거로 흘러가 기억으로 쌓인다. 기억으로 쌓인 시간이 미래를 정확하게 그릴 수 없다는 것은 언제나 정해진 시간에서 벗어나는 시간, 다른 시간을 꿈꿀 수 있는 이탈의 가능성을 포함한다. 하지만 자본의 시간, 부채가 결정하는 시간은 이러한 인간의 시간을 설계하고 계산하며 통제한다. 부채가 인간의 삶을, 인간의 모든 시간을 강탈하는 데 성공하게 된다면 기억과 미래라는 연속적이지 않은 인간의 시간은 화폐가치로 환산된 시간표가 될 것이다. 1교시가 끝나면 어김없이 2교시가 기다리는 시간의 연속이 삶의 전부를 이루게 될 것이다. 이전과 이후로 나뉘는 사건을 찾아 여행을 떠나지 않는 개인에게는 시간이란 지금-지금-지금이 무한히 반복되는 시간만이 남겨지게 될 것이다.

/

2장

디지털 모바일 기술, 만인을 자영화하다[1]

"휴대전화의 도래는 공간에 대한 의존에 가해진

'최후의 일격'이 될 법하다."[2]

이제는 어디로 갈지 일일이 설명할 필요가 없다

디지털 모바일 기술은 노동자를 더 자유롭게 하는가, 아니면 이윤을 극대화하려는 자본 기계에 더욱 예속시키는가. '자유인가 예속인가'라는 질문에 어폐가 있을지 모르지만 이는 디지털 모바일 기술의 사회적 효과를 가늠해볼 수 있는 질문이기도 하다.

기계 그 자체는 노동시간을 단축시키지만 자본주의적으로 사용되면 노동시간을 연장시킨다. 기계 그 자체는 노동을 경감시키지만 자본주의적으로 사용되면 노동 강도를 높인다. 기계 그 자체는 자연력에 대한 인간의 승리이지만 자본주의적으로 사용되면 인간을 자연력의 노예로 만든다. 기계 그 자체는 생산자의 부를 증대시키지만 자본주의적으로 사용되면 생산자를 빈민으로 만든다.[3]

마르크스가 쓴 이 글은 사회의 다른 요소들과 관계에서 기술이 전혀 중립적이지 않음을 지적하는 대목이다. 기술이 무엇과 결합하든 어떻게 발전하든 기술은 기술일 뿐이라는 명제는 탈맥락적일 뿐 아니라, 기술의 발전은 당대 지배계급의 이해와 밀접하다는 점을 은폐한다. 기술은 자본의 이윤과 축적 그리고 경쟁력을 확대시키는 특정한 이해와 긴밀하게 맞닿아 있다. 이러한 이유에서 기술은 언제나 그것이 자본주의적으로 사용되는 관계를 통해 이해되어야 한다.[4]

한국은 디지털 모바일 기술이 유난히 빠르게 파급된 사회다. 우연한 일이지만 노동시간의 유연화 또한 급격하게 진행된 사회이기도 하다. 이 글은 디지털 모바일 기술의 파급 속도가 빨라질수록 노동시간의 유연화가 더욱 심화된다는 가설 아래 그 구조적 유사성을 드러내고자 한다. 디지털 모바일 기술은 전례 없던 풍경을 만들어 내고 있는데 디지털 모바일 기술로 노동시간의 의미는 어떻게 변하는지, 노동시간과 비노동시간의 관계는 어떻게 달라지는지, 이에 따라 노동 세계는 어떻게 모양 지어지는지, 여기서 우리는 무엇을 고민해야 하는지 그 일련의 풍경을 스케치하려고 한다. 결국은 기술의 자본주의적 사용 방식에 문제를 제기하려는 것이다. 디지털 모바일 시대의 노동 문제는 한국사회에서 더욱 고민해야 하는 주제다.

일례를 보자. 최근 카카오택시가 대박을 터트렸다. 출시 석 달 만에 누적 호출 수는 5백만 건을 넘어섰다. 기사 회원 수도 11만 명을 돌파했다. 이는 전체 등록 택시 28만 대의 40퍼센트에 달하는 수치이자 전체 콜택시 6만 3천 대의 두 배에 달하는 것이다. 이용자는 3백만 명을 넘어섰고 하루 호출 수는 15만 건까지 늘었다. 이 수치는 다음카카오에서 배포했던 2015년 7월 6일자 보도자료 기준이다. 이는 며칠만 지나도 금방 낡은 통계가 될 정도로 빠르게 늘어나고 있다.

카카오택시 이용 과정을 보자. 앱을 시작하면 자신의 현재 위치가 출발지로 설정된다. 도착지는 지도를 터치해 설정하거나 검색 화면에서 선택할 수 있다. 출발지와 목적지를 설정하고 나서 택시 종류와 결제 방식을 결정한 후 호출한다. 그러면 출발지까지 이동 거리 등을 계산해 승객과 근거리에 있는 기사들에게 정보가 전달되며, 출발지와 목적지를 확인한 기사가 콜을 '캐치'하면 배차가 완료된다. 호출이 완료되면 예약 차량의 정보(택시기사 이름과 사진을 포함한 차량 정보)와 출발지로 이동 중인 차량의 위치, 예상 소요시간이 실시간으로 표시된다. 콜을 캐치한 기사는 자동으로 연동되는 네비게이션 앱 '김기사'로 승객의 탑승 위치까지 길 안내를 받아 이동한다. 이용자가 예약한 택시에 탑승하면 출발지와 도착지, 출발 시각과 차량 정보, 예상 소요 시간 등이 앱에 표시되고, 원하는 사람에게 탑승 정보를 카카오톡 메시지로 보낼 수 있다.

카카오택시를 매개로 운전기사와 이용자는 보다 빠르게 연결된다. 이것이 모바일 플랫폼을 활용한 오프라인 서비스, 일명 온-디맨드 서비스(On-Demand Service)의 핵심이다. 운전기사는 목 좋은 곳을 찾아다니며 기름을 소모할 필요도 없고 무한정 대기할 필요도 없다. 승객의 위치를 확인하기 위해 따로 전화를 하지 않아도 된다. 물론 지역 콜 업체에 내야 하는 수수료도 없다. 이용자의 접근 가능성과 편리성 또한 높아졌다. 콜센터에 전화하거나 위치를 설명해야 하는 번거로움이 사라졌다. 택시 운임 외에는 별도로 '콜비'를 내지 않아도 되는 것은 물론 '기사가 몇 분 뒤 도착한다'는 정보와 택시의 이동을 실시간으로 확인할 수 있다. 운전기사에게 어디로 갈지 일일이 말할 필요도 없다.

우리가 일상에서 자주 접할 수 있는 배달 앱 '요기요', '배달의 민족', '배달통', 대리운전 앱 '버튼대리', 카셰어링 앱 '쏘카' 등의 작동 원리도 이와 유사하다. 카카오택시의 반응이 뜨거워서인지 네티즌들은 카카오대리, 카카오퀵, 카카오배달, 카카오택배, 카카오이사의 출시를 점치기도 한다. 디지털 모바일 기술이 유난히 빠르게 확산되는 한국사회에서 아주 터무니없는 소리는 아니다. 콜센터의 중계로 소비자와 노동자가 연결되는 형태의 일들은 카카오택시와 같은 주문형 서비스 형태로 빠르게 변모해 새로운 디지털 생태계를 이룰 것이다.

TV 예능 프로그램 '비정상회담'에서 이탈리아 출신 알베르토 몬디는 인터넷 문화를 이야기하는 자리에서 신도림역은 사람이 많아서 그런지 인터넷 속도가 느린데 '그래도 이탈리아보다는 빠를 것'이라고 말해 웃음을 자아냈다. 얼마 전 〈CNN〉의 '스마트폰의 미래를 보고 싶으면 한국행 비행기 표를 끊어라'라는 보도 또한 외부의 시선에 비친 한국사회의 디지털 모바일 풍경을 압축한다.

구글이 전 세계 인터넷 사용 행태를 분석한 컨슈머 바로미터(Consumer Barometer)를 보자. 한국은 무선 인터넷 가입자 수가 유선 가입자 수를 추월한 시기(1999년)가 세계에서 가장 빨랐다. OECD 회원국 가운데 스마트폰 보급률(2014년 기준 84.1퍼센트)이 1위다. 2009년에 2퍼센트대에 머물렀던 것에 비하면 가히 폭발적인 증가다. 인터넷 속도(16.63Mbps)나 단말기 교체율(77.1퍼센트), 스마트폰 교체 주기(15.6개월)도 1위를 기록했고, 세계 최초로 초고속 무선인터넷 보급률이 백 퍼센트를 돌파했다(2012년). 한국사회의 압축성장만큼이나 디지털 모바일 환경은 그야말로 초고속으로 변화했다. 이것은 분명 이전과 다른 속도다. 그리고 그 속도는 일상 풍경 또한 다르게 모양 짓는다.

미디어는 메시지라는 마셜 맥루언의 말을 빌리면, 디지털 모바일 기술은 이전까지 존재해왔던 도시, 정치, 사회문화를 근본적으로 흔들고, 심지어 관계의 방식, 사랑의 방식, 놀이의 방식, 존재의 방식, 나아가 생산과 소비, 사회적 분배를 통괄하는 축적체제(regime of accumulation)까지 이전 시대와는 매우 다르게 모양 짓는다. 이를테면 근대 초기에 기차가 일상 풍경을 변화시켰던 것처럼 디지털 모바일은 우리 시대를 규정하는 기술(defining technology)이다.

미디어는 "메세지"다는 말은 미디어가 인간의 삶에 가져다줄 규모나 속도 혹은 패턴의 변화를 의미한다. 예를 들면, 기차가 이동, 수송, 바퀴, 도로 등을 인간 사회에 처음 도입한 것은 아니지만, 기차는 완전히 새로운 종류의 도시들과 새로운 종류의 노동과 여가를 만들어내면서 그것이 등장하기 전까지 존재해왔던 인간 활동들의 규모를 확대하고 속도를 가속화했다. 이런 일은 철도의 가설 지역이 적도 지역인가 한대 지역인가 하는 점과는 무관하게 일어났으며, 기차라는 미디어가 운반하는 화물 혹은 내용이 무엇인가와도 별 관계가 없는 일이었다. 또한 그것이 어디에 사용되는가에 관계없이 수송을 가속화함으로써 기차에 바탕을 둔 도시, 정치, 인간관계의 근본을 흔든다.[5]

디지털 모바일 기술의 특징을 이야기할 때 이동성과 즉시성은 핵심 특성으로 꼽힌다. 이를테면 출퇴근하는 도중 지하철이나 버스에서 스마트폰으로 영화나 드라마를 보거나 이메일을 확인하거나 쇼핑을 하는 모습이 떠오른다. 모바일 쇼핑의 경우 결제가 가장 많이 이루어지는 시간대는 퇴근 시간인 오후 6~9시로 전체 모바일 매출의 18.5퍼센트를 차지한다. 출근 시간인 오전 7~10시도 12.2퍼센트다.[6] 디지털 모바일을 매개로 이동 가능성과 즉시성이 확대된 세계에서 볼 수 있는 독특한 풍경이다. 정보사회학자 마뉴엘 카스텔이 말하듯 디지털 모바일이 모든 활동의 중심에 놓이고, 모든 곳 사이의 다중 통신이 가능해지면서 다양한 형태의 근본적인 변화를 야기하고 있다.[7]

여기서 말하는 디지털 모바일은 일차적으로 디지털 모바일이라는 물리적 기기로 언제 어디서나 이동하면서 음성, 음악, 영상 서비스, 데이터 처리가 가능한 기기를 말한다. 나아가 디지털 모바일 기기와 결합된 생활양식(way of life)과 그것이 빚어낸 새로운 풍경(digital mobilescape)을 통칭한다.

그렇다면 디지털 모바일 노동은 디지털 모바일 기기를 업무로 활용하는 노동이라고 말할 수 있다. 여기에는 디지털 모바일 기술이 새롭게 만들어낸 노동이 포함된다. 또 디지털 모바일 기술로 이전 노동 패턴과는 완전히 탈바꿈된 노동을 들 수 있다. 물론 기존 노동 패턴을 유지하는 가운데 디지털 모바일 기술을 활용하는 경우도 디지털 모바일 노동이다. 이렇게 보면 디지털 모바일 기술이 유선 통신을 대체한 단계에 이른 현재 시점에서 대부분의 노동은 사실상 디지털 모바일 노동일 것이다.

우리는 종종 디지털 모바일 노동을 카카오택시 같은 특수하고 제한적인 사례라고 생각한다. 하지만 디지털 모바일 노동이 특수한 부문에만 제한되는 것은 아니다. 모바일 플랫폼을 활용한 주문형 서비스, 일명 O2O(online to offline) 서비스는 앞서 언급했듯이 택시 호출을 비롯해 대리운전, 배달, 이사는 물론 집안 청소, 세탁, 자동차 정비 및 수리, 세차, 민원 처리, 카셰어링까지 일상생활 전반으로 확산 중이다. 디지털 모바일 기술이 결합된 새로운 형태의 노동은 기술의 속도만큼이나 빠르게 우리의 삶 곳곳에 파고들고 있다.

규모나 상징성을 감안해볼 때 삼성의 '자율출퇴근제'는 눈여겨봐야 할 대목이다. 자율출퇴근제는 디지털 모바일 기술을 활용해 특정한 시공간에 얽매이지 않고 언제 어디서나 편리하게 일할 수 있는 업무 환경을 일컫는 스마트워크의 또 다른 이름이다. 하루 네 시간을 기본 근무시간으로 하고 오전 여섯 시부터 오후 열 시 사이에 출퇴근 시간을 자유롭게 정한다고 한다. 이는 2014년 4월부터 삼성전자 생산직을 제외한 전 임직원에 적용되었다.

이제는 회사 사무실이 아니더라도 태블릿으로 인트라넷에 접속해 의사소통이 충분히 가능하다. 클라우드 시스템을 이용해 회사의 방대한 자료와 소프트웨어를 어디서나 자유롭게 쓸 수 있다. 서류를 찾기 위해 캐비닛을 뒤질 필요도 없다. 회의도 화상통화로 연결해 진행하면 된다. 업무는 SNS 비공개 그룹 등을 이용해 '프로젝트' 단위로 움직인다. 공장에 가지 않더라도 물건을 언제 얼마나 누가 상하차했는지 그것이 거래선에 정확하게 도착했는지 흐름을 한눈에 파악할 수 있고, 하나의 거래가 완료되면 이를 평가해 전자결재를 바로 바로 올리는 게 가능하다. 이전과는 다른 방식의 노동 과정이다.

자율출퇴근제는 공간에 대한 의존을 지워버리는 매우 적극적인 실험이자 더 이상 자본이 산업사회의 시간 규율을 필요로 하지 않는 시대가 도래했음을 알리는 사건으로 보아도 좋다. 자율출퇴근제는 자본이 공간에 대한 의존을 제거한 상징적인 사례가 아닐까 싶다. 디지털 모바일 시대의 시간 관리 방식은 근면을 강조했던 산업사회의 시간 관리 방식과는 다른 것이다. 여기서 여덟 시간 일, 여덟 시간 휴식, 여덟 시간 잠이라는 사이클의 의미는 퇴색한다. 노동과 비노동, 노동과 여가라는 산업사회의 구분법 역시 전혀 다른 의미를 가진다. 삼성의 자율출퇴근제처럼 모든 형태의 탄력근무제는 디지털 모바일 기술을 매개로 새로운 전환점을 맞게 될 것이다.

기술과 노동의 새로운 관계:
만인을 자영화하는 디지털 모바일

—

역사적으로 산업사회의 주요한 특징 가운데 하나는 노동시간과 여타 시간의 '분리'다. 작업장의 안과 밖이라는 명확한 경계! 이렇게 분리는 작업장이라는 특정한 시공간을 중심으로 조직된 구획을 의미한다. 산업사회 들어 작업장의 노동시간은 불규칙적이고 불연속적이고 성긴(sparse) 형태에서 규칙적이고 연속적이고 조밀한(dense) 형태로 바뀌었다. 일명 '과학적' 관리 장치는 작업장 내 낭비적인 모든 것을 최소화하고 비능률의 뿌리를 뽑는 방향으로 노동을 분해해, 표준화된 최적의 시간-동작에 부합하는 '근면한' 신체를 주조했다. 이 과정에서 노동시간은 공장 리듬에 부합하는 방향으로 더욱 규칙적이고 조밀하게 변해갔다. 동시에 작업장 내에서 비기능적인 시간이나 낭비가 될 만한 요소들은 철저히 제거되고 작업장 밖 여타 시간으로 배치되어야 했다. 이것이 '분리'가 함축하는 바다. 영화 〈모던 타임즈〉의 자동급식기는 공장 내 낭비 시간을 깨끗이 제거하기 위한 기술 장치를 상징한다.

그런데 노동시간과 비노동시간 간의 명확했던 경계는 디지털 모바일 시대에 점점 모호해지고 있다. 노동시간과 여타 시간 간의 구분이 흐려진다는 것은 무엇을 의미할까. 다양한 요인을 들 수 있지만, 노동과 비노동 간 경계의 흐려짐은 표준화(standardization)를 지향했던 산업사회의 노동 패턴이 비표준화(non-standardization)되면서 나타나는 모습이다. 그리고 그 변화는 단순한 형태 변화에 그치는 것이 아니라 시공간의 공통 토대가 삭제된다는 질적인 차이를 내포한다.

기술과 노동의 관계는 아주 오래된 주제다. 역사적으로 산업시대의 기술은 노동의 표준화를 목표로 했다. 여기서 표준화란 노동자들의 시공간의 궤적을 최적의 매뉴얼에 집합적으로 일치하도록 규칙화하는 것을 의미한다. 〈모던 타임즈〉의 자동급식기의 또 다른 의미를 꼽자면 그것은 노동자들의 시간과 동작을 최적의 표준 매뉴얼에 꿰어 맞추고 그것을 공장 전체로 확대·배치하는 기술 장치를 상징한다는 점이다.

기술에 따른 노동 패턴의 변화를 이야기하는 지금까지의 연구들은 대부분은 공장이나 사무실 같은 특정한 시공간을 가정한다. 목가적인 경향이든 유토피아적이거나 디스토피아적인 경향이든 또는 포드 식 모델이든 도요타 식 모델이든 모두 공장이나 사무실의 안과 밖 또는 내부와 외부의 경계를 상정한다. 그리고 어느 모델이건 기계 장치가 노동자를 '경계 밖으로' 내몬다고 묘사한다.

산업화 초기 '살아 있는 기술공들은 보다 신속한 무생물에게 자리를 내주며 작업장에서 쫓겨난다'고 비판한 토머스 칼라일의 견해나 '기계의 시대'에 대항한 러다이트 운동이나 서로 해법은 달랐지만 기계가 인간의 노동을 대체한다는 묵시론적 전망에 대한 반응이라는 점에서는 같았다.[8] '증기기관은 처음부터 인간 노동력의 적대물' '기계는 언제나 임노동자를 과잉으로!' '무인 공장화' '노동자 제거' '노동 없는 세계(world without work)' '고용 없는 미래' '기술실업' '노동의 종말' "제2의 기계시대의 대표적 그늘은 일자리 상실" "2030년까지 전 세계에서 20억 개의 일자리가 사라질 것" "로봇이 인간을 대체하는 제3의 산업혁명"

같은 말들도 마찬가지다.

일례로 미래학자 제러미 리프킨은《노동의 종말》의 '기술과 흑인의 경험' 파트에서 목화 따는 공정에 자동화 기술이 도입됨으로써 백인은 더 이상 흑인을 착취할 필요가 없게 되자 흑인은 하나의 노동력에서 무용지물의 상태, 버려진 것, 폐품, 불필요한 존재로 '공장 밖으로' 떠밀려 나갔다고 한다.[9]

하지만 디지털 모바일 기술은 다른 방식으로 작동한다. 이와 관련해 현대를 액체 시대로 진단하는 사회학자 지그문트 바우만은 기존에 단단하게 고정되어 있던 사회제도와 유대 관계들이 헐거워진 점을 언급하면서 결속의 시대가 끝났다고 지적한다. 한편 현대 사회를 위험사회로 진단한 울리히 백은 위험사회의 주요한 특징으로 노동(노동 계약, 작업 장소, 노동시간)의 탈표준화(post-standardization)를 언급한다.[10]

그런데 우리가 더욱 중요하게 언급해야 할 점은 디지털 모바일 기술은 노동시간의 토대가 되는 집합적인 시공간을 아예 제거해버린다는 사실이다. 우리는 디지털 모바일 기술이 '시공간에 구속적인 노동'을 제거해버리는 동시에 '탈시공간적인 노동'을 디지털 네트워크 안으로 묶어낸다는 점에 주목해야 한다. 집단이 공유하는 시공간으로부터 노동자를 축출하는 동시에 디지털 네트워크에 더욱 의존하게 만드는 방식이다. 그 형태들은 기존의 작업장, 노동시간, 임금, 근로계약으로는 설명할 수 없는 것들이다. 디지털 모바일 기술은 자본과 노동의 접촉 지점, '관계'를 맺는 물리적인 시공간성을 지워버리기에 노동시간, 임금, 계급 투쟁, 근로기준법, 노동자성은 성립할 토대를 잃어버린다. 디지털 모바일 노동에서 노동시간을 둘러싼 노동과 자본의 투쟁은 이제 과거의 이야기가 된다. 인간 신체가 디지털 모바일 장치와 뒤섞이는 형태의 노동으로 만인의 자영화라는 말이 적절해지는 노동 세계가 도래한다. 아예 임노동시간으로 계상하기 힘든 형태의 노동이다.

공통의 시공간 '센터'가 사라지다
—

대리운전 초기에는 소위 '센터'라고 불리는 업체 사무실이 있었다. 기사들은 센터로 출근했다. 퇴근할 때도 센터로 와서 정산을 하고 일당을 받아 갔다. 오고 가는 중에 기사들은 커피 한 잔씩 같이 마시며 고충을 털어놓기도 하고 이런저런 정보를 나눴다. 센터는 일종의 공통의 시공간이었다. 하지만 스마트폰으로 이제 센터는 사라졌다. 업체 사무소는 등록을 할 때 한 번 찾아가면 그 뒤로는 더 이상 갈 일이 없다. 정해진 출퇴근 장소가 없고 배급된 스마트폰으로 전용 프로그램에 접속하면 그때부터 일이 시작될 뿐이다. 물론 수당을 받으러 센터까지 갈 필요도 없다. 공통의 시공간이었던 '센터'가 사라진 것이다.

《미생》의 장그래가 드라마에서 처음으로 눈물을 흘리는 장면이 있다. 오 과장이 회식 후 길거리에서 만난 옆 팀 과장에게 "너희 애 때문에 우리 애만 혼났잖아!"라며 고래고래 소리를 지른다. 이에 장그래는 '우리'라는 표현에 감동의 눈물을 흘린다. 시청자는 그 표현이 실질적인 의미의 우리가 아니라는 사실을 안다. 그렇지만 장그래는 오 과장의 말이 형식적으로라도 일정 시간 동안 특정 공간 안에서 함께 티격태격할 수 있는 집합적인 관계 자체가 주어졌음을 의미한다는 점에서 분명 벅찼을 것이다.

그런데 디지털 모바일 노동자에게 장그래가 감동받아 눈물을 흘렸던 '우리'라는 표현은 사실 성립되기 어렵다. 디지털 모바일 노동이 집합적이고 관계적이고 의례적인 공통의 시공간이 완전히 제거된 형태의 노동이기 때문이다. '센터' 같은 집합적인 시공간을 가지지 못하는 디지털 모바일 노동자들은 유대감을 잃고 개별적인 존재로 흩어질 가능성이 농후하다.

우리는 주변에서 스마트폰 때문에 퇴근 후에도 업무에 시달린다는 이야기를 자주 듣는다. 사무실을 떠나면 업무가 끝났던 과거와는 달리 퇴근한 뒤에도 스마트폰으로 이메일 발송이나 자료 확인 같은 업무를 처리한다는 하소연이다. '퇴근길/ "파일 보내! 지금 빨리!"라는 팀장님의 다급한 문자/ 남은 배터리 1%/ 폰이 죽으면/ 나도 죽겠지' 어느 통신사의 광고 문구는 이러한 직장인의 애환을 재밌게 표현한다. 실로 스마트폰 이용자의 절반 이상이 스마트폰으로 회사 밖에서도 정기적으로 일을 하고 '항시 대기' 상태에 놓여 있다고 한다. 미국에서는 이러한 종류의 업무를 초과 근무로 인정해달라는 소송이 제기되기도 했다.[11] 일의 요소가 삶의 영역에 더욱 깊숙하게 침투하는(invasive) 모습들은 디지털 모바일 기술을 매개로 직장 안과 밖의 경계가 흐릿해지는 지점에서 나타나는 새로운 풍경이다.[12] '휴가 중인 직원의 회사 계정으로 이메일이 들어오면 자동으로 삭제하는 시스템'이 회자되는 이유가

여기에 있다.[13]

디지털 모바일 시대에 우리가 더욱 주목해야 할 변화는 산업사회의 상징과도 같은 표준화된 전일노동이라는 노동 패턴이 전반적으로 감소한다는 점이다.[14] 출근에서 퇴근까지 연속적으로 이어진 노동 패턴이 아닌 비표준 형태의 노동들이 여기에 해당한다. 이를테면 콜 신호에 따라 움직이는 대리운전 기사에게 언제, 얼마 동안 일하느냐 하는 시간의 관리는 기존의 전일노동과는 커다란 차이를 보인다. 퀵서비스 기사, 방문판매원, 보험설계사, 배송기사뿐 아니라 프로젝트를 중심으로 움직이는 전문직 프리랜서 모두 마찬가지다. 웹2.0이란 용어를 처음 사용한 것으로 유명한 팀 오레일리는 이들이 '계속적인 부분 고용(continuous partial employment)' 상태에 놓여 있다고 지적한다.

디지털 모바일 노동자들은 독특한 시간의 세계(worlds of temporality)에 놓이게 된다. 출퇴근이라는 규칙적 리듬과는 별개로 콜 신호에 따라 이곳저곳으로 이동하는 비규칙적인 리듬의 세계다. 연속적인 길이로서 전일노동이라는 시간적 묶음은 진부해진다. 디지털 모바일 기술은 업무의 발생 시점, 빈도, 순서, 지속 시간, 종료 시점을 재구조화함으로써 노동의 단시간성을 증가시킨다. 산업사회에서 이상적이라 여겨졌던 '규칙적인 노동일'은 잘게 쪼개진다. 평생직장이라는 산업사회의 이상적인 제도 또한 진부한 것이 된다. 새로운 자본주의 사회에서 사람들은 일감을 따라 부초처럼 정처 없이 표류하는 삶, 떠돌이처럼 파편화된 삶을 살아간다는 리처드 세넷의 지적은 이와 상통한다.[15]

물론 대리운전 기사는 일하는 시간을 얼마나, 또 어떻게 쪼개든지 스스로 통제할 수 있다. 업무가 특정한 시공간에 구속되지 않고 원하는 스케줄대로 일할 수 있다는 점에서 자유롭기까지 하다. 그러나 콜 신호에 따라 여기저기 이동하며 조각난 일을 수행해야 하는 상황에서 그 자율성은 허구적인 수사에 불과하다. 형식적으로는 자유스럽지만 실질적으로는 콜 신호를 받기 위해 '항시 대기'해야 하고 여러 건수를 '알아서' 꾸리고 엮어야 하기 때문이다. 내내 일하지는 않지만 항상 일할 태세가 되어 있기를 요구하는 방식. 이러한 노동 패턴은 노동시간과 비노동시간 간의 경계를 파괴하고, 이러한 상태에서 우리의 시간 가운데 어느 부분도 우리 자신의 것이 아니게 된다. 우리는 이를 특별한 종류의 빈곤으로서 시간의 빈곤이라고 말할 수 있다.[16]

공간 차원에서도 디지털 모바일 노동은 질적으로 다르다. 공장이나 사무실 같은 집단적인 장소에 구속되었던 업무들이 탈공간화된다. 노동 과정을 공간적으로 집중할 필요가 없어진다는 이야기다. 산업사회의 기술이 '작업장'의 노동시간을 표준 모델에 따라 연속적이고 조밀한 시간으로 최대화하는 데 맞춰졌다면, 디지털 모바일 시대의 기술은 노동시간의 공간성 자체를 지워버린다. 디지털 모바일 기술이 매개된 노동에는 더욱이 특정한 장소에 구속될 필요가 없다. 온갖 생산도구 기능이 집단적인 장소를 더 이상 필요로 하지 않게 되고 인간의 신체로 옮겨졌기 때문이다.[17] 개별 노동자는 눈에 보이지 않는 디지털 네트워크에 연결된 채로 조각난 업무들을 실행할 뿐이다. 특정한 장소에서 서로 얼굴을 맞대지 않고도 동시에 의사소통이 가능한 디지털 모바일 기기에 연결되기만 하면 된다. 이것은 네트워크상에서 끊임없이 유동하는 일종의 노드 형태로, 공장이나 사무실에 구속된 노동과는 전혀 다른 모습이다. 노동 과정의 장소성은 사라지고 오직 '개별화된 노동'만이 디지털 네트워크에 걸쳐져 있기에 전례 없는 수준으로 이동성이 극대화된다.

이탈리아의 자율주의자 프랑코 베라르디는 파편적이면서도 재조합적인 노동의 특징을 '노동의 프렉탈화'라 부른다. 노동자는 언제든 교체가 가능한 존재로서 네트워크상의 조각난 업무 중 하나를 수행하고 보수를 받을 뿐이고, 자본은 네트워크상의 조각난 시간들을 필요한 만큼만 구매하는 것에 불과하다. 그는 디지털 모바일 기술을 '파편화된' 노동자와 '재조합적인' 자본의 관계를 규정하는 도구라고 간파한다.[18]

함께 쉬기의 침식

—

'노동 과정이 장소에 묶이지 않는다.' '노동 과정이 지리와 무관해진다.' '노동 과정이 장소의 고정성을 상실한다.' 이러한 말들을 관계 차원에서 다시 풀어보면 '동일한 장소에서 함께 일하기'라는 정체성이 침식된다는 의미다. 공동의 장소에서 특정한 시간 동안 함께 일하면서 가지게 되는 집합적인 경험과 감각 말이다.

디지털 모바일 기술로 특정한 장소에서 함께 일해야 한다는 필요성 자체가 줄어들면서, 콜 신호에 따른 개별화된 노동 이외에는 어떤 사회적인 관계도 발생하지 않는다. 동료 관계는 사라지고 콜 신호를 향한 (만인의 만인에 대한) 경쟁만이 작동한다. 물론 콜 신호 주변의 사회관계가 가능하기는 하지만, 그것은 시간성이 요구되는 '관계'라기보다는 우발적이고 단속적인 '마주침'에 불과하다. 이러한 맥락에서 디지털 모바일 노동자의 사회관계 방식은 정주형(定住型) 관계라기보다는 호텔 투숙객과 같은 마주침이다.

단속적인 마주침 속에서는 앞서 말한 《미생》의 인턴사원 장그래가 감동받아 눈물을 흘렸던 '우리'라는 표현은 성립조차 할 수 없다. 베라르디의 말대로 소통 과정의 디지털화는 '쓰다듬고 냄새 맡을 시간' '공간을 위한 시간' '과정에 대한 감각'을 감퇴시키고 경험의 빈곤화를 유발한다.[19]

노동 과정의 탈공간화는 또한 '함께 쉬기'의 가능성을 여지없이 제거한다. '업무 전에 차 한잔합시다', '점심 먹고 커피 한잔합시다', '이따가 담배 한 대 태워요' 같은 표현은 집단적인 장소에서 발생하는 관계적인 표현이다. '퇴근은 언제 하나요?', '끝나고 소주 한잔합시다', '올여름 휴가는 언제로 잡을 건가요?' 같은 표현도 마찬가지다. 디지털 모바일 노동에서 관계적이고 의례적인 성격의 함께 쉬기는 사라지고 만다. '우리', '동료'라는 표현이 발생할 수 없는 노동 패턴이다. '잠시 쉴 곳도 밥 먹을 곳도 없다', '정상적인 생활이 힘들다', '가족과 함께 밥을 먹어본 지가 언제인지 생각조차 나지 않는다'는 특수고용노동자들의 목소리는 이와 상통한다.[20]

'함께 쉬기의 침식'을 언급하는 것은 단지 과거를 그리워하자는 게 아니다. 디스토피아적 미래를 푸념하자는 것도 아니다. 자본이 디지털 모바일 기술을 매개로 휴게 시간, 점심시간 등을 제거하고 모든 시간을 업무 단위로 쪼개 노동자의 회복 시간을 제거하는 방식, 즉 기술의 자본주의적 사용 방식에 문제를 제기하려는 것이다. 산업자본이 노동자의 식사 시간이나 휴게 시간을 깎으려 했던 짓을 '분 도둑질'이라고 한다면, 함께 쉬기의 침식은 디지털 자본이 노동 과정에서 자유 시간을 모조리 축출해버린 모양이다.

경험은 특정한 시공간 속에서 생겨난다. 집단이 공유하는 시공간은 의례적인 경험을 담아내는 포괄적인 틀을 제공한다. 쉬는 시간에 휴게실에서 나누는 차 한 잔, 퇴근 후 회사 근처에서 기울이는 술 한 잔, 야근하는 사람들과 함께하는 간식 등은 공통의 시공간을 전제한다. 전통적으로 노동자 문화를 구성하는 요소들은 작업장이나 공장 지대, 의복 양식, 집단 의례, 놀이 형식 또는 술집이나 공터 같은 이완의 시공간이었다.[21] 이에 반해 디지털 모바일 노동자의 경험은 콜 신호가 뜨는 곳곳으로 쪼개진다. 문화적 동질성을 구축할 공통의 토대가 사라지면서 디지털 모바일 노동자의 시간은 지극히 개별화된 사건과 경험으로 채워진다. 물론 '센터'와 같은 물리적 공간이 아닌 카페앱 같은 가상공간에서 그 경험들을 공유할 수 있지만, 이 또한 개별화된 선택과 경험의 하나일 뿐이다.

노동 과정의 탈공간화는 이렇게 (노동일에 포함되어 있던) 집단이 공유하는 시공간에 대한 공통 감각, 다시 말해 집합적이고 관계적이고 의례적인 시공간감이 사라짐을 내포한다. 산업자본주의가 특정한 시공간에 붙박인 '근면한 신체'를 주조했다면, 디지털 모바일 기술을 매개로 자본은 사회적 인간형을 새로운 방식으로 주조한다. 그리고 그 형태는 '(시공간의) 구체성을 잃어버린 파편화된 신체'라고 말할 수 있을 것이다.[22]

위험은 개인에게

–

디지털 모바일 기술에 따른 노동 과정의 탈공간화는 산업사회가 요구했던 근면한 인간형이 굳이 필요치 않게 된다는 의미다. 디지털 모바일 기술은 다른 인간형을 요구한다. 이제 자본은 더 이상 출퇴근시간 같은 집단적인 규칙으로서 시간 규율(time-discipline)을 필요로 하지 않는다. 다시 말해 자본은 관리 장치를 도입하고 시간 규율을 부과하기 위한 비용을 들이지 않는다는 이야기다.

바우만에 따르면 자본은 노동력을 보충해야 한다는 부담으로부터 자유로워지면서 노동자를 통제하기 위한 비용을 더 이상 들이지 않으려한다. 생산을 증대하려면 '더 많은' 노동력과 '더 근면한' 노동자를 요구했던 시대와 달리, 이제 노동력은 과잉일뿐더러 그것은 노동 현장으로 불러들이고 훈련해야 할 대상이 아니라 생산성 향상의 방해물이며 배제의 대상으로 분류된다.[23]

콜 신호에 따라 이곳저곳 이동하는 노동자들에게도 외적인 형태의 시간 규율은 무의미해진다. 노동자들에게도 시간 규율은 더 이상 노동 통제의 수단으로 작동되지 않는다는 말이다.[24] '지각했다' '시간을 못 지킨다'·'점심시간이다'·'퇴근 시간이다' 등 집합적이고 규범적인 (normative) 차원의 표현은 모두 퇴색되고, 콜 신호를 따라 조각난 시간의 파편들만 남게 된다. 여기서는 오직 개별적으로 분절된 콜 신호에의 시간 엄수(punctuality)가 관건이 된다. 이는 산업사회의 집단적이고 규율적인 시간 엄수와는 전혀 다른 것이다.

디지털 모바일 노동의 독특한 모습은 전일노동이 담보했던 조직적 전제들이 쓸모없는 것으로 치부된다는 점에서 더욱 두드러진다. 문제는 전일노동 시대에 기업 조직이 제공했던 보장·보호 기능이 사라진다는 점이다. 전일노동 중간 중간에 배치되었던 휴게시간은 발생하지 않는다. 휴가, 상여금, 퇴직금 등의 각종 노동복지도 애초부터 발생하지 않는다. 또한 전자장비를 구입·유지하기 위해 들이는 모든 비용은 물론 건강상의 위험이나 미래의 불안에 대처하는 비용까지 노동자 개인이 감수해야 한다.[25]

이를테면 대리운전 기사는 보험료를 직접 낸다. 매달 적게는 6만 원에서 많게는 13만 원에 달하는 돈이다. 또 기사마다 보통 콜 프로그램을 서너 개씩 설치하는데 이 사용료를 기사가 부담한다. 이전에는 회사가 부담했던 것들이다. 그리고 콜마다 받은 요금의 20~25퍼센트를 수수료 명목으로 업체에 지불한다. 이 돈은 콜을 받으면 기사가 예치해둔 계좌에서 자동으로 빠져나간다. 업체에서 배차를 받았는데 목적지가 맞지 않거나 운전 거리 대비 운전비가 맞지 않아 콜을 취소하면 취소 건수마다 내는 벌금도 여기서 빠져나간다. 사고가 나도 전적으로 '내 책임'이다. 보험료, 프로그램 사용료, 수수료, 벌금을 포함한 노동 과정에서 발생하는 모든 처리 비용은 전적으로 노동자가 떠안는다.

기업 조직의 전략은 비용 부담과 위험 요소를 노동자에게 전가하려는 경향을 강화한다. 시간과 장소를 불문하고 특수한 업무로 조각낸 노동을 디지털 모바일로 연결시킬 수 있는 기술적 가능성은 자본의 이윤 극대화라는 새로운 권력 공간을 창출한다. 탈공간화된 노동 패턴에서 보장·보호 장치들은 조직 차원의 지원 대상 목록에서 삭제된다. 노동 과정 상의 위험을 처리하기 위한 집단적인 대응에 기대기도 어렵게 된다.

계급 투쟁의 과정에서 언제나 핵심 언어인 연대는 시간의 파편들 사이에서는 생겨나기 힘들다. 연대는 기본적으로 물리적 관계에 기초하는 것으로서, '함께 존재함'이나 동일한 관심, 운명을 공유하는 경험을 전달하는 정치적 언어였다. 그런데 불안정하고 개인화된 노동 조건은 연대를 생성해낼 수 있는 가능성 자체를 위태롭게 만든다. 공통적인 장소에 기반한 관계의 지속성이나 물리적 근접성 같은 사회적 연대의 조건이 소실되었기 때문이다.[26]

노동 과정이 탈공간화되면서 노동자는 자기 노동의 주권을 얻은 듯 보이지만, 동시에 이런 노동에서 발생할 수 있는 위험은 사적인 문제가 되어버린다. 이렇게 개인화된 위험은 계층을 불문하고 나타나지만 하층에 더욱 직접적으로 관통하게 마련이다. 이를 두고 세넷은 자본주의만 살아남고 '사회적인 것'은 죽은 셈이라고 지적한다.[27]

노동 비용의 발생 자체를 애초부터 제거해버리는 생산 방식은 기존의 노동 규율과는 달리 착취라는 비판으로부터는 자유로우면서 디지털로 매개된 연결망으로 노동자들을 과거 어느 때보다 더욱 예속적인 상태에서 일하도록 속박한다. 또 더 철저한 임노동 형태이면서 더 이상 임노동이 아닌 오직 건수별 수익을 챙겨야 하는 노동이다. 실적과 건수에 기초하는 모든 자영 노동자[28]가 여기에 해당할 것이다. 자본주의적 계급관계에 의해 포착되지 않는, 그렇지만 탈시공간적인 조각난 업무들에 새롭게 묶이는 '계급 없는 사람들'이 된다.[29]

미래 서사가 불가능한 삶

—

전통 사회에서는 작업이 자연 리듬에 맞춰 진행되었다. 정해진 작업 그 자체를 수행하는 것이 중요했지 작업을 언제까지 얼마 이상을 마무리해야 하는가는 그렇게 큰 변수는 아니었다. 이를 '업무 지향적(task oriented)' 노동 패턴이라고 한다. 그러던 것이 산업화 이후로 시간당 생산성이나 마감 시간처럼 시계 시간으로 특징지어지는 '시간 지향적(time oriented)' 노동 패턴으로 변화했다. 이것이 산업사회의 결정적인 특징이다.[30]

그런데 디지털 모바일 시대에 시간 지향적인 노동 패턴은 점차 퇴색된다. 시간당 얼마라는 셈법은 무의미하다. 이는 노동과 비노동 간 경계를 분명하게 구분했던 노동 패턴이 건수와 실적에 따라 조각난 업무를 수행하는 방식으로 전환되고 있기 때문이다. 일종의 '건수 지향적(case oriented)' 노동 패턴이라고 말할 수 있지 않을까 싶다. 앞서 언급했듯이 이러한 형태의 노동은 배달대행 업체에 소속된 배달원이 건수대로 돈을 받는 사례같이 특수한 부문에만 제한되는 것이 아니라 전문직 프리랜서 등을 포함해 일반화되고 있다.

조각난 건수들로 구성된 디지털 모바일 노동은 삶이 파편화될 가능성도 일반화시킨다. 노동 과정이 디지털 모바일을 매개로 재조합되는 과정에서 노동자들은 불안정하고 불확실한 존재가 된다. 그저 콜 신호라는 필요에 따라 재조합될 수 있는 단순한 기능으로 전락한다.[31] 보다 정확히 말하면 디지털 모바일 노동은 자신의 삶을 연속적인 이야기로 만들 수 있는 어떤 전후 연관성도 사라지게 한다. 서사적인(narrative) 인생사를 꾸려가는 게 의문시된다는 말이다. 평생계획은커녕 장기적인 계획을 세우는 것이 불가능하다. 오늘의 일과표와 내일의 일과표 간에 연속성을 찾을 수도 없다. '견고한 제도 속에서 안정적으로 뿌리내리고 미래 서사를 기획한다'는 이야기는 이제 옛것이 된다. 앞으로 어떤 일이 어떻게 벌어질지 예측하거나 설명할 수 없다. 역설적으로 노동자 개인은 수시로 자신의 인생사를 취사선택하고 끊임없이 관리해야 하는 상황에 놓인다. 그것이 자기계발의 방식이든 인생 이모작의 방식이든. 이러한 맥락에서 위험을 계급 지위로 환원할 수는 없지만 위험 가능성이 하층에 더욱 축적된다는 점을 감안할 때, 취약 노동자(vulnerable workers) 개인의 생애사는 파손당하기 십상이다.[32]

또 디지털 모바일 노동은 안정성과 주기성을 확보하기 어렵게 만들어 노동시간 전후의 여타 시간을 안정적으로 기획하는 것을 곤란하게 한다. 생활 패턴을 엇갈리게 하면서 가족 시간을 단절시키는 것은 물론 사회관계의 폭을 여지없이 쪼그라들게 만든다. 식사 시간, 쉬는 시간, 여가 시간, 수면 시간 역시 파편화된다. 콜 신호에 접속-해제하는 방식의 노동 패턴은 시간 사용의 규칙성과 예측성을 파괴하고, 시간을 자율적으로 사용하는 데 따르는 안정적인 주기성까지 침해하기 때문이다.

시간 구조는 우리 삶을 규정한다고 말한다. 식생활을 비롯해 노동 패턴, 가족관계, 사회관계, 여가 활동, 수면 패턴, 심지어 세계관까지 모든 부분이 시간 구조에 따라 다르게 구성된다는 이야기다. 특정한 노동시간표는 여타 시간을 질적으로 다르게 모양 짓는다는 점을 감안할 때 오늘과 내일, 오전과 오후의 전후 연관성마저 사라진 노동자에게 노동과 비노동이라는 전통적인 구분법은 무의미하다. 19세기 초부터 노동자들의 오랜 구호였던 '여덟 시간 노동, 여덟 시간 여가, 여덟 시간 휴식'이라는 이상적인 삶의 패턴 또한 무색해진다.

새로운 시대의 새로운 노동시간 패러다임
–

디지털 모바일 노동자의 노동시간이 이전과는 다른 의미를 가지는 것처럼, 자본에 대한 노동의 시간 투쟁 또한 질적으로 달라진다. 길이를 단축하는 형태의 시간 투쟁은 낡은 것이 된다. 디지털 모바일 기술을 매개로 노동과 비노동 간 시간 경계가 더욱 빠르게 허물어진다는 것은 노동시간을 둘러싼 노동과 자본 간 관계의 토대가 사라진다는 의

미이기도 하다. 역사적으로 자본은 주어진 양의 작업을 수행하는 데 걸리는 작업 시간을 최소화하는 동시에 전체 노동시간의 길이를 늘리는 방식으로 시간을 관리해온 반면, 노동은 작업 시간 내 휴게 시간을 최대한 확보하는 동시에 전체 노동시간의 길이를 최소화하는 방식으로 시간 투쟁을 전개해왔다. 이제 디지털 기술의 매개로 자본의 착취는 더욱 더 눈에 보이지 않게 되었다. 착취가 비가시화되면서 자유 시간을 손에 넣기 위한 노동의 투쟁은 점점 더 곤란해진다. 노동과 자본 간 공통의 분모가 되었던 '노동시간'의 척도가 사라지면서 나타나는 모습이다.

자본은 디지털 기술을 매개로 '시간당 얼마'라는 시간과 임금 간의 강력했던 연결고리를 계속 더 해체해갈 것이다. 그 방향은 분명하다. 디지털 자본은 노동시간의 길이를 더 이상 가치척도가 될 수 없게 만든다. 그럴수록 노동의 오랜 구호인 노동시간 단축은 무용지물이 된다. 오직 콜 신호에 따른 건수와 실적을 채우는 것이 중요해진 노동 세계다. 노동 과정의 디지털화는 이러한 경향을 더욱 가속화한다.

새로운 형태의 노동 세계에 직면한 우리는 시간을 파편화하는 기획들에 저항하면서 자유 시간을 손에 넣기 위한 투쟁을 새롭게 조직해야 한다. 현재 우리에게 요구되는 시간 투쟁은 과거 산업사회 패러다임의 노동시간 단축과는 근본적으로 다른 것이어야 한다.

정규직 보장이나 고정급 확대 같은 노동 조건의 복원을 위한 투쟁만은 아니다. 우선 자유 시간의 가능성을 최대화하는 동시에 삶의 자율성을 회복하는 투쟁이어야 한다. 스마트폰 사용을 거부하거나 러다이트 같은 기계 파괴 방식에서부터, 기술의 설계 개발 단계에 사회적 차원의 개입이 필요하다는 주장까지 여러 가지가 있을 수 있다. 노동시간과 분리된 소득 또한 하나의 답이 될 수 있다. 노동을 하느냐 하지 않느냐에 관계없이 지불되는 소득은 모든 이에게 시간에 대한 더 많은 통제력을 부여할 것이다.[33] 이는 노동과 자본 사이의 교섭력을 근본적으로 바꿔놓을 토대가 된다.[34] 시간과 분리된 소득은 결과적으로 시간과 노동 간의 단단한 연계 고리, 즉 자본주의적인 가치체계 그 자체에 문제를 제기하고 재구성할 수 있는 전략이다. 이러한 시간 기획은 디지털 모바일 기술이 유난히 빠르게 파급되고 그것이 노동 유연화로 표출되는 한국사회에서 더욱 고민해야 하는 지점이다.

3장

/

공부하기 딱 좋은 나이?
청소년의 노동

청소년이라는 시간

—

청소년, 사전에서 찾아보면 '청년과 소년을 아울러 이르는 말'이라는 뜻이 나온다. 그렇다면 청년은? '신체적·정신적으로 한창 성장하거나 무르익은 시기에 있는 사람'이라고 한다. 소년은 반대로 '아직 완전하게 성숙하지 아니한 어린아이'를 가리킨다. 이 둘을 아우른다? 한창 성장하거나 무르익은 동시에 완전하게 성숙하지는 않은 상태. 애매하다. 어쩌면 청소년기란 많이 자란 듯 그러나 완성되지는 않은 시기이기에, 이런 애매함이 이 시기를 정확하게 표현하는 것인지도 모른다.

이런 사전적 정의와는 별개로 한국에서 청소년기가 명확하게 가리키는 것이 있다. '대학생이 되기 위해 준비하는 기간'이다. 대학생이 되기 위한 준비, 입시를 치르기 위해서 공부하는 기간을 청소년과 같은 말로 쓴다. 한국사회에서 교육은 곧 명문 대학에 입학하기 위해 무한 경쟁을 펼쳐야 하는 입시를 뜻한다. 가히 정상적인 사회라고 보기 어렵다. 그러나 아이러니하게도 한국사회는 비정상적인 입시 경쟁에서 탈락하거나 경쟁 자체를 거부하는 청소년을 비정상으로 취급한다. IMF 경제위기 이후 사회적 양극화가 고착되면서 가난한 집안 출신이라도 공부만 열심히 하면 성공할 수 있다는 이른바 '개천의 용' 신화는 이제 옛날이야기가 되었다. 이제는 강남의 어느 유치원을 다녔느냐, 혁신학교에 입학했느냐 여부에 따라 갈 수 있는 대학 서열이 일찌감치 결정나는 시대다. 최근에는 이른바 '흙수저 빙고 게임'이라는 것이 등장했다. 부모를 잘 만나 고생 없이 승승장구하는 것을 '금수저'라고 하니 그 반대를 빗댄 말이다. 가로 세로 각각 다섯 칸에 가난을 상징하는 것들을 채워 넣고 자신에게 해당하는 항목을 하나씩 지워가는 것이다. 그 안에 채워지는 항목들은 예를 들면 '엄마 아빠 이혼함' '화장실에 물 받는 다라이 있음' '부모님이 정기 건강검진 안 받음' '중고나라 거래해본 적 있음' 등이다. 어디서 유래했는지 모르겠으나 이런 '짤'이 유행하고 공유되는 것은 '헬조선'이라고 불리는 한국사회에서 이런 징표들이 가난을 상징하고 이런 생활의 조건으로부터 벗어나기란 어려운 것임을 모두가 간파했다는 뜻이다.

점점 더 많은 이들이 이미 출발선에서 승부의 향방이 가려짐에도 여전히 교육제도는 그해 입시 제도를 어떻게 운용할 것인가에서 한 발짝도 나가지 못한다. 설령 지겨움을 참고 꿋꿋이 공부를 해서 대학을 들어간다 해도 대학 서열이 취업 서열이 되고, 취업 서열이 정규직이냐 비정규직이냐 등을 결정짓는 단판 승부나 다름없는 사회에서 학교 교육이 사회에 진출해서 일상생활에서 필요한 지식을 가르치거나, 말 그대로 한 인간으로서 알고 실천해야 할 덕목을 가르치는 장소로 역할을 하리라 기대하기 어렵다. 설령 아름다운 문학 작품을 읽고 이건 왜 그럴까, 검은 건 글자요 하얀 건 종이인 수학을 앞에 두고 이건 내가 왜 배우는 것일까 하는 질문을 품더라도 학교는 이를 함께 고민하고 해소하는 장이 아니다. 결국 입시 경쟁에서 탈락하거나 경쟁 자체를 거부한 청소년들은 더는 학교에 기대할 바가 없어졌다. 지식 습득의 장으로서도, 계몽의 공간으로서도, 신분 상승의 도구로서도, 다양한 재능을 발견하고 계발하는 곳으로서의 의미도 상실한 학교는 다양한 사람을 만나 폭넓은 경험을 하는 '성장의 공간', '삶의 공간'으로서의 역할도 상실하고 있다.[1]

일하는 청소년, 많다
–

드라마나 영화, 다큐멘터리에 등장하는 청소년은 부모의 극진한 관심과 지원 속에 열심히 공부하는 '학생'이거나, 집을 벗어나 일탈을 일삼는 '비행 청소년'이거나 능력도 없으면서 연예인이 되겠다는 철없는 꿈을 꾸는 '지망생'이기가 쉽다. 그러나 그런 삶만 있는 것은 아니다. 학교를 견디기 힘든 청소년들은 노동시장으로 진출을 선택한다.

청소년들은 학교에서 무의미한 시간을 보내기보다 일을 하면서 경제적으로도 보탬이 되는 것은 물론 자신의 삶을 기획하려는 열망을 갖고 있다. 그런데 사회는 일하는 청소년에게 '하라는 공부는 안 하고 인생을 포기하는 거냐'고 핀잔하거나, 철도 없는데 답도 없는 일부 청소년의 이야기로 여긴다. 그러나 청소년 노동은 이미 몇몇 소수의 이야기가 아니다. 우리 일상생활을 더욱 편리하게 해줄 뿐만 아니라 굉장히 밀접한 편의점, 주유소, 패스트푸드점, 커피숍, 식당, 배달 업체 등에서 청소년 노동자를 자주 볼 수 있다. 2014년 한국청소년정책연구원이 전국 중3~고3 학생 4천여 명을 대상으로 벌인 아르바이트 실태 조사 결과에 따르면 '아르바이트를 해본 적이 있다'고 답한 학생이 25.1퍼센트였다. 즉 네 명 중 한 명이 노동을 하고 있다.[2] 최근 들어 이 비율은 계속 증가하고 있으며, 연령대 또한 점차 낮아지는 추세다.

일하는 청소년이 일부에 불과하다는 생각만큼이나 일하는 청소년에 대한 선입견은 청소년의 노동시간은 시간은 짧다는 것이다. 그러나 한국청소년정책연구원에서 발표한 자료에 따르면 최근 1년간(2012년 6월 ~2013년 5월) 알바 경험이 있다고 응답한 청소년 중 19.1퍼센트가 일주일에 평균 5~10시간 일한다고 답했다. 10~15시간 일한다고 응답한 비율은 두 번째로 높은 18.8퍼센트였다. 38.3퍼센트는 주당 20시간 이상 일한다고 답했고, 주당 40시간 이상 일하는 청소년도 9.2퍼센트에 달했다.[3] 이러한 통계는 청소년의 노동시간이 짧다는 선입견과는 다른 결과다. 심지어 이들을 선호하고 고용하는 사업주가 많다. 사업주들은 청소년 노동자들이 어리기 때문에 숙련도가 떨어진다는 이유로 저

렴한 인건비로 일을 시키려고 한다. 뿐만 아니라 미성숙한 청소년들을 훈육해서라도 가르쳐야 한다는 인식으로 이들을 통제한다. 청소년 노동자들은 이러한 사실을 알지만, 일자리를 구하는 것 자체가 쉽지 않고 그나마 있는 일자리도 최저임금에 준하거나 그보다 못 미치는 일자리가 대부분이기 때문에 울며 겨자 먹기 심정으로 일한다.

청소년이 노동자로서 사회에 발을 내딛을 때 첫 단추를 어떻게 끼우는지에 따라, 앞으로 이들이 마주하게 될 사회와 노동에 대한 인식을 형성하는 데 지대한 영향을 받는다. 실제 2013년 9월 청소년 531명이 응답한 청소년 노동의식 및 노동교육 실태 조사 결과, 응답자의 28퍼센트가 일·직업은 고통스러운 과정이라고 답했다. 우리 사회는 열심히 일하면 상응하는 보상이 따르는 사회인가 묻는 질문에는 43.4퍼센트만이 그렇다고 답했다. 노동자에 대한 인식과 관련해서 35.2퍼센트가 제대로 대접받고 있다고 생각했다.[4] 여기에 청소년의 노동시간 문제가 포개졌을 때 벌어진 일은 '끔찍하다'는 말이 전혀 어색하지 않을 정도다.

이런 이야기가 서정 씨의 지난 3년이란 시간에 다 담겨 있다. 어떻게 이토록 짧은 기간에 많은 부조리가 있었을까 싶은데, 그만큼 많은 청소년이 이러한 환경에 놓여 있음을 반증한다. 내가 서정 씨를 만나게 된 건 2014년 3월 시민사회단체인 청소년노동인권네트워크가 주최한 십대 밑바닥 노동 실태 조사 보고대회가 인연이 되었다. 서정 씨 같은 청소년 노동자들이 배달대행 업체, 이벤트 업체, 웨딩홀 등 각각의 일터에서 어떠한 노동 환경 속에서 일하는지 생생한 목소리로 들려준 자리였다. 나 또한 이전까지 청소년 알바는 집 혹은 학교를 나온 청소년, 가정 형편이 어려워서 가계에 보탬이 되어야 하는 극히 일부 청소년의 일이라고 여겼다. 그런데 보고대회를 계기로 가볍게 지나칠 부분이 아니라는 생각이 들었다. 이후 서정 씨를 만나 한국사회 청소년 노동자들의 목소리를 이 책에 담고 싶다는 생각을 전했다. 그리고 지난 5월 그를 만나 인터뷰를 진행했다. 올해 청소년기를 벗어난 서정 씨는 서울시 성동구 근로자복지센터에서 과거 자신처럼 청소년이라는 이유로 차별받아야 했던 노동자의 권리를 위해 활동하고 있다.

고무줄 같은 시간
—

2012년 11월 1일. 서정 씨는 오랜 고민 끝에 학교를 그만두기로 했다. 본인 뜻과 관계없이 입학하게 된 학교가 기독교 재단에서 운용한다는 이유로 자신에게 종교를 강요하는 것에 부당함을 느꼈다. 게다가 공부도 잘하고 믿음 생활까지 완벽하길 바라는 부모님의 기대는 그를 더욱 힘들게 했다. 3년만 참으면 졸업이니까 그때까지만 견뎌보자고 마음을 다잡으려고 노력했지만, 도저히 남은 학교생활을 이어갈 자신이 없었다. 결국 고등학교를 그만두기로 결심했다. 이후 서정 씨는 부모의 경제적인 부담을 덜어드리고자 알바를 시작했다. 패스트푸드점을 시작으로 사무 보조, 병원 진료 보조, 콜센터 등등, 3년 동안 닥치는 대로 일했다. 이때 그는 단지 청소년 노동자라는 이유로 온갖 부당함과 차별을 마주했다.

첫 알바는 패스트푸드점에서 시작했다. 많은 청소년이 패스트푸드점에서 알바를 시작한다. 피자, 햄버거 등이 청소년에게 익숙하다는 이유도 있겠지만 그보다는 청소년들이 일할 수 있는 곳 중에서 패스트푸드점은 주로 세계적인 다국적 기업에서 운영하다 보니, 기업의 규모나 명성으로 봤을 때 '최소한 임금은 밀리지 않고 제때 주겠지, 최소한 불합리한 일을 당하지는 않겠지'라는 기대감을 안고 문을 두드리는 것이다. 서정 씨는 시급으로 2013년 당시 최저임금(4860원)보다 140원 많은 5천 원을 받았다. 근로기준법에는 '15세 이상 18세 미만인 자의 근로시간은 1일에 7시간, 1주일에 40시간을 초과하지 못한다'고 되어 있다. 서정 씨도 법적으로 하루 최대 노동시간인 일곱 시간 일하는 조건으로 계약을 맺었다. 사실 시급에 주휴수당이 포함되어 있어서 따지고 보면 최저임금에 못 미치는 조건이었지만, 다른 선택지가 없는 상황에서 이 정도면 만족해야지 하는 생각으로 일했다. 그런데 얼마 지나지 않아서 전혀 예상하지 못했던 '꺾기'라는 암초를 만나면서 순탄하지 못할 앞날을 직감했다.

"처음 계약과는 다르게 하루에 네 시간, 그것도 손님이 막 몰려서 도저히 사람이 없으면 매장을 운영하기 힘들 정도로 바쁜 점심시간대에만 일했어요. 그 시간에는 마른 물티슈를 쥐어짜듯이 정신없이 이것저것 일을 시켜요. 그런데 바쁜 시간이 지나고 나서 매장이 한산해질 때가 있잖아요. 그때쯤이면 점주랑 매니저가 알바들이 가만히 서

있는 꼴을 못 보는 거예요. 집에 가라고 해요. 거의 매일 그랬어요. 그런데 더 큰 문제는 매장이 한가해서 집에 가라고 하길래 집에 왔더니, 조금 있다가 매니저가 전화해서는 일 바쁘니까 어서 다시 나오라고 하는 거예요. 애초에 계약을 하루에 일곱 시간 일하는 걸로 했다고 했잖아요. 그러니까 저는 다시 매장으로 가야 했어요."

'꺾기'는 사업주가 알바 노동자의 인건비를 조금이라도 줄이기 위해 매장이 한가한 시간에 휴식 시간을 준다는 이유로 강제로 무급 휴식 시간을 주거나 퇴근하도록 강요하는 행태를 가리킨다. 서정 씨가 일했던 패스트푸드점은 꺾기를 저지르는 대표적인 사업장이다. 2014년 12월 알바노조가 실시한 맥도날드 근로 실태 설문조사 결과에 따르면 조사에 응답한 노동자 1625명 가운데 현재 일하는 매장에서 꺾기를 경험했다고 답한 노동자가 1036명에 달했다. 청소년 노동자만을 대상으로 한 조사는 아니지만 현장에서 '꺾기' 사례가 얼마나 비일비재하게 일어나고 있는지 알 수 있다.

패스트푸드점 같은 경우 대부분의 사업주가 청소년과 처음 근로 계약을 맺을 때 하루 일곱 시간, 최대로 계약을 체결한다. 그리고 나중에 상황에 따라 근무시간을 줄이면 된다고 생각한다. 왜냐면 만일 네 시간으로 계약했다가 매장에 일이 많아져서 근무시간을 늘리게 되면 연장수당을 줘야 하기 때문이다. 그러니 일곱 시간으로 우선 계약을 해 두고 알바가 필요 없다 싶으면 시간을 '꺾는다.'

사업주의 무분별한 꺾기 탓에 청소년 노동자는 근로계약 당시 예상

했던 시급에 한참 못 미치는 임금을 겨우 손에 쥔다. 그뿐 아니라 한 달 월급을 얼마나 받을 수 있을지 전혀 예측할 수 없기 때문에 안정적인 생활을 계획할 수 없다. 서정 씨는 안정적이지 못한 앞날이 불 보듯 뻔한 상황에서 일을 그만둬야 하나 고민했다.

> "매일 그렇게 일을 하니까 첫 달 월급이 27만 원이었어요. 예상했던 것보다 월급이 너무 적어서 일을 그만둬야 하나 고민해봤는데 마침 대학교 방학 시즌이랑 겹쳤어요. 제가 그만둔다고 하면, 사업주 입장에선 책임감 있고 성실한 대학생도 많은데 책임감도 없이 한 달 만에 그만두는 어린애를 뭐가 아쉬워서 써야 하나, 이렇게 생각할까 봐 버티기로 했어요."

패스트푸드점뿐 아니다. 패밀리레스토랑, 영화관, 예식장, 빵집 등 청소년이 알바를 많이 하는 곳은 꺾기로 악명이 높다. 점심 장사가 끝나고 저녁 영업이 시작되기 전까지 '나가 있으라'는 패밀리레스토랑, 그날 영화 관람객이나 하객이 적으면 일방적으로 퇴근을 지시하는 영화관이나 예식장……. 장사가 안 되는데 월급 다 줘가면서 어떻게 장사하느냐고 하는 업주도 있고, 매장이 횡한데 월급 받기가 미안해서 꺾기를 받아들이는 청소년도 있다. 그러나 청소년이건 아니건 시간을 정해서 일을 하고 그 시간만큼 임금을 받기로 서로 계약을 맺은 만큼 꺾기는 불법이다. 꺾기가 이토록 공공연하게 발생하면 사업주를 법적으로 처벌하거나 이를 근절해야 하지 않을까. 근로기준법 46조 1항에 따르면 사용자의 귀책 사유로 근로계약서로 정한 시간보다 일을 적게 했을 때, 사용자는 노동자에게 휴업수당으로 평균임금의 100분의 70 이상을 수당으로 지급해야 한다. 이 조항을 위반할 경우 사업주는 3년 이하의 징역 또는 2천만 원 이하의 벌금에 처해진다. 그러나 실제로 사업주가 꺾기를 했다고 해서 처벌 받는 일은 없다. 꺾기가 대개 당일 현장에서 사업주가 구두로 통보하다 보니 구체적인 증거를 확보하기가 쉽지 않고 법적으로 시시비비를 따지기 어렵기 때문이다.

사업주들은 단순히 시간 꺾기뿐만 아니라 매출액이나 매장이 바쁜 정도에 따라 스케줄을 조정해 꺾기와 같은 효과를 낸다. 패스트푸드점에서는 시간당 매출 대비 인건비 비율을 설정해두고 꺾기 혹은 '레컨 (labor control)'이라고 불리는 편법으로 인건비를 낮춘다. 가령 아예 손님이 적을 것 같은 날에 출근하지 말라고 하거나, 출퇴근 시간을 조정하는 방식으로 인건비를 줄이는 것이다. 이러면 노동자 입장에서는 수입이 줄어드는 것뿐만 아니라 다른 노동을 할 기회마저 빼앗기는 상황이 벌어진다. 몇 시부터 몇 시까지 일을 하고 나머지 시간엔 노동자 자신이 무엇을 할지 결정할 수 있다. 그런데 일하기로 계약한 시간에 일하지 못하니 다른 일도 하지 못하고, 자기 스케줄이 어떻게 될지 자신도 모르니 '애매한' 시간의 연속인 것이다. 또 철저하게 매장의 효율성과 이윤을 중심에 놓고 노동자의 스케줄을 계획하기 때문에, 청소년 노동자들은 항상 최소의 인력으로 일하게 되어 이는 노동 강도의 강화로 이어진다.

"매니저가 일주일에 한 번씩 스케줄을 짰는데, 그렇게 하는 이유가 학교 다니면서 알바를 하는 학생들 사정을 고려하다 보니 매주 조정하는 거라고 했어요. 이렇게 들으면 그럴 수도 있겠다 착각하기 쉬운데, 실은 매장 매출을 고려해서 인건비를 최대한 줄이려고 스케줄을 조정하는 거예요. 매출이 적은 특정 요일이나 특정 시간대에는 알바를 최대한 안 쓰고 인건비를 아끼려는 거죠."

일회용품 취급받는 청소년 노동

사업주들은 청소년 노동자의 시간을 단지 꺾고, 줄이는 것에 그치지 않고 하루, 일주일, 한 달 단위의 쪼개기 계약을 맺어 더욱 효율적으로 이들의 노동력을 취한다. 물론 사업주는 일의 성격이나 상황에 따라서 단기간 알바를 사용할 수 있다. 문제는 인건비를 최대한 줄이고 싶어 하는 사업주들이 상시적이고 정기적인 업무까지 쪼개기 계약으로 비정규직 노동자를 고용한다는 점이다. 서정 씨는 패스트푸드 알바 당시 첫 월급을 받고 나서 본인이 쪼개기 계약을 맺었다는 사실을 알았다.

"첫 달 월급을 받았는데 확인해보니 주휴수당이 없는 거예요. 매니저에게 확인해보니 회사에서 제가 매일 근로계약을 갱신하는 쪼개기 계약을 맺도록 했다더라고요. 사실 처음에 일 시작할 때 근로계약서를 안 썼어요. 대신 음식을 만들 때 필요한 레시피를 외부로 발설할 경우 어떠한 민·형사상 불이익도 감수하겠다는 서약서를 썼어요. 그때 매니저가 서약서를 썼으니 근로계약서를 쓴 거라고 생각하면 된다고 했어요. 그때는 잘 모르니까 그런가 보다 했는데 알고 보니 매장에서 본사에 보고할 땐 제가 매일 쪼개기 계약을 맺는 조건으로 일하는 걸로 한 거예요. 저한테 한마디 설명도 없었는데 정말 황당하더라고요. 저뿐만 아니라 그때 같이 일했던 사람들 전부 다 그런 식으로 계약서 쓰고 일했으니까 심각한 일이죠."

기간제 및 단시간 근로자 보호 등에 관한 법률 2장 4조 '기간제 근로자의 사용' 조항에 따라 사용자는 2년을 초과하지 않는 범위에서 기간제 근로자를 사용할 수 있다. 2년을 초과하여 사용하는 경우에는 기간제 근로자는 기간의 정함이 없는 근로계약을 체결한 근로자로 본다고 명시되어 있다. 이 조항은 알바 노동자에게도 당연히 해당된다. 반면 사업주는 어떻게든 이 조항을 피하려고 처음부터 비정규직 노동자와 계약을 2년을 초과하지 않도록 하루, 일주일, 한 달, 1년, 1년 10개월 계약을 맺는다. 쪼개기 계약으로 사업주는 앞서 언급한 법적 책임과 의무를 회피한다.

사업주는 이렇게 필요할 때 사용하고 필요 없으면 버리는 일회용품으로 노동자를 취급한다. 쪼개기 계약은 이제 막 사회생활을 시작한 청소년 노동자의 마음에 큰 상처를 남긴다. 돈만이 문제가 아니기 때문이다. 일회용품 취급을 받는 것도 모자라 일터에서 그나마 유일하게 마음 편히 쉴 수 있는 점심시간의 휴식도 보장받지 못한다.

"인바운드 주문을 받는 콜센터에서 일할 때였어요. 거긴 따로 점심시간이 없었어요. 그렇다 보니까 회사에서 매일 사다 주는 점심을 먹는데, 전화 받으면서 잠깐 틈이 날 때 허겁지겁 먹게 되잖아요. 그럼 매일 체하는 게 일상이었어요. 사실 건강에 안 좋다고는 하지만 밥 빨리 먹으면 10분이면 다 먹잖아요. 그런데 그 잠깐이 아까워서 매번 이렇게 점심을 먹는 건 좀 아니다 싶더라고요. 한번은 옆 사람이랑 얘기해서 한 사람이 10분 동안 밥 먹고, 한 사람은 옆 전화까지 당겨서 받자고 했거든요. 그렇게 10분이나마 편하게 있고 싶었던 거죠. 그랬더니 그새 관리자가 와서 '너 왜 전화 안 받고 밥 먹고 있느냐' 그러는 거예요. 지금 옆 사람이랑 나눠서 전화 받고 있으니까 걱정하지 않아도 된다고 말했죠. 근데 다음 날 사장이 직접 저희한테 와서 앞으로는 절대 그렇게 하지 말라고 경고하고 가는 거예요. 직원들이 잠깐이라도 쉬는 꼴은 못 보겠다는 거죠. 게다가 같이 일하는 동료끼리 서로 도와주고 대화하고 이런 게 더 보기 싫었던 것 같아요."

직원이 밥 먹는 시간 10분이 아까워 '경고'를 날리고 가는 업주. 그런데 점심시간의 '자유'만이 문제가 아니다. '시간을 달리는 청소년'들이 있다. 배달 청소년 노동자다. 이들은 도로 위에 목숨을 내놓고 촌각을 다투는 노동을 하고 있다. 2012년부터 2014년까지 음식 배달을 하다 오토바이 사고로 다친 운전자는 4460명, 이 가운데 1303명(29.2퍼센트)이 청소년이었다. 또 최근 3년간 음식 배달을 하다 오토바이 사고 피해를 입은 재해사망자 열 명 중 세 명이 10대 청소년이었다.[5] 이는 근로

복지공단에 산업재해를 신청한 이들을 대상으로 한 통계이므로 실제 부상자와 사망자는 이보다 더 많을 것이다.

대체 왜 이렇게 많은 사망자가 발생했을까. 청소년 노동자가 오토바이 운전에 미숙해서 그랬던 걸까. 최근 들어 대표적인 패스트푸드 업체인 맥도날드와 롯데리아 전체 매장 중 약 75퍼센트가 배달 서비스를 도입하는 등 경쟁이 거세졌다. 그러자 2011년에 배달 노동자의 잇따른 산재 사망 원인으로 지적되어 폐지했던 '30분 배달제'를 은근슬쩍 부활시켰다. 맥도날드의 '히트레이트(hit rate)' 제도가 대표적이다. 맥도날드는 매일 개별 배달노동자마다 주문 건수 중에서 배달을 30분 이내에 완료한 비율을 '라이더 존'이라는 전산망으로 보고하도록 한다. 다시 말해 각 라이더별로 하루에 몇 건이나 30분 이내에 배달을 완수했는지를 숫자로 표시하는 것이다. 주문 받은 직후부터 시간이 계산되기 때문에 배달 노동자들은 건당 17분 20초 안에 배달을 완료해야 히트레이트 조건을 맞출 수 있다. 시간 안에 끝낸 배달이 많을수록 히트 레이트 비율이 올라간다.[6]

맥도날드 국내 본사 관계자는 "실제로 배달에 한 시간이 넘게 걸리는 경우도 많다"며 "고객에게 예상시간을 안내하기 위한 차원이지 배달 시간을 지키지 못했다고 라이더나 매장을 압박하는 일은 전혀 없다"고 해명했다고 한다. 그러나 실제 알바를 하는 노동자들의 증언에 따르면 히트 레이트가 임금에 영향을 주지는 않지만, 매장 매니저가 실적을 한눈에 볼 수 있기 때문에 무언의 압박을 느낄 수밖에 없다.

미성숙하다는 이유로 차별받는 청소년 노동

－

청소년은 나이가 어리고 미성숙해서 다른 이의 가르침이 필요하다는 인식은 때로는 훈육을 해서라도 올바른 길로 가도록 가르쳐야 한다는 사고방식을 조장한다. 사업주들이 청소년 노동자를 대하는 태도에서 이러한 사고방식은 여과 없이 드러난다. 흔한 예가 청소년 노동자를 가르친다는 이유로 야단을 치거나 법을 어기면서까지 시급을 깎고, 무료 노동을 시키는 경우다.

"패스트푸드점에서 알바할 때 일곱 시 반까지 출근이었는데 10분 지각하면 한 시간 시급을 반 깎아요. 그러니까 매니저가 매장 밖에서 대기하다가 10분 이상 늦으면 어차피 시급 못 받으니까 그냥 30분 지나서 들어오라고 해요. 근데 그렇다고 어떻게 밖에 있어요. 지각한 게 잘한 일은 아니니까, 눈치도 보이고 같이 일하는 동료들한테 미안하기도 해서 시급은 시급대로 못 받고 눈치 보면서 들어가서 일했죠."

사업주들은 청소년 노동자가 지각을 하거나 일하는 과정에서 실수했을 때뿐만 아니라 법을 어기면서 무료 노동을 강요하기도 한다. 가령 평소 근무시간보다 일찍 출근해서 일하는 시간이나 근무시간 이후에 남아 매장을 정리하는 것 같은 일을 하는 시간에 대해서는 정당한 노동의 대가를 지급하지 않는다. 되레 제시간에 일을 마치지 못했다며 야단친다.

"출근하면 유니폼을 입는데, 그것도 엄연히 일하는 시간이잖아요. 그런데 매번 출근 시간보다 일찍 와서 옷을 갈아입으라고 해요. 출근카드 찍는 것도 옷 다 갈아입고 나서 찍으라고 하고요. 병원에서 진료 보조 알바를 했을 땐 오후 두 시였거든요. 그런데 매번 1시 45분까지 나와서 옷 갈아입고 업무 준비를 하라고 해요. 일 마칠 때도 똑같았고요. 패스트푸드점에서 일할 때 손님이 많은 날은 근무 시간 내내 손님들 주문 처리하느라 매장 정리를 다 못하고 퇴근 시간을 한참 넘겨서까지 일하는 날이 종종 있었어요. 그 시간을 제대로 계산해서 연장수당을 받은 적이 없어요. 오히려 매니저가 너희가 일을 제대로 안 해서 일이 늦게 끝나는 거라고 야단을 치면서, 추가수당은 없다고 그러는 거예요."

무급 노동은 청소년 노동자가 많이 일하는 웨딩홀 알바에서도 흔하다. 2014년 청소년유니온이 발표한 청소년 호텔, 웨딩홀 아르바이트 실태 조사 결과에 따르면 법정 최저임금에 미달하는 임금을 받은 경우는 17.6퍼센트였던 반면, 유급휴일수당을 지급 받지 못했다는 응답은 무려 90.2퍼센트였다. 법정 근로시간보다 초과 근무를 했을 때 연장근로수당을 받지 못한 비율 또한 88퍼센트였다. 유급휴일수당이나 연장근로수당을 제대로 지급하지 않은 총 임금체불액은 185억 8천만 원에 달했다. 더욱이 청소년 노동자는 배움이 필요한 '수습'이라는 이유로 법적 최저임금조차 보장받지 못하는 경우가 많다. 서정 씨는 콜센터 알바 당시 청소년이라는 이유로 6개월 동안 수습 월급을 받았다.

"핸드폰을 파는 콜센터였는데 월급이 한 달 기본급 130만 원에, 계약 건당 인센티브가 붙는 방식이었어요. 그런데 6개월 동안 수습이라는 이유로 기본급을 120만 원 주는 거예요."

근로기준법 시행령 2조(평균임금의 계산에서 제외되는 기간과 임금)에 따르면 1년 이상 근로계약을 체결했을 때 3개월 수습 기간을 둘 수 있고 이 기간 동안은 최저임금을 감액해 적용할 수 있다. 뒤집어보면 1년 이상 근로계약을 맺지 않은 경우라면 수습 기간을 적용할 수 없다는 뜻이다. 그러나 사업주들은 법에도 아랑곳하지 않고 계약 기간이 1년 미만인 청소년 노동자에게 숙련도가 떨어진다는 이유로 수습 기간의 월급을 적용한다.

한편 이렇게 청소년 노동자를 미성숙한 존재로 규정하고 차별하는 것에 더해 여성 청소년의 경우, 남성 청소년과 달리 사회적으로 여성에게 요구하는 역할을 똑같이 요구했다.

"평소엔 청소년이라고 무시하고 막 대하면서 어떨 때는 여성이라고 요구하는 일들이 있었어요. 가령 콜센터에서 일할 때 남성들은 하지 않아도 되는 커피를 타는 일을 강요한다거나, 화장하는 법까지도 구체적으로 강요했어요. 제가 막내도 아니었고 사무실에 혼자 있는 것도 아니었는데, 사무실에 손님이 오면 그때마다 항상 저한테 커피 타는 걸 시켰어요. 그때부터 저는 커피 타는 걸 정말 '극혐'해요."

2014년 서울시 여성가족재단의 서울시 청소녀 아르바이트 실태 조사 결과에 따르면 조사에 응한 여성 청소년 절반이 여성이라 더 힘들다고 느낀 적이 있다고 답했다. 주요 원인으로는 남성 청소년보다 일자리를 구하기 어렵다(57.2퍼센트), (성)폭력·폭언으로 위험을 느낀 적이 있다(39.9퍼센트), 외모·복장관리 요구가 강했다(33.6퍼센트) 등을 꼽았다. 학교 밖 여성 청소년의 경우 74.8퍼센트가 여성이라 더 힘들다고 느낀다고 응답했는데, 이는 학교에 재학중인 청소년 노동자의 응답률(43.6퍼센트)보다 1.7배 높은 수치다. 뿐만 아니라 학교 밖 여성 청소년들은 알바 중에 손님으로부터 폭언(29.7퍼센트), 성희롱(10.8퍼센트)을 경험했다고 응답한 비율이 여고생(폭언 14.5퍼센트, 성희롱 2.8퍼센트)보다 각각 두 배, 네 배가량 높게 나타나 상대적으로 근무 중 위험을 더욱 느끼는 것으로 나타났다.

내 나이가 어때서!
청소년 노동을 향한 시선
—

2013년 부산에선 청소년 노동자가 임금을 체불한 사업주 때문에 민주노총 부산지역본부에 상담을 요청했던 일이 있었다. 이후 사업주를 찾아가 자초지종을 들을 수 있었는데, 사업주는 알바의 임금을 체불한 이유를 이렇게 해명했다.

"애들이 알바비를 받아서 뭘 하려고 했는지 알아요? 글쎄 성형수술을 한다는 거예요. 그래서 내가 알바비를 안 줬어요."[7]

만약 임금을 체불한 노동자가 청소년이 아니었다면, 이때도 사업주가 이렇게 당당하게 말할 수 있었을까. 임금을 받아서 차를 사든 빚을 갚든, 커피를 사 마시든 영화를 보든 그것이 과연 사업주가 판단하고 그에 따라 임금을 줄지 말지 결정할 일일까. 청소년 노동자는 자신이 땀 흘려 일한 만큼의 정당한 대가를 요구하는 과정에서 차별받는다. 항상 '너희는 대체 돈 벌어서 어디에 쓰려고 하느냐'는 물음에 답해야 한다. 그리고 사용처에 따라 청소년 노동의 가치를 판단하고 재단한다. 가령 청소년이 알바비로 학교에서 유행하는 거위 털 점퍼를 샀다고 하자. '아직도 철이 덜 들었네' '그거 사려고 하라는 공부는 안 하고 알바를 했느냐' 하는 식의 온갖 비난의 화살을 맞는다. 이와는 달리 어려운 가계 형편에 보태고자 알바를 했다고 하면 '어쩜 나이도 어린애가 기특하고 대견하다' '부모님이 자식 키울 맛 나겠다'고 입에 침이 마르도록 칭찬을 듣는다.

얼마 전 어느 뉴스 기사에 달린 댓글도 마찬가지다. 배달대행 업체에서 일하는 청소년 노동자들이 (비청소년과 마찬가지로) 특수고용사업자로 분류되어 근로기준법으로 보호받지 못한다는 기사였다.[8] 선의의 댓글도 있었다.

"부모님 잘 만나서 해외여행에 유학에 풍요롭게 사는 친구들도 있겠지만 알바라도 하지 않으면 용돈조차 쓸 수 없는, 정말 이루 말할 수 없는 빈곤한 친구들도 주위에 많답니다."

그러나 댓글의 방향은 이상한 쪽으로 흘렀다.

"근로자란 생계 위한 노동을 말함. 중삐리 고삐리 놈들 오토바이 배달 장난삼아 타며 질주하는 것 보면 확~ 쌔려버렸으면!!!"

"알바는 알바일 뿐이다."

"폭주족도 근로자냐???"

"17살이 공부는 안 하고 배달하니! 조건 안 좋으면 안 하면 된다. 할 만하니까 하는 거고. 이런 것까지 신경 쓰기 싫다."

"중고등학교 때 일진 놀이하는 ㅅㄲ들이 커서 저런 일 한다."

앞서 보았듯 청소년 네 명 중 한 명이 노동을 한다. 그런데 현실과 조건은 보려고 하지 않고, 청소년의 노동을 마치 '인생을 포기한' 청소년의 일로 치부하고, 이들의 노동을 비청소년의 시각으로 재단하고 존중하지 않는다면, 청소년의 노동 환경은 제자리걸음에 머물 것이다. 그뿐만 아니라 청소년 노동자는 노동자로서 자신이 일한 만큼 정당한 대가를 받는 것은 물론, 노동 기본권을 침해당해도 하소연할 곳 하나 없는 상황을 마주해야 할 수밖에 없다. 가뜩이나 청소년이 동등한 사회적 주체로 인정받지 못하는 사회적 조건에서라면 더욱 그러할 것이다.

이러한 모습에 1970년 산업화 시대에 어려운 가계 살림에 보탬이 되고자, 큰오빠 공부시키고자 '공순이'라고 불리며 구로공단에서 하루 열여덟 시간씩 재봉틀을 돌려야 했던 나이 어린 여공들의 모습과 오버랩된다고 하면 과장일까. 당시 여공들은 지금의 청소년 노동자들이 사업주에게 훈육으로 가르침을 받는 것처럼 '사장도 아버지다' '일 시켜 주는 게 어디냐 감사하게 생각해라'라는 사업주의 가부장적인 권위주의와 이데올로기에 의해 폭력적인 노동 환경에서 일했다.

최근 알바, 특수고용 등 열악한 환경에서 일하는 노동자들이 노동조합을 조직하거나 노동·인권 단체 등 시민사회를 통해 자신의 노동 조건을 드러내고 개선해야 한다는 목소리가 점점 높아지면서, 청소년 노동자의 노동 환경에 사회적 관심도가 높아졌다. 서울시 교육청은 지난 9월부터 학생 노동인권 증진 기본계획을 수립하고 중고등학교 백 개 학급을 대상으로 근로계약서 작성이나 근로시간 등 근로기준법과 관련한 기초 사항과 함께 부당 해고, 임금 체불 등 노동 인권이 침해당했을 때 대응하는 방법 등을 가르치기로 했다. 대상 학급 또한 늘려갈 예정이라고 한다. 이러한 영향으로 고용노동부를 비롯해 지자체에서 위탁 운영하는 지역 근로자복지센터 같은 기관에서는 알바 지킴이 사업, 알바 신고센터 등에서 청소년 노동자를 위한 법률 상담 지원을 펼치는 한편, 부당 노동 행위를 한 사업주 처벌을 비롯해 청소년의 권리를 보호하기 위한 정책을 마련하기 위해 고민하고 있다.

이 과정에서 청소년은 나이가 어린 약자니까, 어린 나이에 일찍부터 경제적으로 독립하려는 점이 기특해서, 청소년이 이 사회의 미래이고 희망이니까 보호해줘야지 혹은 구제해야줘야지 하는 시각은 경계해야 할 것이다. 진정으로 청소년이 이 사회의 미래고 희망이라고 생각한다면 앞으로가 아니라 지금 여기 청소년 노동자를 이 사회의 동등한 주체로 바라보고, 편견과 왜곡으로 얼룩진 청소년 노동 환경을 바꾸는 데 힘을 기울여야 할 것이다.

4장

/

장시간 노동사회에서
가족들의 생존기

집밥은 어떻게 우리의 로망이 되었나:
장시간 노동사회에서 가족들의 '먹고살기'

—

난데없이 집밥 열풍이 뜨겁다. 사람들은 칼칼하게 끓인 찌개 한 냄비와 갓 구운 생선 한 접시, 달착지근하게 조려낸 밑반찬을 방송으로 보며 열광한다. 귀한 재료를 아끼지 않고 넣어 공들여 만든 일류 셰프의 요리라서가 아니다. 오히려 흔하디흔한 재료로 단 몇 분 만에 뚝딱 차려낸 밥상이기 때문에 열광한다. 사람들은 쿡방(요리 방송 프로그램)을 보면서 '저 정도로 쉽고 간단하다면 나도 금방 해먹을 수 있겠다'고 생각하며 침을 꿀꺽 삼킨다.

하지만 생각해보면 낯설다. 우리는 왜 김치찌개니 고등어조림이니

가지볶음 따위에 이토록 열광하는가. 칼럼니스트 박권일이 지적한 대로, 집밥 신드롬 이면에는 집밥을 제대로 해먹는다는 것 자체가 스트레스요 부담이 될 수밖에 없는 우리 사회의 노동 현실이 존재한다.[1] OECD 회원국 중에서 가장 긴 수준의 노동시간을 자랑하는 한국에서, 정성스럽게 잘 차린 밥상은 이미 사치가 되어버렸다. 김이 모락모락 나는 밥상 앞에 둘러앉아 도란도란 이야기를 나누며 먹는 저녁 한 끼는 주말 가족드라마에서나 볼 수 있는 풍경이 되었다.

사람들은 '먹고살기 위해' 바쁘다. 저성장 불안정 고용의 시대에 살아남기 위해서는 여유를 부릴 틈이 없다. 하루가 멀다 하고 반복되는 야근이고 주말근무지만, 누구나 그렇게 살아가기에 새삼스러울 것도 없다. 격무에 시달리다 보면 빵 쪼가리나 컵라면으로 끼니를 때우지 않고 밥을 먹는 것만 해도 다행스러울 지경이다. 밥을 차릴 여유가 없다고 해서 매일 비싼 외식을 하기에는 주머니 사정이 여의치 않다. 버티고 살아남기 위해서는 지갑을 좀 더 야무지게 여며야 하기 때문이다. 바로 그런 틈바구니를 '저렴하고 쉬운 집밥' 콘셉트의 요리 프로그램이 치고 들어왔다. 한 끼나마 싼 값으로 간단하면서도 맛있게 집밥을 해 먹는 법을 알려주는 쿡방에 사람들은 열광한다.

그러나 한편에는 이런 집밥 열풍에 마냥 달갑지만은 않은 시선을 보내는 사람들도 있다. 유명한 주부 커뮤니티에는 쿡방의 유명한 집밥 레시피를 따라 해봤다는 사진과 글이 하루에도 수십 개씩 올라오지만, 그에 못지않게 집밥을 고집하는 남편 탓에 스트레스가 쌓인다는 호소도 많다. '오늘은 또 뭘 해 먹어야 하나'라는 고민을 안고 사는 주부들 사이에서도 쿡방이 엄청난 인기를 끌고 있는 것이 사실이지만, 그 주부들이 제일 좋아하는 밥은 집밥이 아니라 남이 해준 밥이라는 것이 '웃픈' 현실이다. 쿡방에서 몇 가지 재료와 양념으로 그럴듯한 요리를 선보이는 건 죄다 남자들이지만, 가정에서 실제로 냄비와 프라이팬을 들고 불 앞에 서야 하는 것은 아직도 대부분 여자기 때문이다.

맞벌이하는 집에서도 부엌이 여자 차지인 건 매한가지다. 사정이 이렇다 보니 갑자기 불어닥친 집밥 열풍에 아이들 저녁을 배달 피자나 짜장면으로 때우고, 소풍 도시락을 동네 김밥 집에서 사다가 싸주는 바쁜 엄마의 마음 한구석은 불편하다. 제일 먹고 싶은 게 뭐냐고 물으니 '엄마 밥'이라고 대답하더라는 아이 이야길 하며 울던 어느 워킹 맘에게도 그랬듯, 집밥은 주부들에게는 여전히 숙제요 '좋은 엄마'를 가늠하는 첫 번째 시험대가 된다.

> "남편이 어린이집에서 애를 픽업하기로 한 날이었어요. 남편한테 카톡이 왔는데 애한테 '오늘 뭐 먹고 싶어?' 물어보니 애가 '엄마 밥'이라고 대답을 하더래요. '밥, 그냥 밥, 엄마 밥'이라고. 그래서 '어, 오늘 아빠랑 사 먹어야 되는데' 그랬더니 아이가 '그럼 안 매운 국수, 게살죽' 이러더래요. '엄마가 해준 밥 먹고 싶어?' 물었더니 '아냐, 사주는 게 더 맛있어' 그러더라고. 남편은 애 의젓해진 것 같지 않으냐며 카톡을 보냈지만, 그날 밤 늦게 집에 들어가서 카톡을 보면서 혼자 머리가 아프도록 울었어요. 애한테 너무 미안해서……."[2]

어쩌면 '집밥 문제'는 현대 한국의 노동 현실 그리고 이 현실과 맞닥뜨린 가족의 상황을 관통해 보여주는 것인지도 모른다. 고도 성장기를 지나 준선진국 반열에 들어선 한국. 그러나 이러한 경제 성장을 이끌어온 노동자와 그 가족의 삶의 질은 별반 나아지지 않았다. 우리는 여전히 바쁘고 여전히 여유가 없다. 식구들은 아침이면 일터로 학교로 뿔뿔이 흩어지고, 저녁이 되어도 야근에 아르바이트에 학원에 흩어져 있느라 서로 만나지 못한다. 모처럼 맞은 휴일엔 밀린 잠을 보충하느라 아침은커녕 점심도 건너뛰기 일쑤다. 장시간 저임금 노동으로 지탱되어온 고속 성장 시기는 종료되었지만, 장시간 노동은 여전히 지속되며 노동자와 그 가족의 삶은 질곡에 빠져 있다.

한편 여성의 노동시장 참여율이 높아지면서 가족은 또 다른 문제에 부딪혔다. 그동안 주부의 무급 노동으로 지탱되던 가정에 돌봄의 공백이 생기기 시작한 것이다. 여성들은 가정에서 일터로 종종걸음하고 있지만, 그러면서 기대했던 가사노동과 돌봄노동의 재분담은 원활히 이루어지지 않는다. 여전히 집안일과 육아의 일차적인 책임자는 여성으로 여겨진다. 사회구조가 변화하면서 여성들은 온전한 풀타임 노동자가 될 것을 요구받지만, 그녀들이 그동안 온전히 짊어져온 가정의 책임을 충분히 덜어주지 않는다. 그래서 여성들은 집밥 열풍에 마음 한 구석이 불편해진다. '먹고살기 위해' 이리 뛰고 저리 뛰면서도, '제대로 잘 해 먹이지 못하고 있다'는 생각에 안타깝고 죄스러운 마음이 든다. 어쩌면 집밥이 꼭 '엄마가 손수 지어 먹이는 밥'을 의미하지 않아도 됨에도 불구하고 말이다.

이렇게 이 시대에 집밥은 장시간 노동과 지체된 성평등의 사회에서 우리의 로망이 되고, 그나마 끼니를 제대로 때워 넘기기 위한 약식 조리 기술이 되고, 여성의 마음속에 어머니 노릇이라는 의무를 되새기게 하는 죄책감의 굴레가 된다.

장시간 노동 체제와 가족의 생존 전략

하지만 생각해보면 가족이 모여 앉아 집밥을 해 먹으며 저녁 시간의 여유를 누릴 수 없었던 것은 예전에도 마찬가지였다. 장시간 노동이 비단 최근 들어 생긴 일만은 아니기 때문이다. 한국사회에서 장시간 노동은 단지 특정한 시기나 몇몇 산업에 국한된 이야기라고 볼 수 없다. 고속 성장기부터 모든 세대와 계층을 막론하고 가족의 삶에 상흔을 남기며 끈질기게 유지되어왔다. 그래서 사람들은 한국을 '장시간 노동 체제' 사회라고 부르기도 한다.

한국의 장시간 노동 체제에 대한 연구들에 따르면 한국에서 장시간 노동이 이루어지는 원인은 다양하다. 주요하게는 기술 혁신보다는 노동과 자본 투입량 증대를 중심으로 발전해온 생산 체제, 전일제 고용과 남성 외벌이를 전제로 한 고용 체제, 노동시간에 대한 법·제도적 규제의 취약성, 최소 인력을 최대한 유연하게 활용하고자 하는 기업의 전략, 저임금과 생계비 부족을 초과근로로 충당하고자 하는 노동자의 선택 등이다. 즉 개발독재 시기를 거치며 만들어진 장시간 저임금

노동 중심의 성장 시스템 속에서 장시간 노동을 규제하기보다는 오히려 그것을 유지하도록 법·제도가 구조화되었고, 그 아래에서 기업이 장시간 유연 노동을 마음껏 활용하였고, 여기에 생계를 유지하기 위한 노동자들의 선택이 맞물리며 장시간 노동 체제가 굳건하게 사회에 뿌리내렸다는 것이다.

이러한 상황에서 장시간 노동은 풀타임 노동만을 정상 노동시간으로 여기는 사회적 규범(한국 노동시장에서 파트타임 노동은 비정상적이고 예외적이며 주변적인 노동으로 여겨진다. 따라서 파트타임 노동자는 임금과 처우 면에서 훨씬 불리한 조건을 감수해야만 한다), 정상적인 낮 시간 이외에 이루어지는 광범위한 교대제 노동, 사업 운영 시간(공장 가동 시간) 연장에 대한 미규제, 포괄임금제, 휴가보다는 수당을 선호하도록 이루어진 휴가 제도와 기업의 조직 문화 등과 복잡하게 얽혀 이루어지게 되었다. 이렇듯 법·제도, 규범, 국가와 기업과 노동자들의 선택과 행위들이 얽히고설켜 장시간 노동을 완고하게 유지하는 까닭에, 고속 성장기가 종료된 이후에도 한국은 여전히 세계 최장시간 노동 국가군에서 벗어나지 못하고 있다. 이제 우리는 장시간 노동 체제라는 틀에 갇혀(lock-in) 자신도 모르는 사이에 스스로 장시간 노동을 재생산하기에 이르렀다.[3]

그렇다면 장시간 노동 체제 속에서 가족은 어떤 모습으로 살아왔는가. 무로부터 유를 창조했던, '한강의 기적'으로 '아시아의 용'을 일구어낸 한국에서 '집'은 내일 다시 일하러 나가기 위해 지친 몸을 잠깐 쉬는 장소 이상으로 기능하지 못했는지도 모른다. 그러나 '가족'은 달랐다. 갖춰진 것 하나 없이 출발한 나라였기에 더 많은 역할은 가족이 떠맡을 수밖에 없었다. 식민지배와 한국전쟁, 정치적 혼란과 경제 성장 드라이브로 이어진 격랑의 근현대사 속에서 사람들은 살아남기 위해 발버둥을 쳤고, 가족은 변화의 충격을 흡수해줄 최후의 보루로서 많은 기능을 떠안았다.

이러한 한국 가족의 모습을 사회학자 장경섭은 '압축적 근대성 (compressed modernity)'과 '도구주의적 가족주의(instrumental familism)'라는 개념으로 설명한다. 압축적 근대성이란 "시간과 공간 차원에서 문명 적 변화가 극히 응축적인 면들을 가지면서도 시·공간적으로 이질적인 요소들이 공존하며 매우 복합적인 성격의 문명이 구성·재구성되는 상 태"를 의미한다. 모두가 익히 알다시피 한국은 서구 사회가 수백 년에 걸쳐 이룩한 자본주의 산업화와 정치적 민주화를 단 반세기 내에 이루 어냈다. 이는 한국이 짧은 시간 내에 서구 선진국들을 외형적으로 '따 라잡기'하는 데 성공했다는 것을 의미하기도 하지만, 동시에 한국사회 가 그만큼 물질적, 제도적, 의식적으로 복합성이 존재하는 혼돈의 사 회일 수밖에 없다는 것을 뜻하기도 한다.

여러 갈래의 가족 이념이 공존한다는 것 역시 이러한 압축적 근대성 의 결과 중 하나로 볼 수 있다. 한국사회에는 유교적 가족 이념, 도구주 의 가족 이념, 서정주의 가족 이념, 개인주의 가족 이념이 상호 충돌하 면서 공존한다. 어느 하나만이 지배적인 가족 이념으로 사회에 뿌리내 리기에는 사회가 변화하는 속도나 폭이 너무나도 컸기 때문이다. 그러 나 이러한 다양한 가족 이념이 공존하고 충돌하는 가운데서도 가족을 통해 살아남고 나아가 더 높은 계층으로 진입하려는 시도는 세대와 계층을 막론하고 확인된다. 서구 복지국가에서는 산업화와 도시화, 핵가족화로 육아, 교육, 노인 부양 등의 기능을 기존의 대가족이 더 이상 맡을 수 없게 되자 이를 대신할 사회보장제도를 촘촘하게 설계했다. 반면 한국은 그러한 준비를 할 시간도 여력도 없이 거대한 사회적 변화에 맞닥트렸기에 공적 제도 대신 가족이 모든 역할을 떠안았다. 최소한의 사회안전망조차 없는 사회에서 사람들이 가진 유일한 자원은 가족이었다. 사람들은 가족에 의존하여 생존을 도모했다. 따라서 압축적 근대를 거치며 사람들 사이에는 가족을 생존과 발전의 도구로 활용하고자 하는 '도구적 가족주의'가 팽배하게 된 것이다.[4]

그리고 보면 급속한 산업화가 이루어지는 상황에서 노부모가 전답을 팔아 큰아들의 학업을 지원하고, 그렇게 해서 도시의 사무노동자로 입성하게 된 자식에게 노후를 의탁하는 등의 가족 단위 생존 전략은 우리 주변에서 흔히 듣던 이야기다. 그 노부모가 유달리 자식 사랑이 깊어서만도, 그 아들이 특별히 재능이 뛰어나고 부모에 대한 공경심이 지극해서만도 아니었을 것이다. 다만 5년, 10년이 다르게 급격하게 변모하던 한국사회에 적응하고 살아남으려면 그렇게 가족 간의 연대와 결속을 바탕에 둔 전략적 선택이 아니고서는 달리 방법이 없었기 때문이다.

이러한 가족 전략은 세대와 계층을 가리지 않고 나타난다. 이러한 전략이 아들의 대학 학자금을 대기 위해 소를 팔고 전답을 팔았던 예전 농촌 가족의 생존 도구였던 것만은 아니라는 뜻이다. 자녀의 교육, 취업, 혼인 등에 대한 집중적인 관리와 투자는 현재의 중산층 가족에서는 일반화된 계층 재생산 전략이기도 하다. 이에 따라 육아와 교육을 통해 자녀의 진학과 학업 성취, 취업에 이르기까지 전 단계를 기획하고 관리하는 주부의 역할이 현대 중산층 가족에서 중요한 어머니 노릇의 일환으로 나타나기도 한다. 생각해보면 1990년대 중반에 출현한 이후 현재까지 큰 인기를 끌고 있는 결혼정보 회사와 이를 통한 중매혼 역시 사회에 확산된 이와 같은 결혼관과 가족관을 드러낸다고 볼 수 있다. 결혼정보 회사의 성장으로 확인되는 결혼 시장의 활황 자체가 결혼을 자유로운 연애의 결실이 아닌 계층 유지 혹은 상승을 위한 도구로 파악하는 관점을 나타낸다.

문제는 도구적 가족주의 아래에서는 사회적 연대나 공동체성보다는 가족 단위 중심의 극심한 이기주의가 팽배해지기 쉽다는 것이다.[5] 이미 가족만이 개인이 생존하고 발전할 수 있는 기초 단위가 된 이상, 가족의 자원은 사회로 열린 가운데 순환되지 않고 오로지 가족의 이익과 발전만을 위해 사용된다. 그것이 사회적 약자에게 불공정한 결과를 가져온다든가 사회 정의를 저해한다든가 하는 점은 그다지 중요하게 여겨지지 않는다. 이러한 가족 전략은 필연적으로 자원을 보다 많이 가진 계층과 그렇지 않은 소외 계층 사이의 격차를 확대하며, 사회의 연대와 공동체성을 저해하는 결과를 낳게 된다.

가족들의 생존기 1
개발국가의 가족 동원과 가족의 이산(離散)

—

가족의 생존과 안녕을 돌보기 위한 제도적 안전망을 설치하지 않았다고 해서 국가가 가족을 내버려두기만 한 것은 아니었다. 경제 성장기에 국가는 이른바 당면 과제인 경제 성장과 발전을 위해 개개인의 노동력을 최대한 동원하고자 했다. 그리고 이를 위한 통로이자 도구로서 가족을 활용했다. 개발독재 시절 국가는 가족 구성원 개개인을 '산업역군'으로서 작업장의 장시간 노동 현장에 동원했다. 뿐만 아니라 노동자로부터 노고와 헌신을 최대로 끌어내기 위해 적극적으로 '가족 담론'을 활용하였다. 이 과정에서 저임금 장시간 노동은 '가족 사랑'을 위해 참고 견뎌야 할 고통으로 미화되었다. '국가·기업＝부모, 노동자＝자녀'라는 이데올로기를 기반으로 작업장에서 벌어지는 착취가 부모와 같은 국가와 기업에 대한 헌신으로 정당화되기도 했다.[6]

국가의 가족 동원은 대부분 남성과 여성을 각기 다르게 동원하는 젠더의 원리와 결합된 가운데 이루어졌다. 예컨대 남성 노동자는 '산업전사'로 호명되었고, 여성에게는 남성의 노동에 대한 보조자와 내조자 역할이 더 강조되었다. 대표적으로 1970~80년대 우리나라 외화 벌이의 주요 원천 중 하나였던 '중동 건설 프로젝트'에서 국가는 애국주의와 가족주의를 바탕으로 남성들을 '사우디 노동자'로 동원하였으며, '사우디 부인＝위험한 여성'이라는 담론으로써 해외로 나간 노동자의 아내의 성을 통제하고 가족을 안정화하고자 했다. 해외 취업 남성 노동자가 일에만 몰두할 수 있도록 아내의 성적 탈선을 국가적 차원에서 통제하고자 한 것이다. 이러한 노력으로 개발국가는 해외 취업 노동자를 유순한 노동력으로 관리하고 안정적으로 달러의 유입을 도모할 수 있었다.[7]

> 하지만 중동 붐으로 인해 국내에서는 뜻밖의 문제가 발생했다. 남편을 머나먼 타국에 보내고 외로움을 달래지 못한 부인들 사이에서 춤바람이 난 것이다. 이러한 물의를 진정시키기 위해 정부에서는 중동 건설 진출 캠페인 못지않게 건전한 가정을 건설하자는 캠페인을 펼쳐야 했다. 시청의 간부급 공무원들이 집집마다 방문하여 상담원 노릇까지 하면서 대대적인 제비족 퇴치 운동을 벌였던 것이다.[8]

이 시기에 국가와 기업은 여러 가족주의적 수사와 더불어 노동력을 동원하면서 한국의 노동자를 세계에서 가장 긴 시간 동안 일하는 노동자로 만들었다. 1976년 해태제과 여공들의 선구적인 투쟁에서 노동자들이 탄원한 내용은 '하루 열두 시간만 일하도록 해주십시오', '일주일에 하루만 쉴 수 있도록 해주십시오'였다. 이러한 사실에서도 잘 드러나듯 1970년대에는 노동자에게조차 하루 10~12시간 일하는 것이 '정상적인' 일로 여겨졌다. 노동자들은 약간의 잔업수당만 받는다면 15~18시간 일하는 것조차 묵묵히 감내했다.[9] 이러한 상황은 1980년대까지 비슷하게 이어졌다. 철강이나 석유화학처럼 24시간 교대 노동이 행해졌던 산업에 종사하는 노동자들은 명절 등 아주 적은 몇몇 휴일을 제외하고는 1년 365일 동안 2조 2교대 혹은 3조 3교대로 거의 매일 일하는 살인적인 노동시간을 견뎌야 했다.

> "○○철강 처음 시작할 때는 2조 2교대 맞교대로 계속 일하던 시절도 있었어요. 하루에 열두 시간씩. 교대 바뀌려면 토요일은 24시간 일해야 하고. 그렇다고 달에 쉬는 날이 있느냐. 그것도 없어요. 그냥 계속 그렇게 가는 거예요. 그때 어떻게 근무를 했는지, 참. 지금 생각해보면 끔찍해요. 그러다가 3조 3교대로 넘어오니까, 시간이 많이 남는 것 같더라고요. 맞교대를 하다 하니까. (웃음) 주말에도 막 쉬는 것 같고. 사실 달에 두 번밖에 안 쉬는 건데……"[10]

국가의 통제와 기업의 강제, 조직되지 않는 노동계급의 상황 속에서 초장시간 노동은 속수무책으로 개별 노동자에게 관철되었다. 산업화 이후 노동자 가족은 도시의 핵가족을 구성하고 있었지만, 작업장의 노동시간 규칙으로 말미암아 노동자들은 애정과 친밀성의 현대 핵가족의 이념을 제대로 실현하는 가족생활을 할 수 없었다.[11] 장시간 노동 체제가 가족의 시간을 빨아들인 탓에 가족들은 한 집에서 살지언정 시간과 삶을 공유할 수는 없었다. '가족주의' 담론을 앞세운 국가의 노동력 동원은 역설적으로 '만날 수 없는 가족'을 양산하며 장시간 노동 체제를 출발시켰다.

가족들의 생존기 2
위기의 일상화, 생존을 위해 가족의 만남은 또다시 유예되다

–

'일하는 기계로 사는 것도 습관 되면 괜찮아'

소득을 위해 함께하는 시간을 포기한 대기업 정규직 노동자 가족

상황은 1980년대 후반 이후 변화하기 시작했다. 1987년 대투쟁으로 그동안 누적된 노동자들의 울분과 분노가 폭발하고, 전국에서 노동조합이 속속 조직되어 노동자들이 어느 정도 교섭력을 가지게 되었다. 뿐만 아니라 1989년에 주 48시간 노동제가 도입된 것 역시 이러한 흐름을 제도적으로 뒷받침해주었다. 이후 노동시간은 2000년대 중반까지 급속하게 감소했으며, 2004년에 주 40시간 노동제가 도입된 이후 현재까지 완만한 감소세를 이어오고 있다.

그렇다면 가족들의 삶도 조금은 달라졌을까? 불행히도 별로 그렇지는 않은 것 같다. 장시간 노동 체제는 형태만 약간 변화했을 뿐 견고하게 유지되고 있고 가족 역시 과거와 같이 시간을 공유하지 못하는 삶을 이어가고 있다. 장시간 노동이 개발독재기에 국가와 기업에 의해 강제적으로 관철되어 1987년 이후로는 유화적인 신경영전략과 더불어 지속되었다면, 1990년 중반 이후부터는 '경쟁력과 고성과'라는 담론을 중심으로 유지되고 있기 때문이다.

그동안 사람들은 장시간 노동을 유도하도록 꾸려진 닫힌 사회구조 속에서도 최선을 다해 일해왔다. 먹고살기 위해서는 다른 방법이 없었

다. 작업장에서의 생활은 고달팠지만, 고속 성장기엔 산업이 성장했고 일자리가 늘어났기 때문에 희망을 품을 수 있었다. 노동자들은 정상적인 가족생활을 포기하고 일에 매달려야 했지만, 기업이 잘되고 경제가 성장하면 자신과 가족의 삶의 질도 나아지리라는 믿음으로 버텼다.

그렇지만 1990년대 중반 이후 성장이 둔화되고 드디어 경제 위기가 왔을 때, 그리하여 전 사회적으로 기업 구조조정과 해고, 명예퇴직 바람이 불기 시작했을 때, 사람들은 자신의 꿈이 한순간에 물거품이 되어버릴 수도 있음을 깨달았다. '성장은 계속 유지될 수 없다. 일자리도 마찬가지다.' 이제 생존하기 위해 선택할 수 있는 것은 기회가 있을 때 닥치는 대로 일해 돈을 벌어두는 길밖에 없다. 그나마 일을 할 수 있는 기회를 붙잡을 수 있다면 말이다.

이러한 상황에서 노동계급의 집단적인 연대의식은 보다 빠르게 해체되었다. 구조조정의 포화를 집중적으로 맞은 대기업 정규직 노동자 사이에서는 '있을 때 벌어놓자'라는 의식이 팽배해졌다. 그리고 보다 취약한 위치에 있는 노동자에 대한 연대의식보다는 미래가 불투명한 상황 속에서 자신이 현재 가진 것을 최대한 지켜내고자 하는 심리가 걷잡을 수 없이 커졌다. 고속 성장기에 국가와 기업에 의해 구조화된 '낮은 기본급과 수당'이라는 불안정한 임금 구조 속에서, 낮은 기본급을 수당으로 벌충하려는 목적에서 잔업과 휴일 근무에 대한 선호 역시 더욱 높아졌다.

이러한 대기업 노동자들은 거센 비판과 비난의 대상이 되기도 한다. 파업이라도 벌일라치면 전국적인 여론의 뭇매를 감수해야 한다. 이른바 '귀족 노동자'의 '이기적 행태'라는 것이다. 그러나 이들의 선택은 지극히 합리적인, 어쩌면 불가피한 선택이라고 볼 수 있다. 사회적 안전망이 없고, 믿을 거라곤 자신의 건강한 몸과 가족 그리고 현재의 일자리밖에 없는 상황에서 사람들은 너무나도 쉽게 이른바 '이기적인' 선택을 하게 될 수밖에 없다.

　아래의 자동차 산업에 종사하는 어느 노동자의 인터뷰는 이러한 상황을 아프게 대변한다. 이것이 전 생애에 걸쳐 '일하는 기계'로 살아온, 기본적인 가족 시간과 취미 생활조차 생계를 위해 포기해야만 했던, 최소한의 삶조차 보장되지 않은 사회에서 불안한 미래를 위해 '돈을 벌수 있는 기간' 동안은 기꺼이 '돈의 노예'로 살아가고자 하는 우리 사회 노동자들의 자화상이기 때문이다. 노동자의 몸과 시간을 빨아들여 이룩된 성장 제일주의 사회에서는 최소한의 인간다운 삶의 포기마저도 이렇듯 무심히도 '습관'이 되고 만다.

> "우리는 돈의 노예고 일하는 기계다. 맞다. 그러나 습관이 되면 괜찮다. 취미 생활은 안 해봤다. 우리 세대는 열심히 일해 갖고 일한 만큼 받는다. 여가 생활을 즐기겠다고 생각은 안 하고 살아왔다. 여가도 돈을 벌어야 가능하다. 돈 때문에 여가를 못 즐긴다. 돈을 벌 수 있는 기간은 정해져 있고 자식도 도와줘야 하고 (…) 자식 걱정이나 노후 걱정을 못 끊는다."12

'밖에서 잠긴 문 안의 아이들'

저소득 맞벌이 가족의 돌봄 공백과 위험에 빠진 아이들

맞벌이 영세 서민 부부가 방문을 잠그고 일 나간 사이

지하 셋방에서 불이 나

방 안에서 놀던 어린 자녀들이 밖으로

빠져나오지 못하고 질식해 숨졌다.

불이 났을 때 아버지 권 씨는 경기도 부천의 직장으로,

어머니 이 씨는 합정동으로 파출부 일을 나가 있었으며,

아이들이 방 밖으로 나가지 못하도록

방문을 밖에서 자물쇠로 잠그고

바깥 현관문도 잠가 둔 상태였다.

연락을 받은 이 씨가 달려와 문을 열었을 때

다섯 살 혜영 양은 방바닥에 엎드린 채, 세 살 영철 군은

옷더미 속에 코를 묻은 채 숨져 있었다.

두 어린이가 숨진 방은 세 평 크기로

바닥에 흩어진 옷가지와 비키니 옷장 등 가구류가

타다 만 성냥과 함께 불에 그을려 있었다.

이들 부부는 충남 계룡면 금대2리에서

논 9백 평에 농사를 짓다가 가난에 못 이겨

지난 88년 서울로 올라왔으며

지난해 시월 현재의 지하방을 전세 4백만 원에 얻어 살아왔다.

어머니 이 씨는 경찰에서 '평소 파출부로 나가면서
부엌에는 부엌칼과 연탄불이 있어 위험스럽고
밖으로 나가면 길을 잃거나 유괴라도 당할 것 같아 방문을
채울 수밖에 없었다'면서 눈물을 흘렸다.
평소 이 씨는 아이들이 먹을 점심상과 요강을 준비해놓고
나가 일해왔다고 말했다.

　1990년대 도시 빈민 맞벌이 가족 아이들의 화재 사망 사고 실화를
다룬 정태춘의 노래〈우리들의 죽음〉가사 중 일부다. 이 노래로 알려
져 한국사회에 커다란 충격과 슬픔을 안겨주었던 세 살, 다섯 살 남매
의 죽음 역시 장시간 노동 체제라는 한국사회의 현실과 무관하지 않았
다. 당시 맞벌이로 고단하게 생계를 꾸려나가던 부부는 아이를 맡길
데가 없어 하는 수 없이 집 밖에서 문을 잠근 채 일터로 향해야 했다.
칠십이 넘은 노모는 시골에 있었고, 아이들을 맡길 만한 이웃도 없었
다. 인근에 탁아소가 하나 있긴 했지만, 아이를 맡길 수 있는 시간이 아
침 일찍 나가 밤늦게야 들어오는 이들 부부의 노동시간과는 맞지 않았
다.[13] 결국 도시 빈민 맞벌이 가구의 돌봄 공백은 지루함에 지쳐 성냥
놀이를 하던 두 어린 생명의 죽음이라는 처참하고 비극적인 결말로 이
어졌다. 어린 자녀들을 돌보아야 할 최소한의 시간조차 허락하지 않고
최소한의 사회안전망조차 설계하지 않은 채, 가족의 시간을 탐욕스럽
게 빨아들이기만 한 장시간 노동 사회가 한 가족을 무자비하게 짓밟고
만 것이다.

그렇다면 지금은 어떨까. 우리 사회도 이제는 아이들이 어른들의 보호 아래 안전하고 행복하게 살아갈 수 있는 사회로 접어들었을까? 안타깝게도 아직 그렇지는 않은 것 같다. 한국 가족의 부부 공동 노동시간을 분석한 연구에 따르면 1999년과 2004년 조사한 결과 맞벌이 부부 중 저학력자 부부가 고학력자 부부보다 더 긴 시간을 일하는 것으로 나타났다. 한편 남편 외벌이 가구 부부가 맞벌이나 부인 외벌이 등 다른 유형 가구의 부부보다 학력이 더 높은 것으로 확인되었다. 이는 고학력 기혼 여성이 전업주부화하는 경향 때문이라고 볼 수 있다.[14] 학력이 높아질수록 소득이 높아지고 노동시간은 짧아지는 경향이 있다는 기존의 보고까지 감안한다면,[15] 생계를 위해 더 긴 시간을 일할 수밖에 없는 저학력 저소득 맞벌이 부부가 가족과 함께 시간을 보내는 데 더 큰 어려움을 겪는 것이다. 이에 비해 고학력 고소득 가족의 경우 여성이 전업주부 역할을 맡음으로써 가족 내 돌봄의 공백을 메우는 전략을 더 많이 선택한다.[16] 이러한 학력과 소득, 노동시간의 함수를 통해 계층 간의 격차는 단순한 경제적 격차를 넘어서 일상생활의 격차로 나타나게 된다.

보건복지부의 아동 종합실태 조사에 따르면[17] 2013년 기준 우리나라 아동의 20.6퍼센트는 방과 후에 혼자 집에 있는 날이 3일 이상이며, 10.5퍼센트는 거의 매일 혼자 지내는 것으로 확인되었다. 한 번에 세 시간 이상 혼자 집에 있는 아동은 20.3퍼센트이며, 6~8세 아동 중에서도 11.0퍼센트가 한 번에 세 시간 이상 혼자 지내는 것으로 나타났다. 보다 주목해야 할 점은 저소득 가구일수록 아동이 혼자 집에서 장시간 지내는 경우가 많다는 사실이다. 한 부모 혹은 조손 가족의 아동 역시 양부모 가족에 비해 혼자 지내는 경우가 세 배 이상 많은 것으로 나타났다.

가장 심각한 문제는 이러한 나 홀로 아동이 각종 폭력과 범죄에 노출될 확률이 크다는 것이다. 2011년 여성가족부 조사에 따르면 나 홀로 아동이 성인의 보호를 받는 아동에 비해 욕설, 구타, 괴롭힘, 돈이나 물건 강탈, 강제 뽀뽀나 몸 더듬기 같은 성추행과 성폭행을 경험할 확률이 월등히 높게 나타났다.[18]

물론 최근 들어 보육 지원이 확대되고 방과 후 돌봄교실이 운영되는 등 제도가 정비된 덕분에 보다 많은 아이가 보다 안전한 환경에서 지낼 수 있게 된 것은 사실이다. 그러나 아직도 많은 아이, 특히 저소득 맞벌이 가정이나 한 부모, 조손 가정의 아이들은 어른들이 일하느라 바쁜 시간 동안 홀로 방치되어 지낸다. 그리고 이 과정에서 크고 작은 수많은 위험에 노출된다. 이러한 가족에서 양육자는 생계를 위해 장시간 노동을 감수해야 할 뿐만 아니라, 아이를 안전하게 보호하기 위해 활용할 수 있는 경제적 사회적 자원 역시 갖추지 못하고 있다.

결국 잠근 문을 열더라도 아이들의 안전은 보장되지 않는다. 잠근 문을 열더라도 가족은 장시간 노동 체제라는 더 큰 문 안에 꼼짝없이 결박되어 있다. 이 체제 아래 포개지고 얽힌 수많은 제도, 규범, 선택을 하나하나 풀어가지 않는 이상 장시간 노동은, 가족들의 고통은 끝나지 않는다.

가족들의 생존기 3
젠더이데올로기의 재강화와 여성들의 시간 전쟁

–

장시간 노동 체제는 어떻게 젠더차별을 유지하고 강화하는가

> "일차적으로 여성들이 집안일을 하고 아이를 돌본다는 '성별 분업' 이
> 데올로기는 이윤 추구를 목적으로 하는 자본의 속성과 집에 와서 손
> 하나 까딱하고 싶지 않은 남성 노동자들 간의 공모다."[19]

　장시간 노동 체제가 수많은 제도와 규범 그리고 주체들의 전략과 선택으로 뒤얽혀 견고해진 하나의 체제라고 할 때, 그중 한 가닥은 가족 내 남성과 여성의 역할에 대한 젠더 규범과 끈끈히 맞닿아 있다. 사회학자 신경아는 장시간 노동 체제에서 노동시간을 조직하는 방식 자체가 철저히 남성 중심적이라고 지적한다. 꼭두새벽부터 늦은밤까지 휴일도 없이 이어지는 장시간 노동 자체가 "노동자의 일상적·세대적 노동력 재생산을 전담해주는 존재, 즉 가사와 양육을 전적으로 책임지는 주부의 존재를 전제로 해서만 성립되고 운영"될 수 있다는 것이다.[20]

　물론 이러한 전업주부 상이 한국에서만 발견되는 것은 아니다. 여성이 가정 내에 머물면서 출산과 양육을 책임지고 가족의 의식주를 챙기며 애정 어린 돌봄을 제공해야 한다는 의식은 근대 서구에서 자본주의 경제가 출현하면서 나타난 것으로 볼 수 있다. 즉 남성은 일, 여성은 가

정이라는 공사 분리의 성별 분업 구조 자체가 근대 자본주의의 일반적인 산물이다.

그러나 노동자들의 장시간 노동을 기반으로 하여 고속 성장을 일군 한국에서 이러한 성별 분담 이데올로기는 더욱 견고하게 작동했다. 취업 여성으로서 시장에서 하는 노동이든 주부로서 가정에서 하는 노동이든 여성의 노동을 더욱 철저하게 주변화하고 가치절하했다. 그 결과 한국에는 하루 종일 집 밖에서 일하는 남성 '가장'과 이 남성을 위해 하루 종일 집에서 가사노동과 돌봄노동을 전담하는 전업주부 집단이 세계에서 가장 큰 규모로 만들어졌다.[21] 더불어 노동시장에서 일하는 여성 역시 극심한 임금 불평등과 해고 0순위의 고용 불안에 시달리며, 세계에서 가장 높은 수준의 남녀 차별을 겪게 되었다.

더욱 큰 문제는 이러한 성별 분업 구조와 가부장 이데올로기가 여성의 노동시장 참여가 늘어난 이후로도 크게 바뀌지 않았다는 것이다. 고속 성장의 종료와 더불어 한국의 노동시장 구조는 대단히 크게 변화했다. 몇 번의 경제위기와 더불어 일터에서는 구조조정이 일상화되었다. 그 결과 전 국민이 고용 불안과 실업의 공포를 안고 살게 되었다. 이와 더불어 완고하게 유지되던 남성 1인 생계부양자 가족 모델에도 변화가 생기기 시작했다. 이제 여성이 집에만 있기를 바라는 남성은 거의 없다. 맞벌이를 하지 않고서는 가족 생계가 더욱 불투명하기 때문이다. 변화한 사회적 상황 속에서 노동시장 역시 여성을 적극적으로 집 밖으로 끌어내고 있다. 산업 구조 변동과 저성장, 일상화된 위기의 국면에서 저임금 유연노동력으로서 여성의 일손이 더욱 필요해졌다. 여성 노동시장은 저임금 서비스 직종을 중심으로 급격히 확대되었고, 고학력 여성들의 (준)전문직 노동시장 진출도 조금씩 늘어나고 있다. 노동시장의 지각 변동이 이루어지는 것이다.

그러나 가정에서 성별 분업은 크게 달라지지 않고 있다. 2014년 통계에 따르면 맞벌이 여성의 평균 가사노동 시간은 세 시간이다. 주말에는 평일에 못 다한 일을 몰아 하느라 더 긴 시간 동안 가사노동에 매달리는 것으로 나타났다(토요일 3시간 46분, 일요일 3시간 52분). 이는 남편이 외벌이하는 기혼 여성의 평균 가사노동 시간이 평일보다 주말에 줄어드는 것과 대조적이다(평일 6시간 16분, 토요일 5시간 30분, 일요일 5시간 6분).[22]

그렇다면 남편들은 어떤가. 맞벌이 가구에서 여성이 하루 평균 3시간 13분 동안 가사노동에 매달리는 반면, 남성들은 4분의 1에도 못 미치는 41분을 가사노동에 할애하는 것으로 나타났다. 이는 비맞벌이 가구 남성의 평균 가사노동 시간 46분에도 못 미치는 수치다.[23] (비맞벌이 가구 남성의 평균 가사노동시간인 46분도 다른 나라에 내밀기 부끄러운 한국의 극단적인 성별 시간불평등을 보여준다는 점을 기억하자.) 즉 한국의 여성들은 가사노동의 가치가 낮게 평가되는 사회·문화적 환경 속에서 가사와 육아의 모든 책임을 홀로 떠맡을 것을 요구 받는다. 직장에 다니는 여성의 일-가족 이중 부담은 더욱 커질 수밖에 없다.

심지어 여성이 남성보다 소득이 높은 맞벌이 가정에서 남성의 소득이 더 높은 가정에 비해 여성의 가사 분담률이 오히려 늘어나는 경향이 있다는 보고까지 있다. 이러한 가정에서는 여성이 임금노동에 전념하고 남성이 부수적인 소득 활동자로서 가사와 육아의 주 담당자가 되는 것이 경제적으로 볼 때 보다 합리적이다. 그러나 현실에서는 반대 현상이 나타나는 것이다. 여성의 임금이 남성보다 높아지는 역전이 일어난 순간 여성의 가사노동 부담이 더 높아지는 어처구니없는 일은 왜 일어나는 것일까. 이는 '젠더 보상(compensating Gender)'이라는 개념으로 설명이 가능하다. 즉 여성이 주 생계부양자가 되는 것이 기존의 성역할 규범에 어긋나는 현상이라고 자각하면, 이를 보상하기 위해 성역할에 부합하는 형태의 가사 분담을 더욱 활발히 하게 된다는 것이다.[24] 가부장적 젠더 이데올로기가 현실에서 얼마나 강고하게 작동하는지를 보여주는 대목이다.

'나는 왜 돈도 벌고 집안일도 해야 하지?'
장시간 노동 사회에서 시간 전쟁에 내몰린 여성들

맞벌이 여성은 일터와 가정에서 오는 이중 부담을 해소하기 위해 남편과 갈등하기보다는 스스로 해결책을 찾는 전략을 택한다. 직접 요리하는 대신 완제품을 구입하거나 가사도우미를 쓰는 식으로 갈등의 원인이 될 만한 가사와 돌봄의 일부를 상품화하거나 외주화한다. 또 어떠한 낭비도 없도록 가족 시간 전체를 압축적으로 관리하며, 가능하다면 자녀를 돌보는 일은 조부모에게 부탁한다.[25] 즉 노동시장과 가족 구조의 변동에도 변화 없이 완고하게 유지되는 젠더이데올로기에 대항하여 투쟁하느라 시간과 에너지를 낭비하는 대신, 경제적 자원과 친족 네트워크를 활용해 개별적인 해결책을 찾는다. 물론 이러한 전략에 투여되는 관리노동, 협상, 긴장 등은 고스란히 여성의 몫이다.

아래 인터뷰는 이러한 가족 내에서 시간자원을 분배하는 한 가지 사례를 보여준다. 인터뷰한 여성은 남편이 아침 여섯 시에 출근해서 밤열 시 반에야 퇴근하고 주말에도 빈번하게 출근을 해야 하는 전문직이기 때문에 그를 배려해 자신의 시간을 조정한다. 주 3일 출근하는 입시학원 근무시간을 제외하고 나머지 시간에 네 살짜리 아이의 주 돌봄자로서 가족에 시간을 할애한다. 근무가 있는 날이면 아이를 학원 근처 24시간 어린이집에 맡긴다. 아이가 아파 어린이집에 갈 수 없는 날에는 남편이 아이를 돌보고, 그마저도 불가능한 경우에는 같은 지역에 거주하는 친정어머니에게 '출동'을 부탁한다. 그녀는 아이를 낳은 이후 처음으로 최근에야 자기 시간을 갖게 되었다고 털어놓았다. 근무가 없는 화요일과 목요일에 네댓 시간 정도 아이를 어린이집에 맡기고, 간단하게 운동을 한 후 밀린 은행 일, 가전제품 AS 신청, 쇼핑 등 '잡무'를 처리한다고 했다. 운동을 제외하고는 사실상 가사노동의 연장이다. 일주일에 하루씩 오는 가사도우미의 노동을 관리하는 것을 포함하여 가족 재생산에 관한 모든 일은 그녀의 차지가 되었고, 남편은 가사와 육아로부터 자유로운 노동자로서 직장 일에 몰입하는 것으로 가족 의무의 '평화로운' 분배는 이루어졌다.

"그냥 제가 모든 걸 이해했어요. (웃음) 자본주의 사회라 어쩔 수 없는 걸 수도 있지만. 그래, 너가 더 버니까 내가 이해할게. 진짜 딱 이거밖에 없었어요. 저는 일찍 들어오라고 말한 적이 없어요. 그런 거에 기대지 않아요. 다만 그냥 내가 학원 수업만 할 수 있게 해달라는 거예요. 일요일에 교대로 애를 보는 거랑, (…) 여섯 시 이후에는 만약에 (애가 열이 나서) 어린이집에 못 갈 상황이 되면 봐주는 거. 그거 이외에 저는 사치스러운 요구는 하지 않아요. (…) 저는 제가 더 많이 벌게 되지 않는 한 요구하지 않을 거예요. 왜냐면 저희 남편은 그런 걸 요구하면 "사람 써" 그래요. 자기한테 요구하지 말란 거죠. 왜냐면 너무 힘들어해요. 제가 봐도 남편의 삶이 너무 힘들고. 두 가지 일을 할 수 없는 삶이라서 집에 오면 완전 탁 놓고 쉬어야 돼요. 완전 소진해서 들어와요."[26]

아래 사례도 유사한 상황을 보여준다. 인터뷰한 여성은 가사노동을 둘러싼 남편과의 갈등을 가사도우미를 고용함으로써 해결한다. 가족에 대한 남편의 책임은 함께 외식을 하거나 활동을 하는 것, 즉 가족을 위해 시간을 내주는 것 자체에 국한한다. 가사노동을 외주화함으로써 자신의 가사노동 부담을 최소화하고, 남편에게는 가사노동 책임을 완전히 면제하는 방식으로 가족 갈등을 해결한 것이다.

"예전에 가사일 때문에 남편하고도 트러블이 많았는데, 그걸 아예 사람을 써서 해결하니까 트러블이 훨씬 줄었어요. 그렇게 살 필요가 없다는 걸 경험하니까 훨씬 낫더라고. 그러니까 청소도 주말 같은 때, 저는 그냥 청소 안 하거든요. 청소 안 하고 그냥 가족끼리 좀 야외로 나가거나 운동을 하거나 스트레스 해소하는 쪽으로 해요. 하루 이틀 청소 안 한다고 뭐 큰일 나는 것도 아니고. 맛있는 거 먹고 나가서 활동하고, 가족끼리. 그거에 치중하니까. 그리고 남편한테 걸레질 시키고 빨래 시킬 이유 없잖아요. 애들하고 같이, 이렇게 가족끼리 시간 보내주는 거. 또 나가면 운전은 그 사람이 하고 돈도 내야 되고 이런데 뭐. 이런 걸로 가족생활에 참여하는 거지 (가사)노동에 참여할 수는 없다고 봐요."27

그러나 이마저도 이러한 전략을 구사할 수 있는 경제적 사회적 자원을 갖춘 중간계급 이상의 여성에게나 해당되는 이야기다. 경제적 자원과 사회적 네트워크마저 빈약한 저소득층 맞벌이 여성이 얼마나 큰 부담과 고통에 직면할지 상상하기란 그리 어렵지 않다.

결과적으로 사회 변화에도 불구하고 장시간 노동 체제를 떠받쳐온 젠더 규범은 크게 변화하지 않았다. 오히려 재강화되고 있다. 여전히 가사와 육아의 일차적인 책임자는 여성으로 여겨지며, 남성은 이로부터 면제되어 있다. 따라서 여성의 이중 부담은 해소되지 않는다. '일과 가족의 양립'은 여성의 몫으로 남겨진다. 이로부터 비롯되는 모든 긴장과 갈등, 고투 또한 여성의 차지가 된다.

견고한 가부장적 젠더 이데올로기는 결국 여성을 굴복시켰다. 가정 내에서 노동의 재분배를 위해 투쟁하도록 하는 것이 아니라 여기에 적응하고 타협하도록 만들었다. 결국 여성은 기존의 젠더 질서에 위배되지 않는 한에서 적응 전략을 모색하게 되었다. '이혼 안 하고 살려면 한편이 양보하기도'28 해야 할 뿐만 아니라, 이를 통해 투쟁을 회피하고 '경제적 동맹자'29로서 부부 관계를 안정시킬 수 있기 때문이다.

결국 장시간 노동 체제는 변화한 사회구조에 따르는 비용과 부담, 고통을 여성에게 전가함으로써 스스로 생명력을 늘려가고 있다고 볼 수 있다. 변화한 노동시장의 상황과 변화하지 않은 젠더이데올로기의 압력 속에서 여성은 점점 더 치열한 시간 전쟁의 한가운데로 내몰린다. 변한 것과 변치 않은 것 사이에서 여성의 선택지는 많지 않다. 많은 여성이 갈등과 고민 속에서 이른바 '일과 가족의 양립'을 위해 불평등한 젠더 타협의 수용을 선택한다. 여성의 고통과 희생을 대가로 장시간 노동 사회와 가족이 지탱되는 것이다. 장시간 노동 체제 아래에서 보수적인 젠더이데올로기는 이렇게 유지되고 재강화된다.

살아남기에 바쁜 가족과 보수화되는 사회
변화는 무엇으로부터 가능할까

—

장시간 노동 체제는 압축적 근대라는 한국의 구체적인 역사적 사회적 맥락 속에서 탄생해 시간을 거치며 점점 딱딱해지고 뿌리가 깊어진 종양 덩어리와 같다. 그것은 폐허에서 맨손으로 시작해 두 주먹 쥐고 여기까지 달려온 한국의 음침한 뒷모습을 보여준다. 우리는 그러한 체제가 만들어지는 과정 속에서 강제로 동원되었고, 반신반의하면서 헌신했고, 설득되었고, 습관처럼 살아왔다. 그리고 그 안에서 고통스럽지만 그로부터 벗어나지 못해, 또다시 자신도 모르는 새 그 종양 덩어리에 양분을 공급하는 삶을 살아간다.

그런 과정에서 우리는 우리의 시간을 잃었고 가족을 잃었고 삶을 잃었고 자기 자신을 잃었다. 우리의 가족은 살아남기 위한 도구가 되었고, 장시간 노동 체제를 지탱하기 위한 연료로 하얗게 태워졌다. 장시간 노동 체제는 우리의 시간, 가족의 시간을 빨아들여 몸집을 불려 양적 성장 중심의 사회를 지탱했다. 그런 사회에서 살아남기 위해 분투하는 과정에서 우리는 '일하는 기계'가 되었고, '돈의 노예'가 되었다. 이웃과 동료에 연대하기보다는 사회적 약자들의 고통에 눈감고 오로지 나와 가족의 생존과 안위만을 추구하는 '이기적인' 심성을 갖게 되었다. 좀 더 좋은 사회를 만들기 위해 머리를 맞대고 변화를 시도하기보다는 내가 살아남으면 된다는 '보수적인' 심성 또한 갖게 되었다. 가족 책임 분배의 불평등에 문제를 제기하고 투쟁하는 대신 타협하고 안주했다.

무엇부터 어떻게 바꿀 수 있을까. 장시간 노동 체제가 한국의 역사적 과정 속에서 잉태된, 복잡하게 얽히고설킨 제도, 규범, 국가와 기업, 가족과 개인의 전략과 선택의 복합물이라고 할 때, 이것을 하나하나 찬찬히 풀어가지 않는 이상 아픔과 고통은 끝나지 않을 것이다. 장시간 노동 체제를 지탱하는 고리를 끊고 가족과 사회의 시간을 재설계할 때 사회적 연대와 공동체성은 복원될 수 있을 것이다. 격무와 성과 압박에 시달리며 위태로운 압축적 시간 관리의 줄타기를 하는 가족도, 기꺼이 '돈의 노예'가 되기를 자처하며 무심히 '일하는 기계'가 되기를 선택하는 가족도, 생존을 위해 자녀들의 안전과 생명마저도 담보로 잡히고 일터로 향할 수밖에 없는 가족도, 사실상 여성에 대한 착취를 통해 안락함을 유지하면서도 그 실상은 결단코 들여다보려 하지 않는 가족도, 그러한 노력에 의해서만 변화할 수 있을 것이다. '집밥의 로망'은 그럴 때에만 '행복한 현실'이 될 수 있다.

5장

/

시간제 노동:
상상과 현실 사이

시간제 노동에 대한 상상

—

　카를 마르크스는 《독일 이데올로기》에서 "생산이 사회적으로 통제되는 사회에서 개인은 아침에는 사냥을 하고 낮에는 낚시를 하며 저녁에는 비평을 하는 삶을 살 수 있을 것"이라는 희망을 피력했다. 생산과 분배가 사회적으로 적절히 조절되는 사회에서 사람들은 너무 오래 일하지 않아도 되고 남는 시간에는 취미나 하고 싶은 일을 하며 지낼 수 있을 것이라는 기대다. 이런 희망과 기대를 실현하려는 사회주의 사회의 시도는 실패로 끝났지만, '낮에는 일하고 저녁에는 시를 읽는' 삶에 대한 꿈은 여전히 남아 있다.

　소설가 프란츠 카프카는 프라하의 보험 회사를 다니며 오후 두 시에 퇴근해 저녁 늦게까지 글을 썼다. 생계를 위한 돈은 보험 업무로 벌었지만, 이른 퇴근 후에는 자신이 하고 싶은 일을 했다. 전해지는 이야기에 따르면, 카프카는 보험 회사 직원으로서도 매우 성실하고 유능했다고 한다. 소설가로서 그의 탁월함은 우리가 이미 잘 알고 있다.

'아침에 또는 낮에만 일하고' '(아침에 출근해) 오후 두 시에 퇴근하는' 이런 노동양식은 현대적인 의미에서 보면 시간제 노동이다. 흔히 '파트타임(part time)'이라고 불리는 이 노동양식은 아침에 출근해 저녁에 퇴근하는 전일제(full time) 노동에 비해 짧은 시간 일하며 그만큼 임금을 비롯한 노동 조건에서 수준이 낮다. 보통 '시간 비례 임금', 즉 일하는 시간에 비례하여 임금과 기타 급여를 제공한다고 하지만, 많은 나라에서 시간제 노동자는 전일제 노동자보다 시간 대비 임금을 적게 받고 승진이나 기타 혜택에서도 배제되기 쉽다.

시간제 노동이 전일제 노동보다 지위가 현저히 낮은데도 우리는 왜 시간제 노동을 이야기하는 것일까. 일하는 시간만큼 대우받지 못하는 노동양식이라면 시간제 노동은 우리 사회에 없으면 없을수록 좋은 것이 아닌가. 대부분의 사회에서 차별받기 쉽다는 것을 알면서도 시간제 노동에 대해 생각해보아야 하는 이유는 바로 전일제 노동의 현실에서 찾을 수 있다. 법적으로 '여덟 시간 근무'가 표준적인 일일 노동시간이지만, 실제로 한국에서 아홉 시에 출근해 여섯 시에 퇴근(점심시간 한 시간은 제외)하는 회사는 많지 않다. 공식적인 야근이든 개인적인 사유든 한두 시간 초과근무는 일상화되어 있으며, '칼퇴근'하는 직원은 '개인주의자' '회사에 대한 충성심이 부족한 사람'으로 낙인찍힐 만큼 여덟 시간 근무는 '비정상적인 것'이 되었다. 일터에서 '정상'은 오래 일하는 것, 주어진 일보다 더 많은 업무를 수행하는 것이다. 법정 노동시간을 지키려는 사람은 비정상적인 존재, 언제든 회사를 떠날 수 있는 사람으로 평가절하된다. 노동시간과 관련해서는 법을 지키면 지킬수록 '이기적이고 조직에 도움이 되지 않는 사람'이 되기 쉬운 것이다.

이런 상황에서 임금노동 이외에 다른 활동에 책임이 있거나 관심을 가진 사람에게는 장시간 노동이 더욱 큰 부담이 될 수밖에 없다. 전형적인 사례가 워킹맘이다. 자녀를 키우는 어머니 노동자에게 가장 큰 걸림돌은 장시간 노동이다. 출근 시간이 빨라지고 퇴근 시간이 늦어질수록 아이를 돌볼 시간은 줄어들기 때문이다. 한국처럼 장시간 노동이 관행으로 굳어진 사회에서, 또 가족주의가 강한 사회에서 워킹맘이 느끼는 괴로움은 훨씬 더 크다. 야근과 초과근무를 당연시하는 직장에서 '아이 때문에' 제시간에 퇴근하려는 여성은 조직에서 직업의식이 부족한 존재로 밉보일 수 있다. 동시에 '아이는 엄마가 키우는 것이 좋다'는 가정중심주의(domesticity)가 지배적인 가족 문화 속에서, 일하는 어머니는 죄책감을 느끼기 쉽다. 때문에 그녀들은 일과 양육 사이에서 갈등하지만, 야근을 밥 먹듯 하는 조직 문화를 거스르기 어렵다. 인사고과와 성과 경쟁, 승진에서 뒤처지지 않기 위해서다. 노인이나 장애인, 환자와 함께 사는 이들도 긴 노동시간만큼 짧아지는 돌봄시간 탓에 일상이 고달프다고 느낀다.

이런 '시간 부족' '바쁨의 문화'는 한국사회의 대표적인 특징이 되었다. 오래된 이야기지만 외국인들이 가장 먼저 배우는 한국어가 "빨리

빨리"라는 말이 있을 정도로 한국인들은 빠른 속도를 추구한다. '한강의 기적'이란 곧 '압축적 성장'이라는 사회학자의 지적처럼, 한국사회는 시간을 늘리고 쪼개고 압축해서 사용함으로써 40여 년이라는 짧은 기간에 서구 사회에서 수백 년간 이룩해온 성과를 따라잡았다는 것이 우리의 자랑이다. 그만큼 한국인은 오래 일하고 시간 부족에 시달려왔을 것이다.

따라서 노동 이외의 시간이 필요한 사람에게는 설령 보상이 더 적더라도, 고용이 지속적이고 안정적으로 보장되지 않더라도 노동하지 않는 시간을 확보하는 일이 절실하다. 이런 이유로 시간제 노동은 한국 대중에게 인기 메뉴 중 하나다. 2014년 고용노동부 조사에서 시간제로 일하고 싶다는 의사를 가진 사람은 80퍼센트에 육박할 정도로 높게 나타났다.[1] 페이스북 이용자 2542명을 대상으로 한 이 조사에서 열 명 중 여덟 명이 시간제 일자리 취업 의사가 있다고 답했다. '육아와 가사를 병행할 수 있어서(27퍼센트)', '여가 시간을 가지고 싶어서(20퍼센트)'가 주요 이유였다.[2] 어린 자녀를 두었거나 자기 시간이 필요한 사람들, 은퇴를 앞둔 사람들이 시간제 일자리를 원한다고 추측할 수 있다.

그런데 이런 의사를 가진 사람들이 시간제 노동자의 노동 조건에 대해서 얼마나 알고 있는지는 알 수 없다. 어쨌든 오전 열 시부터 네 시까지 일하고 퇴근 후에는 아이들과 맛있는 음식을 만들어 먹고 저녁 산책을 즐기는 삶, 친구와 만나 영화를 보고 맥주도 한잔하며 세상 이야기를 나누는 삶, 서점에 들러 읽고 싶었던 책을 사고 저녁 식사 후 독서 삼매경에 빠지는 삶…… 이런 라이프스타일은 많은 이의 꿈일 것이다. 그리고 시간제 노동은 이 꿈을 실현할 수 있는 일자리로 여겨질 수 있다. 이런 꿈, '저녁이 있는 삶'을 실현하는 데 시간제 노동은 얼마나 효과적인 수단이 될 수 있을까?

시간제 노동과 젠더

—

시간제 노동은 젠더 이슈의 하나라고 볼 수 있다. 시간제 노동자 중에 여성이 많으며 자녀를 키우는 여성은 시간제를 선호한다는 주장과 그에 대한 논쟁이 있기 때문이다. 이것이 이 글에서 시간제 노동을 여성의 입장에 한정해 다루려는 이유이기도 하다. 각 국가에서 전체 취업 여성 중 시간제 여성 노동자의 비중은 10~50퍼센트로 다양하게 나타나는데, 이는 각 사회마다 노동시간과 돌봄시간을 조직하고 남녀에게 배분하는 체계인 가족 유형이 다르기 때문이다. 현대사회에 존재하는 가족 유형은 크게 네 가지로 구분할 수 있다.

첫째, 서유럽에서 가장 광범위하게 나타나는 형태로 남성이 전일제로, 여성이 시간제로 일하며 가사노동은 여성이 전담하는 가족 유형이 있다. 보통 1.5인 소득자가족(one-and-a-half earner family)이라고 불리는 '남성＝풀타임 노동자＝생계 주 부양자/여성＝파트타임 노동자＝돌봄 전담자·생계 보조자' 가족이다. 현재 유럽의 다수 국가에서 여성의 시간제 비율은 30퍼센트를 웃돌고 영국에서는 전체 여성 취업자의 절반가량이 시간제로 일하고 있다. 노동자 가족의 돌봄을 위한 사회적 지원이 충분하지 않은 상황에서 임금노동과 돌봄노동을 여성이 병행하는 라이프스타일이다.

둘째, 임금노동시간을 단축해 남녀 모두 시간제로 일하며 돌봄노동을 분담하는 가족 유형이다. 이 유형은 아직 가설적 모델로서 네덜란드 정부가 추진해온 정책의 지향점이다. 실업률 해소와 일자리 창출을 목표로 1990년대 시작된 이 정책은 여성과 남성이 모두 임금노동과 돌봄노동을 균형 있게 병행할 수 있도록 남녀 모두에게 시간제 고용 기회를 확대하고, 시간제 노동에 대한 차별을 해소해 질 좋은 시간제 일자리를 늘리는 것이다. 이 모델의 성공 여부는 남성이 얼마나 시간제 일자리에 취업하는가, 그리고 가족 내 돌봄노동에 얼마나 적극적으로 참여하는가에 달려 있다. 시간제 일자리의 대부분이 여성으로 채워진다면, 전일제 남성 노동자/시간제 여성 노동자라는 비대칭적 성별 분업이 지속될 수밖에 없기 때문이다.

셋째, 노동시간을 단축해가면서 남녀 모두 전일제로 일하고 돌봄노동을 사회화해가는 가족 유형, 즉 2인 소득자 가족이다. 이 유형이 보편화된 사회가 핀란드와 스웨덴이다. 핀란드는 공공보육시설, 부모휴가, 그 밖의 돌봄서비스를 충분히 제공해서 여성이 돌봄노동의 부담을 덜고 전일제로 일할 수 있도록 하는 동시에, 전일제 노동시간을 줄여 남녀 모두 일과 돌봄을 수행할 수 있도록 한다. 스웨덴은 핀란드보다는 시간제 여성 노동자의 비율이 높지만 점차 줄어드는 추세다. 여성의 시간제 근무가 성별 불평등 해소에 도움이 되지 않는다는 인식도 이에 영향을 주었을 것이다.

넷째, 장시간 노동 체제를 개선하지 않으면서 고임금과 상품화를 통해 일과 가족생활의 양립을 추구하는 유형이다. 대표적인 사례로 미국이 있다. 미국에서는 특히 전문직과 관리직의 노동시간이 길고 맞벌이 부부가 많아 학자들 사이에서 '과로하는 미국인에 관한 논쟁(The Overworked American Debate)'이 생겨날 정도다. 그 결과 많은 미국인은 시간 부족, 시간 압박, 시간 쥐어짜기 등 시간 결핍과 '바쁨의 문화(culture of busyness)' 속에서 살아간다. 이런 과로하는 문화에서는 상품화와 아웃소싱으로 시간 부족을 해결하는 소비주의가 확산된다. 반대로 더 많은 상품을 구매하고 돌봄노동을 다른 사람에게 맡기려면 더 많은 임금을 받아야 해서 결국 노동시간은 더 길어지게 된다.

세계에서 노동시간이 가장 긴 한국의 노동시장 체제는 남성이 생계부양을, 여성이 돌봄노동을 전담하는 체제에서 점차 미국과 같은 가족 유형, 즉 장시간 노동-맞벌이 부부-돌봄의 상품화가 특징인 라이프스타일로 변화하고 있다. 시간제 노동은 아직까지 한국사회에서는 주변적인 노동 형태로 존재한다.

시간제 일자리가 여성에게 일과 가족돌봄을 양립할 수 있는 노동양식이라는 점에서 여성들이 선호하는 고용 형태라고 생각할 수 있지만, 대부분의 페미니스트 노동 연구자들은 시간제 노동에 비판적이다. 시간제 노동은 절반의 임금을 제공하는 저임금 일자리로 여성의 이중 부담을 고착시키는 결과를 가져올 수 있기 때문이다. 시간제 노동자는 전일제 노동자에 비해 잘해야 절반의 임금(총액)을 받으며 가족 내 돌봄노동의 대부분을 수행하기 쉽다. 이때 여성은 노동시장에 참여하여 자신의 수입을 가질 수는 있겠지만, 전통적인 성역할에서 벗어나지 못하는 동시에 직장에서도 낮은 지위에 머물게 된다.

아래 그림은 2008년 기준 OECD 회원국의 여성 노동자 중 시간제 노동자의 비율(세로 축)과 저임금 노동자(가로 축)의 관계를 보여준다. 대체로 시간제 고용률이 높은 나라에서 여성 저임금 노동자의 비율도 높게 나타나 정(正)의 관계를 보이며, 두 변수 사이의 상관계수는 0.47로 매우 높다. 여성 노동자 중 시간제로 일하는 여성이 많을수록 저임금 여성 노동자도 많은 것을 알 수 있다. 시간제 노동이 여성의 노동시장 지위에 부정적인 영향을 끼치고 있음을 보여준다.

저임금 여성 노동자 비율과 여성 파트타이머 비율3

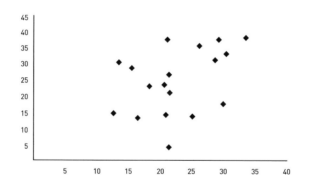

좋은 시간제와 나쁜 시간제?

―

크리스 틸리는 시간제 노동도 그것이 속한 노동시장의 위치에 따라 좋은 시간제와 나쁜 시간제로 구분할 수 있다고 보았다.[4] 1차 노동시장은 고임금, 일정한 숙련, 높은 고용 안정성을 갖는 데 비해, 2차 노동시장은 저임금, 저숙련, 고용 불안정성을 특징으로 한다. 틸리는 1차 노동시장에 속한 시간제 일자리를 보유 시간제(retention part-time)로, 2차 노동시장에 속한 시간제 일자리를 2차적 시간제(secondary part-time)로 불렀다. 보유 시간제란 시간제로 일하기를 원하고 기업에 가치 있는 숙련이나 경력을 소유한 노동자를 고용주가 보유하거나 충원하기 위해 사용하는 제도다. 이에 비해 2차적 시간제는 어떤 보호도 받지 못하는 일자리를 가리킨다.

예를 들어 자료 판독 능력이 뛰어난 의사가 어떤 병원 방사선과에서 파트타임으로 일하고 싶어 할 경우 그녀를 계속 고용하기를 원하는 병원 측에서 적절한 파트타임 직무를 제공하는 것이 보유 시간제다. 같은 병원에서 간호조무사나 청소 업무를 수행하는 직원을 저임금으로 고용하기 위해 시간제로 채용할 때 이를 2차적 시간제라고 할 수 있다. 따라서 같은 시간제라고 하더라도 보유 시간제는 상대적으로 고용 안정성이 높고 급여 조건이 양호하지만, 2차적 시간제는 대부분 저임금 일자리라고 할 수 있다. 그러나 보유 시간제와 2차적 시간제 모두 임금과 고용 안정성, 승진 기회 등의 노동 조건에서 전일제 고용과 동등한 대우를 받지는 못한다.

전일제 노동이 규범인 조직에서 시간제 노동은 불리한 위치에 있다. 이런 불이익을 '시간제 패널티(part-time penalty. 시간제로 일하기 때문에 받게 되는 일종의 벌칙과 같은 불이익)'라고 하며, 이는 임금·교육훈련·승진·퇴직·기타 급여 등 노동 조건의 모든 측면에서 발생할 수 있다. 어린 자녀를 키우는 어머니들이 주로 시간제 일자리를 채우고 있으므로 파트타임 워킹맘이 시간제 패널티의 피해자가 된다. 미국의 경우 한 연구에 따르면 1982~1993년 사이 워킹맘의 임금 분석에서 자녀 한 명이 늘어날 때마다 임금이 5퍼센트 정도씩 줄어드는 결과를 보였다.[5] 또 대부분의 서유럽 국가에서 파트타임으로 일하는 워킹맘의 임금은 매우 낮은 것으로 나타나며, 그 원인은 그녀들이 저임금 직업에 몰려 있기 때문인 것으로 지적되었다. 한국에서도 가사노동은 여성의 임금에 부정적인 효과를 가지며, 특히 취학 자녀의 존재가 워킹맘의 임금을 낮춘다는 사실도 밝혀졌다. 서구사회에서 미취학 자녀를 돌보기 위해 여성들이 시간제로 일함으로써 낮은 임금을 받는 데 비해, 한국에서는 취학 자녀의 학습을 지원하기 위해 여성들이 직장을 그만두거나 시간제 등 저임금 일자리에서 일한다는 것이다.[6]

그렇다면 전문직이나 관리직에서 시간제 고용은 질 높은 일자리가 될 수 있을까?

미국의 파멜라 스톤 교수는 2007년에 출간된 책《Opting Out?: Why Women Really Quit Careers and Head Home》에서 미국 사회의 엘리트 집단에 속한 여성들이 왜 직장을 떠나 가정으로 들어가게 되었는지를 분석한다. '선택적 이탈: 왜 여성들은 경력을 버리고 집으로 향하는가?' 정도로 제목을 번역할 수 있는 이 책에서 저자는 백인, 중상층, 하버드나 예일 같은 명성이 높은 대학을 졸업한 30~40대 전문직 (의사·변호사·회계사·경영컨설턴트·은행원·교사·도시계획가·엔지니어·마케팅 전문가·심리치료사 등) 여성들과 심층면접한 결과를 토대로 이들이 직장을 그만두게 된 과정을 추적했다. 이들은 모두 유능한 직장인으로서 조직에서 인정받고 커리어를 쌓아가지만 자신과 마찬가지로 업무 압박이 높은 전문직 남성과 결혼하여 임신·출산 후 혼자 아이를 돌보다가 직장을 떠났다. 이들 중 몇 사람은 풀타임에서 파트타임으로 전환하여 일을 계속했지만, 몇 년에 걸친 시간제 근무의 결과 조직의 핵심 업무에서 멀어져 주변인이 되었고, 어느 날 더 이상 직장에 나오지 말라는 상사의 요구를 받았다. 스톤은 이들의 경험에서 시간제 일자리는 일과 가족을 병행하고 지속적인 근무로 이어지는 가교(bridge)가 되기보다는 직장을 떠나게 되는 배출구(an exit)와 같은 역할을 했던 것으로 평가한다.

한국사회에서는 어떨까? 아직 전문직 시간제라고 부를 만한 직무가 많지 않기 때문에 확실한 답을 얻기는 어렵다. 다만 우리나라의 대표적인 대기업 S기업의 사무관리직 남성 노동자들에 대한 연구를 살펴보면, 노동자들이 법정 근로시간을 준수하고 일과 가족생활을 병행할 수 있는 시기는 신입사원 시절인 것으로 나타난다. 30대 중반에 과장급의 중간관리직으로 승진하게 되면 근무시간 규정이 무의미할 정도로 업무 부담이 커지고 회사에 얽매이게 된다. 따라서 관리직에서 시간제는 현실적으로 가능하지 않은 것으로 판단된다.[7] 여성이라고 해서 다르지 않을 것이다. 관리직이나 전문직 여성의 시간제 근무가 얼마나 가능할 것인지는 제도와 의식의 문제 이전에 조직 문화, 업무의 체계나 배분의 성격부터 따져볼 필요가 있다.

파트타임 여성 노동자의 조건, 두 갈래 길?
—

2013년 3월 기준 경제활동인구조사 근로 형태별 부가조사에 따르면 한국의 시간제 노동자 수는 177만 7천 명으로 전체 임금노동자(1774만 3천 명)의 9.9퍼센트, 비정규직 노동자(580만 9천 명) 중 30퍼센트 이상을 차지할 만큼 증가했다. 이 중 여성은 128만 5천 명으로 전체 시간제 노동자의 73퍼센트에 달한다.[8] 이러한 수치는 2008년 이후 매년 10퍼센트 이상 증가해온 결과를 보여주는데, 여성 시간제 노동자는 음식·숙박업 등 서비스 산업과 5인 미만의 소규모 사업체에서 빠르게 증가해왔다. 글로벌 금융위기 이후 이명박 정부가 시간제 일자리 확대 정책을 추진하면서 시간제 고용이 급증하였고, 파견·용역·특수고용 종사자 등 비전형 노동자 문제가 사회적 쟁점으로 떠오르면서 증가세가 주춤한 것도 시간제 일자리 증가에 한몫한 것으로 해석된다.[9]

이어 2013년 6월 박근혜 정부는 최저임금의 130퍼센트 이상 임금과 고용 안정성이 보장되는 시간제 일자리를 5년간 92만 개 만들어내겠다는 방침을 발표했다. 한국사회에서 고용률 70퍼센트를 달성하기 위해서는 여성의 노동시장 참여를 대폭 확대해야 하고, 이를 위해서 일과 가족돌봄을 병행할 수 있는 시간제 일자리를 늘려간다는 정책이다. 이러한 일자리를 '시간선택제 일자리'라고 부르고 이를 전문직과 관리직을 중심으로 확대해가겠다고 밝혔다. 과거 같은 저임금 시급제(時給制) 일자리가 아니라 교사나 공무원 같은 전문·관리직종에서 시간제 일자리를 만들겠다는 것이다. 그리고 이런 전략은 '주부＝저임금 시간제 노동자'라는 질 낮은 경력 궤도에서 벗어날 수 있는 기회를 대폭 열어갈 수 있다는 낙관에 기초해 있다. 이에 따라 정부는 공공 부문에서 시간제 일자리를 확대해가도록 하고 시간제 노동자 비율을 매년 실시되는 정부합동평가지표에 포함해 강제력을 높였으며 민간 기업에서도 시간제 채용을 늘리도록 권고해왔다.

가족주의가 강하고 자녀 양육을 어머니가 전담하는 한국사회에서 시간제 고용은 어린 자녀를 둔 여성에게 매력적인 일자리로 보일 수 있다. 그렇다면 박근혜 정부의 시간제 일자리 창출 정책은 어떤 결과를 가져올 것인가.

모든 시간제 고용이 여성에게 저임금이나 임시적 일자리를 가져다주는 것은 아니다. 앞서 보았듯이 보유 시간제처럼 고숙련 전문직에서는 노동시간에 비례한 임금을 받는다는 차이만 있을 뿐, 연금이나 사회보험, 경력 개발 등 기타 조건에서 전일제와 큰 차이가 없는 시간제 일자리도 있을 수 있다. 이에 비해 대다수의 시간제 일자리는 주변적인 것으로서 저임금, 임시 고용, 교육훈련 기회 부족 등을 특징으로 하며 서비스업과 소매업 분야에 많다. 박근혜 정부가 추진하는 시간선택제 일자리 정책이 여성의 노동시장 조건에 어떤 영향을 끼칠지를 가늠하기 위해서는 이 두 유형의 시간제 일자리에 대한 다른 사회의 경험을 짚어볼 필요가 있다.

주변적 시간제의 확대—영국·일본·미국의 사례

영국에서 시간제 노동은 저임금, 복지 혜택이 거의 없는 근로 조건, 경력 개발 기회 부족이라는 특징이 있다.[10] 1960년대 이후 산업 구조의 변화, 전통적인 가족 문화, 정부의 노동시장 정책, 노동조합운동 등이 상호작용한 결과, 영국 노동시장은 서구 사회에서 여성 시간제 노동자 비율이 가장 높다.

유럽의 다른 나라에 비해 영국은 정부 개입 없이 일찍부터 시간제 고용이 발달했다. 자유주의 이데올로기가 강한 사회에서 노동시장 규제가 약하고 자발적인 노사 관계도 충분한 힘을 갖지 못하는 조건에서 사용자 측의 주도 아래 1960년대부터 시간제 근로가 광범위하게 도입되었다. 영국의 여성 노동자 중 시간제 노동자 비중은 40퍼센트 이상으로 매우 높다.[11] 또 자발적 시간제의 비중이 높아 정부 공식 통계에 따르면 1990년대 이후 현재까지 자발적 시간제 노동자는 80퍼센트 수준이며 EU 15개국 중 가장 높다. 이는 가족돌봄 서비스에 대한 국가의 지출 규모가 다른 서유럽 국가에 비해 적고, 공공보육을 이용할 가능성이 낮으며, 출산휴가·육아휴직의 범위·기간·소득대체율도 제한적인 동시에, 가족생활을 우선시하는 가치관이 발달되어 있기 때문이다. 영국 여성 시간제 노동자 중에는 일주일에 열 시간 이하로 일하는 짧은 시간제 노동이 상대적으로 큰 비중을 차지하며, 저임금 직종에 많이 몰려 있다. 사회보험 자격 규정에서 이들이 제외되어 있어 사용자 측이 이를 선호하기 때문이다. 그 결과 2009년 시간제 노동자는 전일제 노동자가 받는 시간당 임금의 63퍼센트를 받고 있다.

영국은 1990년대 초까지 노동시간에 대한 규제가 전혀 없었다. 또 노동조합도 파트타임 노동에 직접 개입하지 않았다.[12] 1997년 블레어 정부의 개혁이 시작되면서 근로시간법(1998), 고용관계법(1999), 최저임금제(1999), 시간제근로자법(2000), 유연근로규제법(2003), 일가정양립법(2006)이 도입되었지만, '비교 대상인 전일제 노동자와 동등한 대우를 받아야 한다'는 규정을 적용할 수 있는 가능성이 높지 않아 차별을 시정하지 못했다. 그 결과 영국에서 시간제 노동으로 전환된다는 것은 일자리 하락(occupational downgrading), 임금·교육훈련·승진 등에서 기회 감소로 해석되고 있다.[13]

한편 일본은 종신고용을 보장하는 1차 노동시장의 경직성과 상대적으로 높은 임금에 대한 보완재적인 차원에서 기혼 여성에 특화된 시간제 노동시장을 형성해왔다.[14] 2012년 일본 노동정책연구·연수기구에서 조사한 결과 기업은 노동시간의 유연성과 인건비 절약을 위해 시간제 노동자를 고용하고 있으며, 시간제 노동자는 자기 시간과 가족 시간 확보, 세금·사회보험 대책 등을 이유로 시간제를 선택하는 것으로 나타났다.[15] 이 조사에서 시간제 노동자 대다수는 단순보조적 업무를 주로 하며(전문지식을 필요로 하는 업무는 4분의 1 정도), 시급제로 일하고, 일이나 회사에 대체로 만족하지만(68퍼센트), 70퍼센트 이상이 자기계발이나 경력 개발은 하지 않는 것으로 나타났다. 일본에서 주부 시간제 노동자는 주로 사무직과 서비스직에 근무하며 2008년 대기업의 경우 시간당 임금이 전일제의 37퍼센트에 불과할 정도로 낮은 임금을 받는 것으로 나타났다. 시간제근로법이 개정된 2008년 이후에도 전일제 노동자와 임금 격차를 좁히지 못하는 것으로 알려져 있다.[16]

한국사회처럼 장시간 노동 사회인 미국에서 시간제 노동자는 주로 경기 침체기마다 증가해왔다.[17] 경기 둔화로 고용주 측에서 노동시간을 일방적으로 단축하거나 노동자가 원하는 전일제 일자리를 찾지 못했기 때문이다. 특히 미국에서 시간제 노동은 1980년대 말까지 지속적으로 증가하였는데, 이전까지 연방정부의 근로기준법에 시간제 노동에 관한 보호 규정이 없었기 때문이다. 이후 90년대 들어서는 증가세가 둔화되었다. 고용주가 제공하는 건강보험 자격과 정부의 공공부조 개혁의 산물인 빈곤가구 일시부조(TANF. Temporary Assistance to Needed People) 정책의 수급권을 얻기 원하는 노동자로 전일제로 일을 하려고 한 데 이유가 있다.

미국에서 시간제 노동은 여성의 전형적 고용 형태라고 보기 어렵다는 주장도 있다.[18] 미국의 시간제 일자리는 1980년대 경기 침체 과정에서 노조의 협상력이 약화된 사업장을 중심으로 고용주들이 비용을 절감하는 방안으로 도입한 비전형 근로로서, 청년층과 여성, 유색인종 노동자가 집중된 직종에서 증가해왔고, 따라서 유럽과 달리 미국의 시간제 일자리는 자녀 양육기 여성의 일-가족 양립을 지원하는 수단으로서는 기능이 약하기 때문이다. 또 시간제 노동자에 대한 차별을 시정할 규정이나 보호 장치가 없기 때문에 미국의 시간제 노동자는 여러 가지 급여에서 배제되며, 가족간호휴직 같은 휴가에서도 제외된다. 연금법에서도 매년 천 시간 이상 일한 노동자에 한하여 수급 자격을 인정하므로 초단시간 노동자는 연금법의 수급 대상이 될 수 없다. 사회보장 수준이 낮은 사회에서 노동자들은 노동시간을 늘리는 방식으로 적응할 수밖에 없다.

2013년 8월 미국에서 시간제 노동자의 지위를 명확히 드러내는 사건이 발생해 화제가 되었다. 대형 의류 업체인 포에버21에서 풀타임 직원을 파트타임 직원으로 전환하도록 한 것이다. 이는 2014년부터 시행되는 건강보험개혁법, 이른바 오바마케어를 앞두고 의료보험 비용을 줄이기 위한 방편의 하나였다. 재고품 담당자, 세일 담당자, 매장 관리 담당자, 액세서리 담당자, 캐셔 등 비관리직(non management) 직원들을 파트타임으로 변경하도록 했고, 이들의 주당 노동시간이 29.5시간을 넘지 않게 해서 그동안 이들에게 제공했던 건강보험과 치과·안과보험 혜택을 중단했다.[19]

이러한 영국, 일본, 미국의 사례는 시간제 노동이 여성의 노동시장 지위와 가족 내 성별 분업 해소에 부정적인 결과를 가져왔음을 보여준다. 그러면 시간제 일자리를 남녀 모두의 선택으로 제시하고 있는 네덜란드의 경험은 어떤가?

파트타임 노동자가족의 새로운 길?-네덜란드의 사례

네덜란드는 부부가 함께 임금노동과 돌봄노동을 병행하는 '결합 시나리오' 모델에 따라 시간제 고용을 확대하고 전일제 고용과 격차를 좁

혀온 국가다. 1982년 바세나르 협약을 계기로 실업과 복지 부작용(the Dutch Disease) 문제를 해결하기 위한 방편의 하나로 시간제 고용을 적극적으로 늘려온 결과, 여성 노동자의 70퍼센트, 남성 노동자의 20퍼센트가 시간제로 일할 만큼 '파트타임 경제'를 구축하게 되었다.[20] 이러한 네덜란드의 경로에 대해서는 긍정적 평가와 비판적 평가가 공존한다.

긍정적인 평가를 내리는 입장에서는 시간제 고용의 증대가 네덜란드에서 '고용 기적'을 가능하게 했고 특히 여성을 수혜자로 만들었다는 점을 강조한다.[21] 1983년부터 2000년 사이 매년 2퍼센트씩 총 2백만 개 일자리가 늘어났으며 이 중 4분의 3이 시간제 일자리였고 대부분 여성에게 돌아갔다.

이처럼 네덜란드에서 시간제 일자리가 증가한 원인으로는 노사정의 사회적 타협 과정에서 대표적인 노조인 FNV(네덜란드노동조합총연맹)가 1990년대 들어 남녀 모두에게 시간제로 일할 수 있는 권리를 지지해왔고, 시간제와 전일제 사이의 임금과 사회보장 등 노동조건의 차이를 줄이는 데 성공했기 때문이다. 한편 기업으로서도 서비스 부문이 팽창함에 따라 영업시간을 늘릴 수 있어서 시간제 고용을 환영했다. 이에 따라 정부도 근로시간법(1995), 동등대우법(1996) 제정 등 법제도를 정비하면서 시간제 노동자가 사회보험에 동등하게 기여하게 하고 동등한 급여를 받도록 했다. 2000년에는 근로시간조정법을 도입해 노동자에게 노동시간을 줄이거나 늘릴 수 있는 권리를 부여했고, 2006년부터는 휴가시간저축제(a Life-course Savings Scheme)를 도입해 무급휴가를 저축하여 필요할 때 사용할 수 있도록 했다.[22]

여기서 눈여겨보아야 할 점은 여성운동의 역할이다. 남성 부양자/여성 양육자 모델이 지배적인 규범이던 네덜란드 사회에서 1980년대 들어 여성이 시간제 노동자로 노동시장에 들어감에 따라 시간제와 전일제 사이의 노동 조건 격차가 사회적 관심사로 제기되었고, 여성 시간제 노동자들은 임금과 사회보장에서 전일제 노동자와 동등한 권리를 요구했다. 여성단체에서는 이 요구를 받아들여 시간제 일자리를 여성을 위한 기회로 규정하고 사회보장과 직업 안정성을 확보할 방안을 모색하기 시작했다.[23] 이러한 노력이 대중적인 지지를 얻게 되면서 노동조합 역시 시간제를 일과 삶의 균형을 위한 기회로 재정의하고, 유연안정성(flexicurity)을 남녀 모두를 위한 목표로 설정했다. 그 결과 네덜란드에서 남성 부양자/여성 양육자 모델은 낡은 것이 되었고, 대신 두 파트너가 주당 30시간씩 일하고 돌봄 책임을 공유하는 가족 모델이 확산되어왔다.

네덜란드에서 시간제 고용이 이 같은 변화의 동인(動因)이 된 데는 몇 가지 이유가 있다. 첫째, 복지국가로서 네덜란드는 고용에 연계한 복지 체계라기보다는 보편적 시민권에 토대를 둔 복지 체계를 발달시켜왔다. 따라서 노동시간에 따른 격차가 복지 수혜의 격차로 이어지지 않을 수 있다는 점에서 시간제 고용이 가질 수 있는 상대적 불이익이 축소된다. 둘째, 조세 제도에서 여성의 임금노동 참여를 유도하지만 일과 부모 역할을 병행할 수 있도록 세액 공제를 제도화함으로써 돌봄과 고용의 결합을 지원해왔다. 셋째, 젠더 문화적 차원에서 공보육에 대한 부정적 인식이다. 네덜란드의 부모들은 가정에서 돌보기를 선호하며 풀타임 공보육에 대한 지지가 높지 않다.

따라서 네덜란드에서는 높은 수준의 사회복지 덕분에 두 명의 풀타임 소득을 필요로 할 정도로 생활비가 크지 않고, 시간제 일자리를 쉽게 얻을 수 있으며, 보육시설이 상대적으로 비싼 동시에 문화적으로도 풀타임 보육이 선호되지 않고, 육아휴가가 무급이기 때문에 파트타임은 여성의 지배적 고용 형태가 되었다는 것이다.[24]

반면 시간제를 중심으로 한 네덜란드의 고용 창출 전략이 일자리 나누기 차원에서는 바람직할 수 있지만, 임금 억제라는 노동자의 희생과 양보에만 기대어 유지됐다는 점에서 장기적으로 지속 가능한 방식이라고 보지 않는 쪽도 있다.[25] 이 입장에서는 네덜란드의 시간제 확대는 '유럽 기준에서 보면 매우 높은 수준의 수량적 노동시장 유연화를 의미하는 것이 아닌가?' 하는 질문과 함께, 파견이나 임시직 고용이 많다는 점에 주목한다.

또 시간제 중심의 고용 창출 정책이 성별 불평등을 지속시키고 있다는 주장도 만만치 않다.[26] 정책을 시행한 지 20여 년이 흐른 지금, 네덜란드에서 시간제로 일하는 사람은 주로 여성으로 나타난다. 안정적인 일자리기는 하지만 시간제 여성 노동자의 소득은 남성 소득의 절반에 그치며 육아도 주로 여성의 몫이다. 정부에서 시간제 일자리를 안정화하고 남녀 모두를 충원하려 해도 남성들은 전일제 일자리를 선호하기 때문이다. 그 결과 시간제 일자리 창출 정책은 네덜란드에서 여성 시간제 고용을 확대했을 뿐 전일제 노동의 대체재로서 시간제 노동을 확산시키지 못했고, 결과적으로 성별 불평등을 지속시키는 기제가 되어왔다고 평가 받기도 한다.

시간제 고용을 확대해 일과 삶의 균형을 지향하는 네덜란드의 실험은 현재진행형이라고 보아야 할 것이다. 많은 우려와 비판적인 시선에도 불구하고, 가장 최근의 자료들은 네덜란드에서 이미 노동시간을 둘러싼 근본적인 변화가 발생하고 있음을 암시해 흥미롭다. 네덜란드 여성들은 이제 자녀가 없어도 시간제 노동을 하려는 경향이 늘었으며, 시간제 고용이 확산됨에 따라 과거 남성 부양자 모델 아래에서 노동을 사회적 의무로 생각했던 규범조차 바뀌고 있다는 것이다.[27] 여성뿐만 아니라 남성 중에서도 시간제 고용을 선호하는 사람들이 늘고 있기 때문이다.

따라서 영국, 일본, 미국에 비해 네덜란드에서 여성 시간제 노동자의 상황이 긍정적이기는 하지만, 명확한 결론을 얻기까지 긴 시간이 필요할 것 같다. 여전히 남성의 대다수는 전일제로 일하며 주 부양자인 현실, 차별받지 않는다고 해도 시간제 고용이 가질 수밖에 없는 한계(승진 등 경력 개발 문제, 노동집약적·저숙련·저임금·서비스 직종 집중 등), 공보육이나 부모휴가의 발달 수준이 지체되었다는 점 등을 고려할 때, 네덜란드에서도 시간제 고용이 성평등에 미치는 영향은 긍정적이라고만 볼 수 없다. 가정돌봄 중심의 사회에서 여성이 설사 시간제 고용에 만족한다고 해도 시간제 고용의 대다수가 여성의 일자리로 머무르는 한, 사회의 젠더체계는 보완성(complementarity)에 기초한 것이지 대칭적(symmetrical)이라고 볼 수는 없다. 관건은 남성의 시간제 참여 추세다. 네덜란드의 남성들이 어떻게 변화하는지 더 지켜볼 필요가 있다.

한국사회의 젠더체계와 시간 자율성

–

전업주부가 많고 여성의 노동시장 참여율이 낮은 한국 사회의 젠더
체계는 성역할 규범이 여전히 강한 영향을 끼치는 보수적인 특성이 있
다. 이런 맥락에서 한국사회의 시간제 노동은 여성이 노동시장에 참여
해 경제적 지위를 향상할 수 있고 자아실현 또한 가능하다는 점에서
'남성＝생계부양자/여성＝전업주부' 모델에서 좀 더 발전된 것이라고
볼 수도 있다. 문제는 이 모델이 '어떤 시대적 상황과 사회적 맥락 속
에서 도입되는가' 하는 점이다. 여성의 노동시장 참여가 불가능한 사
회적 조건에서라면 여성의 시간제 일자리를 창출하려는 정책은 오히
려 여성의 경제적 기회를 확대하는 결과를 가져올 수도 있을 것이다.
그러나 한국사회는 지난 1990년대 말 경제위기 이후 전 사회적인 고용
불안정으로 남성의 생계부양 능력이 크게 훼손되어왔고, 여성의 취업
이 새로운 책임으로 떠올랐다. 여성이 원하든 원하지 않든 소득 활동
을 하고 가족을 부양해야 할 필요성이 커진 것이다. 이런 상황에서 시
간제 일자리라는 유인은 여성에게 돌봄의 책임 위에 가족 부양의 책임
을 덧씌우는 효과를 불러올 것이다. 또 전일제 고용이 규범인 노동시
장에서 시간제 노동자는 결코 핵심 인력이 될 수 없다. 따라서 시간제
취업은 여성에게 노동시장에 참여할 기회를 제한적으로 제공하지만,
이중 부담과 노동시장 주변성 탓에 성별 격차를 줄여갈 기회가 되기
는 어려울 것이다.

노동시간 단축이 중요한 과제로 제기되는 한국 노동시장에서 시간

제 일자리 창출 정책은 서구가 경험한 두 갈래 길 중 과연 어떤 길을 걸을 것인가. 안타깝지만, 압축적 근대화를 실현해온 한국사회라고 해도 네덜란드 같은 복지국가를 경유한 새로운 젠더레짐의 지향, 즉 여성과 남성 모두 임금노동과 돌봄노동을 병행하는 양식을 짧은 시간 안에 소화해낼 수는 없을 것이다. 여성의 시간제 일자리를 늘리겠다는 정부의 지향 역시 네덜란드를 언급하기는 하지만 이는 수사(修辭)에 불과하며, 자유주의 국가의 보수적인 젠더레짐이 구현해온 1.5인 소득자 모델을 추구하는 것은 분명해 보인다. 그리고 이러한 여성 고용 정책은 박근혜 정부의 정치적 성향과도 부합하는 것이다. 이와는 반대로 페미니스트 입장에서 보면 보수적인 한국사회에서 이러한 정책은 여성이 노동시장에 참여하는 데는 기여하겠지만, 노동시장 내에서 성별 격차를 더욱 확대하고 가족 중에서 돌봄의 책임을 여성이 전담하는 현재의 성별 분업 구조를 지속시킬 수 있다는 점에서 부정적이다. 더욱이 돌봄의 사회화라는 공공 영역의 변혁을 지체시키는 효과도 무시할 수 없을 것이다.

그럼에도 불구하고 페미니스트들이 시간제 고용이라는 문제를 외면하기 어려운 이유는 여성의 생애 과정에서 필요한 시간 자율성(time autonomy) 때문이다. 임신·출산·양육과 돌봄노동의 책임을 노동시장 참여와 균형 있게 병행하려면 시간 사용의 자율성이 핵심적인 요소다. 노동시간의 길이와 활용을 노동자 스스로 조정할 수 있는 권리가 노동자에게 주어져 있고, 남성이 돌봄 책임을 여성과 공유하려고 할 때만 노동시장에서 성평등을 향한 기반이 형성될 수 있을 것이다. 그런 의미에서 한국사회에 지금 필요한 노동 정책은 노동시간 단축과 시간 자율성이다.

1960년대 이래 한국사회에서는 '언제, 얼마나 일하고 돌보고 쉬고 자기 시간을 가질 것인가'라는 질문은 '언제든, 얼마큼이든 일이 있다면 감사히 하라'라는 정명(定命) 앞에서 사회적 집합의식의 수면 위로 떠오른 적이 없다. 오래 일하고 한 푼이라도 더 벌면 좋은 것이라는 믿음이 지배하는 사회에서 노동시간은 절대적인 우위를 지닌 채 개인과 가족의 생활시간표에서 제왕의 지위로서 군림해왔다. 남성 노동자의 '회사인간적 삶'을 위해 그의 아내가 양육과 가족 대소사를 혼자 책임졌던 1970년대 일 중심적인 노동자 가족부터, 자녀 사교육과 주택 마련을 위해 함께 뛰는 2015년의 맞벌이 가족에 이르기까지, 한국인의 일상을 지배한 것은 노동시간이었다.

이제 노동 중심 사회에 대한 진지한 성찰이 필요한 시간이다. 우리는 얼마나 더 벌어야 노동시간을 줄이고 '저녁이 있는 삶'을 살 수 있을까. 16세기 사상가 토마스 캄파넬라는 《태양의 도시》에서 인간에게 적합한 하루 노동시간을 다섯 시간이라고 보았다. 토머스 모어는 《유토피아》에서 하루 여섯 시간 노동을 이상향의 조건으로 삼았다. 생산력 수준이 취약했던 중세 말기에 이렇게 짧은 노동시간을 사회조직의 기본 조건으로 주장할 수 있었던 근거는 무엇인가. 5~6시간 노동설의 바탕에는 생산과 분배에 대한 사회적 통제가 전제로 자리 잡고 있다. 부의 생산과 분배를 사회가 적절히 관리할 수 있다면 인간은 하루 대여섯 시간만 노동해도 충분히 살아갈 수 있다는 생각이다. 결국 노동시간 단축과 시간 자율성은 경제적 정의, 사회적 평등의 문제와 맞닿아 있음을 알 수 있다. 그리고 이렇게 연결된 두 문제에 대한 해답은 민주주의 정치에서 찾을 수 있다는 사실도 기억할 필요가 있다.

6장

/

올빼미가 사는 법:
야간 노동과 한국사회

자본의 흐름에 따라 야간 노동도 흐른다
—

저 하늘엔 별들이 밤새 빛나고
공장엔 작업등이 밤새 비추고
빨간 꽃 노란 꽃 꽃밭 가득 피어도
하얀 나비 꽃나비 담장 위에 날아도
따스한 봄바람이 불고 또 불어도 미싱은 잘도 도네 돌아가네

1989년도에 나온 노래 〈사계〉의 가사는 당시 '공순이'들의 생활을 보여준다. 공장 창밖으로 꽃이 날리든 눈이 날리든 공장 안에서 묵묵히

미싱을 돌려야 했던 노동자들의 노래다. 노래 중간에는 밤새 켜진 작업등과 창밖에 비치는 밤별 이야기도 나온다. 밤낮 없이, 별이 뜰 때까지, 계절이 바뀌는 줄도 모르고 일하는 노동자들의 이야기는 수십 년 전 과거에만 머무르는 이야기가 아니다.

OECD 회원국 중 최장 노동시간을 자랑하는 한국에서도 '하루 여덟 시간 주5일제' 노동이 제대로 지켜지진 않을지언정 이제 최소한 상식으로는 자리 잡았다. 지난한 투쟁을 거치며 겨우 지금 수준의 상식이 만들어졌다. 그러나 아직도 한국의 많은 공장은 밤새도록 꺼지지 않고 돌아간다. 구로나 인천, 안산과 같이 '미싱'이 쉬지 않고 돌아갔던 공장들 자리에서 요즘은 핸드폰 부품을 만드는 노동자들이 밤새 일한다. 한국의 주요 수출품 중 하나인 자동차 산업에 딸린 많은 공장도 마찬가지다. 자동차 한 대를 만드는 데 부품이 약 2만여 개 들어간다고 하는데, 이를 생산해서 납품하는 하청기업 중 많은 곳이 아직도 24시간 맞교대로 공장을 돌린다. 세상이 변해 '하루 여덟 시간 주5일제' 노동이 상식이 되었건만 곳곳의 현실은 이 상식과는 아직 거리가 멀다. 노동하는 사람만이 밤과 낮을 가릴 뿐, 공장은 밤이건 낮이건 멈추지 않고 돌아갈수록 더 많은 이윤을 남기기 때문일 것이다.

공장뿐 아니다. 여의도와 테헤란로, 종로, 또 도심 곳곳에 자리한 마천루에서 뿜어져 나오는 불빛으로 이루어진 야경은 야근하느라 사무실을 나설 수 없는 수많은 사무직 노동자가 만들어내는 풍경이다. 출근 시간은 정해져 있지만 퇴근 시간은 정해져 있지 않은 것이 사무직 노동자들의 삶이다. 더욱이 이들이 이렇게 늦은밤까지 일하는 삶을 살아가기에 이들의 노동시간에 서비스업의 시계가 맞추어진다. 늦게 퇴근하더라도 간단한 생필품은 골목마다 즐비한 편의점에서, 장은 밤늦게까지 여는 대형마트에서, 그 밖에 가전이나 침구, 신상 의류 등 시간을 내 발품을 팔지 않으면 구입할 수 없었던 물건들도 24시간 방영되는 TV 홈쇼핑에서 얼마든지 살 수 있다. 새벽 한 시에도 여전히 사람이 버글버글한 홍대 앞 골목, 새벽까지 사람을 실어 나르는 심야버스와 줄지어 늘어선 택시, 도심뿐 아니라 변두리 골목까지 즐비하게 들어선 술집과 편의점은 우리에게 아주 익숙한 풍경이다. 24시간 운영하는 카페와 헬스클럽을 보는 것도 아주 자연스러운 일이다. 한국의 독특한 여가 공간인 찜질방은 밤새 문을 열 뿐만 아니라 세신(때밀이) 서비스, 경락마사지, 네일아트까지 24시간 제공한다.

외국인들은 이와 같은 한국의 '화려한 밤 문화'와 '밤낮 없는 편리성'을 예찬한다. 해외여행/문화 정보 사이트인 CNN GO에서 2011년에 '서울이 세계 도시 중 최고인 50가지 이유'라는 제목으로 진행한 설문조사 결과를 살펴보면, "카페·PC방·레스토랑·스파·쇼핑몰·패스트푸드 체인점 등이 24시간 운영되는 등 (서울에서) 밤에 자는 것은 루저들이 하는 일이다"라고 소개했을 정도다. 그 외에도 24시간 공부할 수 있는 독서실이 존재하는 것, 24시간 내내 물어보는 질문에 답변해주는 전화 서비스 120 다산콜센터가 있는 것도 이유로 들었다.[1]

레온 크라이츠먼은 "24시간 사회는 9-to-5의 근대적 시간체제(time regime)를 해체함으로써 개인의 가능성과 기회를 극대화하는 사회"라고 정의했다. 그가 강조하는 '24시간 사회'는 단순히 상점이 늦게까지

문을 연다는 사실에 국한되는 개념이 아니다. 시간적 제약이 제거되어 회사-집-여가 시간 사이의 경계선을 지우고, 시간을 스스로의 목적에 맞게 편집할 수 있게 되어 스트레스는 줄고 편안함은 커지는 사회를 말한다.[2] 우리의 24시간 사회는 그러한가. 과연 크레이츠먼의 주장처럼 밤낮을 넘나드는 노동을 하는 한국의 노동자들에게 가능성과 기회가 더 열렸는가.

> "하면 된다는 국민들의 강한 의지와 저력이 산업화와 민주화를 동시에 이룬 위대한 성취의 역사를 만들었습니다. 한강의 기적으로 불리는 우리의 역사는 (중략) 가족과 조국을 위해 헌신하신 위대한 우리 국민들이 계셔서 가능했습니다."

2013년 박근혜 대통령이 취임사에서 읊은 것처럼 한국 노동자들의 강한 의지와 저력은 한강의 기적을 일구어냈다. 잠을 참아가며, 심지어 잠 오지 않는 약을 먹어가며 미싱을 돌려 오빠의 등록금, 집안의 대소사를 챙겼고 그 노동이 모여 기적을 이루어냈음을 부정할 수는 없다. 그리고 그 의지와 저력은 밤새 불이 꺼지지 않는 '불야성 사회'라는 모습 또한 만들어냈다. 개발연대에 노동자들이 도시로 몰려들면서 공간적인 집약이 만들어졌다면, 이제는 24시간이 노동으로 꽉 들어차 맞물려 돌아가는 시대가 된 것이다. 그 안에서 한국의 노동자들이 스스로 얼마나 '시간의 제약에서 벗어났다'고 느낄까.

야간 노동이란 오후 열 시부터 다음 날 오전 여섯 시 사이에 이루어지는 노동을 말한다. 일주일 40시간을 초과하는 노동시간은 '연장근로시간'이라고 칭한다. 예를 들어 야근(연장근로)을 하다 밤 열 시가 넘어가버렸다면 이 역시 야간 노동을 한 것이라고 할 수 있다.[3] 현행법상 '야간 노동 종사자'란 밤까지 연장근로를 하는 사람이나 일의 특성상 야간에 교대[4]해서 일하는 이들 중에서도 정기성, 지속성을 띠는 노동자를 가리킨다. 또 산업안전보건법에서 '특수건강진단'의 의무(권리)를 부여하는 '야간작업 근로자'의 경우는 "지난 6개월 동안 1개월당 4회 이상 오후 열 시부터 다음 날 오전 여섯 시까지 야간 작업을 수행하거나 주당 15시간 이상 야간 근로를 수행한 근로자(6개월간 360시간 이상)"로 정의한다.

주로 오전 일곱 시부터 오후 일곱 시까지, 점심시간을 제외하고 연속적으로 여덟 시간 근무하는 것을 표준적 노동시간(standard working hours)이라고 한다면, 야간 노동자는 표준적 노동시간의 범주를 벗어나 '비표준적 노동시간'에 일을 한다. 근무시간이 오전 일곱 시부터 오후 일곱 시까지의 범위를 벗어나 더 길게 일하거나, 아예 오후 일곱 시를 넘어서 일이 시작되거나, 연속적이지 않은 일을 하는 경우다.

대규모 공장이나 생산시설뿐 아니라 병원이나 소방서·경찰서, 공공운수업 같은 공공서비스 부문은 대부분 야간 노동 사업장이다. 특히 '생명(혹은 안전)'과 직관되는 공공서비스 부문에는 3~4개 조를 교대로 돌려 24시간 상주'근로'해야 하는 야간 노동 종사자가 많다. 마트나 편의점, 우편 등 유통 분야에서 일하는 노동자 역시 야간 노동 종사자일 가능성이 크다. 데스크 업무를 하는 화이트칼라들은 사정이 조금 다를 것이다. 근로계약서에 명시된 노동시간 자체는 표준적인 노동시간의 범주에 드나 연장근로의 형태로 야간 노동을 하는 경우가 많기 때문이다. 어느 업종에서 일하는지 어떤 형태의 회사에서 일하는지에 따라 사무직의 야간 노동은 편차가 크다. 잡코리아 좋은일연구소에서 조사한 바에 따르면, 연구·개발직종에 종사하는 노동자의 하루 평균 근로시간이 10시간 29분으로 가장 긴 것으로 조사됐다. 이어서 생산기술직(9시간 49분), 인사총무(9시간 41분), 마케팅·영업(9시간 25분), 디자인(9시간 24분), 재무회계(9시간 15분) 순이었다. 생산기술직부터 인사총무, 영업, 재무회계…… 거의 모든 직군이 다 포함되니 웬만한 노동자는 표준적인 노동시간 범주를 벗어나 그 이상 일하고 있다고 봐도 지나친 일은 아닌 것이다.[5] 기업 형태별로는 대기업에서 근무하는 직장인들의 일평균 근무시간이 9시간 40분으로 가장 길었다. 다음으로 중소·벤처기업이 9시간 29분이었으며, 공기업 8시간 53분, 외국계 기업 8시간 46분 순으로 나타났다.

우리나라 야간작업 종사자 규모는 127만~197만 명으로 전체 임금노동자의 10.2~14.5퍼센트에 이른다. 그리고 주당 52시간 이상 일하는 장시간 노동자 수는 170만~410만 명으로 추정되며 이는 전체 임금노동자의 15.0~31.9퍼센트에 해당한다. 이들 중 야간작업과 장시간 노동의 교집합에 자리하는 노동자는 49만~76만 명, 전체 임금노동자의 3.3~5.8퍼센트다.

이들이 자율적으로 야근이나 야간 업무를 선택한다기보다는 경쟁과 배제 속에서 야간 노동이 강제되고 있다고 봐야 옳을 것이다. 기본

급만으로 가계를 꾸릴 수 없는 현실에서 야근이나 연장근로에 따르는 수당이 아니고서는 각종 수당은 달콤한 유혹이 아니라 쓰더라도 삼켜야 하는 것이 된다. 야간 노동을 한다고 수당이 지급되는 것도 아닌 많은 사무직 노동자는 야근, 연근, 주말 근무가 표준적인 노동시간이 된 현실에서, 또 표준 노동시간만 일을 해서는 도저히 끝낼 수 없는 업무 강도가 주어진 현실에서 자의든 타의든 야간 노동이 정상적인 것이 된다. 야간 노동, 장시간 노동에 대한 비판이나 푸념에 '절이 싫으면 중이 떠나라'라는 식의 비난이 성립하기 어려운 것은 이 현실이 특정 산업이나 특정 기업의 문제가 아니라 어딜 가도 맞닥뜨리게 되는 사회적 조건이라는 점이기 때문이다.

다른 어떤 사회적 인프라, 복지제도 등이 없이 급하게 수입된 24시간 사회는 크레이츠먼의 전망처럼 또 다른 가능성을 열어준다기보다 과로와 피곤의 누적을 높인 것으로 보인다. 또 24시간 편의점 같은 곳을 들를 때 느낄 수 있는 생활의 즉각적 편리함이 속이는 '불편'이 있다. 올빼미의 삶을 선택할 수밖에 없는 조건들, 시간의 경계를 지우면서 낮과 밤의 객관적 차이도 지운 채 시간의 등가교환을 강요당하는 일련의 현실들이 사회적 인프라는 부족하고 압축적 성장을 일궈온 한국사회에는 훨씬 더 강고하게 자리 잡고 있다.[6]

24시간 사회라는 구조 안에서 생산직이냐 사무직이냐 자영업이냐 하는 구분은 큰 의미를 가지지 못한다. 무엇이 우리를 밤에도 이토록 일하도록 만드는가. 그리고 이 올빼미들의 삶은 우리를 어떻게 만들고 있는가.

야근을 강요하는 사회

–

갑이 원하는 만큼 돌아가는 IT노동자의 시계

IT업계의 장시간 밤샘 노동 실태는 알 만한 사람은 아는 이야기다. 최근 몇 년간 IT업종 노동 실태를 조사한 결과에 따르면 개발자 등 IT 노동자들이 하루에 회사에서 상주하는 노동시간은 약 열두 시간이라고 한다. 주말 재택근무 시간이나 평일에 일거리를 가지고 가 집에서 일하는 시간은 제외하고 회사에 상주하는 시간만 조사한 통계다.[7] 미드나 영화에 종종 등장하는 개발자 또는 엔지니어들의 책상에 수북한 커피 잔과 카페인 음료들이 그들의 상징처럼 등장할 만큼 개발자라고 하면 으레 밤샘을 떠올린다. 초장시간 노동에 시달리는 IT노동자들이 출근 지하철에서 졸다가 내릴 역을 지나치는 일이 업계에서는 일상다반사라서인지, 어느 디자인 업체에서는 IT노동자 전용 모자를 출시하기도 했다. 모자에는 "○○역에서 깨워주세요"라고 쓰여 있다. IT회사들이 많이 밀집해 있는 '구디단(구로디지털단지)'역, '가디단(가산디지털단지)'역, 판교역, 선릉역 등 네 가지 중 하나를 고를 수 있다.

A씨 역시 늘 촉박하게 짜인 프로젝트 마감일에 맞춰 밤낮 없이 일하고 늦은 시각에 집에 들어가기 일쑤다. 그리고 다시 다음 날 아침 출근 시간에 맞춰 지하철에 오르고 나면 쏟아지는 잠을 참기 어렵다. 콩나물시루 같은 출근길 지하철에서 졸다가 기어이 내릴 역을 지나친 경험도 있다. 구디단이나 가디단에서 새벽에 택시를 잡아타는 사람 중 취

객이 아닌 승객은 대부분 IT업계 노동자라는 말이 있을 정도다. 입사 전 면접을 보던 자리에서 A씨의 팀장이 그에게 했던 말이 있다. "프로그래밍의 어원이 뭔지 알아요? 프로메테우스, 즉 먼저 생각하는 이, 선각자라는 뜻을 가진 그리스의 신 프로메테우스에서 유래했어요. 그러니까 프로그래머는 먼저 생각하는 프로메테우스의 후예인 거죠." 그 말을 들을 때만 해도 A씨는 왠지 가슴이 뜨거워졌다. 하지만 지금은 남보다 먼저 생각하기는커녕 생각 자체를 할 시간이 없다. 그저 짜인 일정을 넘기지 않으려 모니터와 키보드 앞에서 버틸 뿐이다.

IT업계도 공급이 많아지다 보니 인력도 업체도 넘친다. 개발단가를 줄이려 하청에 하청을 거듭하는 기형적인 구조 탓에 자금이 많이 도는 게임 분야 말고는 임금이 체불되는 경우도 많은 편이다. 2013년 IT 노동자 실태 조사 결과에 따르면 주당 40시간을 넘는 초과근로에 대한 보상을 정확하게 수당으로 지급 받는다는 노동자는 응답자의 10퍼센트에 불과했다. 응답자의 76.4퍼센트는 초과수당을 전혀 지급 받지 못하고 있다고 답했다. 대부분의 회사가 연봉 협상을 할 때 연장근로, 야간근로 등 시간외근로에 대한 보상까지 연봉에 포함해 근로계약을 하는 경우가 많기 때문이다. 업무 특성상 프로젝트 단위로 일을 하는 개발자들은 납기일이 다가오면 밤샘을 해서 고치고 또 고쳐가며 일을 해야 하는 현실이다. 그렇기 때문에 (실제로 그런 사람이 있다면) 고액의 연봉을 받는 개발자라 해도 연봉을 이토록 긴 노동시간으로 나눠보면 시급은 초라해질 정도로 떨어지게 마련이다.

"한번은 IT 소프트웨어 생산자들이 노조를 만든다고 하기에 만난 적이 있어요. 그런데 자기들끼리 이야기하는 게 난 '무급'이다, 난 '기급'이다 그래요. 그게 무슨 소리요 그랬더니 갑, 을, 병, 정, 무, 기, 경, 신, 임, 계, 거기서 '무'와 '기'인 거예요. 그러니까 보통 하청이라고 하면 2차, 3차로 생각하는데 5차, 6차까지 있다는 말이었어요. (중략) 하청 구조가 결국은 임금 따먹기예요. 인간이 수용할 수 있는 가장 낮은 단계의 노동 수준까지 내려가도록 만드는 체계가 하청 구조입니다. 소프트웨어 쪽에서는 마지막 하청이 프리랜서인데 하루에 열두 시간씩 일을 해야 하죠. 일당 받는 노가다랑 똑같다고 보면 돼요. 달리 말하면 원청-하청 구조의 핵심은 영세업자와 노동자들을 일용직 노동자로 만드는 구조적 완결체입니다."[8]

그래도 A씨는 어느 정도 규모가 있는 회사의 정규직이라 급여도 고용도 상대적으로 안정적이긴 하다. 그렇다고 결혼 자금을 충분히 모을 정도는 되지 못했다. 그래서 애인과 결혼을 생각하게 되면서는 아르바이트 조로 프로젝트를 하나 더 맡았다. 주말에 개인적으로 프로그래밍 알바를 하는 것이다. 이런 생활을 오래하다 보니 목, 허리 통증을 달고 산다. 최근 신문에서 어느 개발자가 살인적인 장시간 노동으로 면역력이 떨어져 폐렴을 앓다 결국 한쪽 폐를 절단했다는 기사를 봤다.[9] 그는 2년 동안 시간외근무로만 4525시간을 근무했다고 한다. 여기에 정규 근무시간을 더하면 1년에 약 4천 시간 넘게 근무했다는 얘기다. 길디 길다는 한국의 평균 노동시간보다도 두 배 더 긴 시간을 일한 것이다.

매일 새벽에 퇴근하고, 한 달에 하루이틀 쉬고 매일 일해야 가능한 시간이다. A씨에게는 이 일이 남 얘기 같지 않다. A씨는 목숨을 걸고 일하고 싶지는 않다. 그렇다고 해서 지금 뾰족한 수도 없다. 일은 해야 하는 것이고, 돈은 벌어야 하는 것일 뿐. 빡빡한 납기일과 끊임없는 테스트, 이어지는 수정 작업, 다단계 하청 구조 속에서 A씨는 장시간 밤샘 노동에 예속된다.

장시간 노동은 야간 노동을 부르고

자본에게 야간 노동은 축복이자 이루어야 할 욕망이다. 24시간 돌아가는 공장, 밤새도록 쉬지 않는 생산은 더 많은 이윤을 창출하고자 하는 자본의 근본과 맞닿아 있다. 일정 시간 안에서 포화되어버린 생산량(혹은 판매량)을 극복하려는 목적에서 영업 시간을 연장하는 전략을 취한다.

전 세계적 브랜드 맥도날드에서 실적 부진을 극복하고자 '24시간 마케팅'을 택했다고 지난 2015년 3월 보도되었다.[10] 영업이익이 전년 동기 대비 14퍼센트 떨어진 47억 달러를 기록하자 맥도날드 사에서 11년 만에 펼친 전면적인 마케팅이었다. 그러나 한국 맥도날드를 포함해 국내에서 영업 중인 패스트푸드 브랜드들은 이미 많은 지점이 24시간 쉬지 않고 운영되고 있다. 이제는 차라리 24시간 영업을 하지 않는 매장을 찾는 것이 더 어려울 지경이 되었다.

2000년대 초반 웰빙 열풍이 시작되면서 트랜스지방이다 뭐다 하며 소비자들이 패스트푸드를 멀리하는 분위기가 형성되었다. 멀어진 대중의 소비 욕구를 다시 한 번 견인하기 위해 패스트푸드 업체들은 '건강한' 메뉴(샐러드 등)를 개발해 내놓는 전략을 시도했다. 그리고 제품군을 변경해 시대에 대응하는 것과 함께 나온 전략이 바로 떨어진 수익을 만회하려는 24시간 영업이다. 2005년 맥도날드에서 처음으로 개점한 24시간 매장은 다른 업체에도 번져 2006년부터는 비약적으로 많은 매장이 24시간 운영을 하는 곳으로 바뀌게 된다. 대도시와 교통 거점을 중심으로 확대된 한국의 24시간 맥도날드 매장은 이미 전국 390여 개 매장 가운데 350개다. 24시간 영업으로 실적이 개선되었는지는 기업 측이 밝히지 않아 분명하지는 않으나 '매출에 긍정적인 효과를 인지하고 있다'는 기업 관계자의 말[11]과 점점 확대되는 24시간 운영 매장 수를 볼 때 경제적 효과가 있는 것은 분명해 보인다.

생산량이 점차 감소함에 따라 자동차 산업 같은 제조업에서는 노동 시간을 줄이려는 추세인데 반해, 마트나 백화점 같은 유통서비스, 판매업에서는 영업 시간을 더 늘리려는 시도가 여전하다. 대형 마트에서는 1990~2000년대에 24시간 영업을 도입한 이래로 영업 시간을 늘려나가려는 시도를 멈추지 않는다. 지금은 규제되었으나 365일 연중 쉬지 않고 영업하는 것이 원칙이던 시절이 있었고, 밤 열한 시까지였던 영업 시간을 자정까지 연장한 적도 있었다. 요즘도 설이나 추석 등 대목이 되면 백화점이나 대형 마트에서는 폐점 시간을 슬그머니 한 시간씩 늦추곤 한다.

패스트푸드나 마트 같은 매장뿐 아니라 아예 야간 노동을 전제로 하는 서비스업이 등장했다. 앞서 말했듯 외국인들이 놀라는 24시간 영업

카페나 목욕탕, 미장원뿐 아니라 아예 새벽에 배송을 전담하는 서비스도 등장했다. 음식 배달 앱으로 선풍적인 인기를 끈 배달의민족은 배민프레시라는 서비스를 내놓았다. 덤앤더머스라는 신선식품 배송 업체를 인수해 론칭한 것인데, '신선함이 아침마다 문 앞에'라는 구호를 내걸고 밤 열 시부터 아침 일곱 시 사이에 소비자의 문 앞까지 배송해주는 것을 특징으로 한다. 서울 전 지역과 인천, 경기의 웬만한 곳에서는 새벽 배송으로 원하는 물품을 받아볼 수 있다. 신선식품을 직접 가서 살 시간도, 일을 일찍 마치고 귀가해 택배를 받을 시간도 없는 사람들에게 아침에 집 앞 문만 열면 제품을 바로 가지고 들어갈 수 있도록 해주겠다는 서비스다. 장시간 노동의 연쇄 고리를 단적으로 보여주는 풍경이다.

밤을 잊은 속도 전쟁

한편 압축 성장의 '빨리빨리' 이데올로기 역시 야간 노동을 부추긴다. 가장 가까운 예로 택배, 우편 시스템을 들 수 있다. 오후 두 시 전에만 주문하면 그날 밤까지 주문한 물건이 배송되는 세상. 늦어도 다음 날이면 집이건 회사건 원하는 곳에서 원하는 물건을 받을 수 있는 세상. 등기로 우편물을 보낼 때도 익일 특급으로 보내게 될 때가 많다. 때로는 몇 백 킬로미터를 이동해야 하는 이 우편물은 어떻게 바로 다음 날까지 들어갈 수 있을까. 이 굉장한 유통 메커니즘을 가능케 하는 힘은 노동자로부터 나온다.

동서울 우편집중국은 서울 지역 우편물을 한데 모아 권역별로 분리하는 곳으로 하루 평균 6백여만 통 물량을 처리하는 곳이다. 기계가 분류하는 대량 우편물 외에는 사람이 직접 소형 우편물과 반송 물량을 분류한다. 이곳에서 일하는 노동자 중 일부는 전적으로 야간에만 일하는 사람들이다. 밀려드는 우편 물량을 송달 시간에 맞추려면 사람을 더 뽑아야 하지만 이곳에서는 전일제 정규 노동자로 뽑지는 않는다. 기능적으로, 밤새워 이 우편물을 처리해줄 일손이면 충분하기 때문이다. 우체국에서 12년째 야간에만 우편물을 분류하는 작업을 하는 양 씨 같은 사람이다. 양 씨는 자녀들이 학교와 학원까지 다 마치고 돌아오면 저녁밥을 챙겨 먹이고 잠자리를 봐주고 나서야 비로소 출근한다. 양 씨가 일을 시작하는 시각은 밤 열 시다. 남들은 퇴근해서 씻고 쉴 무렵인 그 시각부터 일을 하면 주간보다 임금을 더 쳐서 받는 '쩜오(야간수당 50퍼센트)'를 받는 맛이 있었다. 하지만 무거운 우편물을 나르는 일을 10년이 넘도록 밤새 하고 나니 양 씨는 말 그대로 걸어다니는 종합병원이 되었다. 쩜오를 쳐서 더 받는 돈이 무색하게 침과 보약 같은 한방치료에 정형외과 물리치료에 적지 않은 돈을 지출하게 된다. 일하며 건강이 망가진 자기 몸을 보노라니, 젊은 후배가 야간 조로 들어올라치면 얼른 다른 일자리를 알아보라고 조언하는 마당이다. 양 씨가 하는 물류, 유통 쪽 일은 노동 자체도 고되어 물량이 몰리는 기간에는 웬만한 장정도 버티기 힘들다고 정평이 난 일자리다. 여기에 밤에만 일한다는 요소가 더해져 신체적, 사회적 건강 측면에서 훨씬 부담이 커진다.

"전적으로 야근만 하는 기업이 있나요? 웬만한 데는 3교대는 하지 않나요? 이렇게 따져 물으면 관리자들도 말을 못 해요. 야간 10년 하는 동안 하루에 잠을 3~5시간밖에 못 잤어요. 이러니 몸이 망가지지 않고 배기겠어요? 2년 전부터 '중근'을 하고 있어요. 오후 두 시부터 밤 열한 시까지 근무하는 조를 그렇게 불러요. 그런데 거기서 두 시간 연장하면 일 끝나는 게 새벽 한 시, 집에 가서 씻고 나면 세 시에 자게 돼요. 그러니 중근을 해도 네댓 시간 자는 거죠.

근로기준법에 여덟 시간 일하라고 돼 있잖아요. 왜 그렇겠어요? 여덟 시간은 일하고 나머지는 쉬고, 자기 일도 하고 해야 사람이 건강을 유지하면서 계속 일할 수 있다는 거 아니겠어요? 그러니 여덟 시간 일한 뒤에 두세 시간 연장근무까지 하고 나면 몸이 녹아나죠."[12]

이런 식의 일자리는 도처에 깔려 있다. 2015년 초 보건복지부는 야간 전담 간호사제를 도입한다고 공지했다. 일종의 시간선택제 일자리인데, 간호 직종에서 기피 시간대인 야간 근무를 따로 도맡아 할 노동자를 채용한다는 것이다.[13]

물론 두 사례 모두 '특수성'이 있다. 그렇다 해도 지금같이 밤샘 노동을 '전담'으로 하는 노동력을 배치하려는 것은 접근과 해법에 근본적으로 문제가 있다. 부족한 인력의 문제, 빠듯한 속도의 문제를 쉽고 싸게 해결하려는 미봉책에 불과한 것이다. 밤에 일하는 사람이라고 해서 표준적인 노동시간에 일을 하는 사람들이 하는 일상생활이 필요 없을 리 없다. 이를테면 은행 업무를 본다거나 아이 학교를 방문한다거나 하는 일 말이다. 야간만 일하는 이들은 결국 남들 자는 시간에 일하고 남들 일하는 시간에도 눈을 뜨고 있어야 하는 시계를 가지는 셈이다.

야근은 암을 부른다

—

"저희 마트는 2교대인데요. 오전 팀은 여덟 시에 출근해서 오후 네 시 반까지 근무하고, 오후에 출근할 때는 오후 세 시 반부터 열두 시까지 일해요. 요즘 마트 영업 시간은 열한 시까지기는 하죠. 근데 정리하고 뭐 하다 보면 마감 조는 열두 시 퇴근이잖아요? 집에 들어가면 새벽 한 시, 씻고 잠자리에 누우면 두 시죠. 어떨 때는 들어가자마자 이불에 쓰러져요. 애들이 '엄마 안 씻어? 그러고 그냥 잘 거예요?' 이러는데 '엄마 잠깐만 누워 있을게' 그렇게 대답하고는 그냥 잠들었다가 아침에 깨서 화장 지우고 다시 잔 적도 많아요. 아휴, 정말 그런 거 생각하면 대한민국 마트 제발 열 시까지만 했으면 좋겠네요."[14]

2007년 세계보건기구(WHO) 산하 국제암연구소에서는 심야 노동을 2급 발암물질로 규정했다. 납이나 자외선과 같은 급으로 심야 노동이 암을 일으키는 요건이라고 분류한 것이다. 또 야간 노동자는 그렇지 않은 집단보다 평균수명이 10년 이상 짧다고 한다. 주야가 바뀌는 생활을 지속할 경우 호르몬 이상 등 여러 가지 생체 리듬에 교란이 일어나기 때문에, 수면장애는 물론이고 소화기 질환이나 뇌·심혈관계 질환 발병 위험이 높아진다. 한국과 시차가 나는 외국으로 여행을 다녀오면 시차에 적응하느라 며칠 동안 고생한 경험이 있을 것이다. 주야를 일주일마다 바꿔가며 교대 근무를 하는 노동자는 일주일마다 시차 적응을 해야 한다고 생각하면 된다. 가장 힘든 1~3일을 지나 겨우 몸이 적응할 만하면, 또다시 새로운 시계에 맞춰 몸을 움직여야 한다. 국제암연구소에서는 이처럼 '생체 리듬을 교란시키는' 노동이 특히 유방암 발병 가능성을 높인다고 지적했다. 여성의 경우 생체 주기를 관장하는 호르몬인 멜라토닌이 억제되어 유방암 발생이 증가한다든가 월경 주기가 파괴되는 등 생식 건강에도 치명적일 수 있다. 또 우울 증상을 악화시키는 등 정신건강에도 악영향을 미친다. 야간 노동이 지속되는 경우 다른 사람들이 잘 시간에 일해야 하는 것과 같이 일반적인 사회의 시계와 다른 시간표를 갖게 되므로 스트레스가 축적되어 사회적 건강에도 문제가 생긴다.

하지만 이런 위험에도 불구하고 밤까지 일하기 원하는 사람, 밤에만이라도 일하는 사람들이 많이 있다. 물류처럼 노동의 형태가 단순할 경우에는 특히 다른 어떤 기술이 없지만 급히 일이 필요한 아르바이트생들, 경력이 단절된 엄마 노동자들이 몰린다. 취약한 이 노동자들은 자기 몸의 건강보다는 먹고살기 위한 돈을 벌기 위해 그런 일이라도 덥석 택할 수 밖에 없을 것이다. 위험은 아래로 흐른다고 했던가. 야간 노동의 후과 역시 그러하다.

"나이트(야간 근무) 들어갈 때는 심지어 낮에 자려고 억지로 밤을 새요. 졸린데도 아침 일곱 시나 아홉 시까지 밤을 새고 낮에 좀 자려고 해요. 낮에 자고 밤에 잠이 안 오면 그 시간이 저에게는 너무 고통이니까. 나이트를 기본 3일씩 하는데 3일 일하는 동안에는 잠을 자는 시간이 정말 몇 시간 안 돼요."

"데이(낮 근무)는 데이대로 스트레스죠. 저는 두 시간마다 깨요. 열 시나 열한 시 정도에 자는데 집이 멀어서 적어도 5시 30분에는 출발해야 하니까, 이것저것 준비하려면 4시 30분에는 일어나야 해서 못 일어날까 봐 걱정이 돼서 두 시간마다 일어나게 돼요. 한숨도 안 자고 오는 간호사도 있어요."

"밖에서 하는 소리가 다 들려요. 계속 뒤척거리는 거죠. 이미 잠은 깨어 있는데 누워 있는 느낌 아시죠? 깊이 잔 적은 없는 거 같아요. 술 먹으면 좀 깊이 잘까……."[15]

최소한의 올빼미들의 최대한 건강한 삶을 위해
—

앞서 소개한 대형 마트의 24시간 영업이 확대되던 2011년 즈음에 노동사회단체들은 이 같은 대형 마트의 영업 방침에 문제를 제기했다. 야간 교대근무는 노동자의 건강권을 침해하고 에너지 낭비를 유발한다는 지적과 함께 24시간 영업 시간 규제와 휴일 영업 금지를 요구했다. '밤에는 수면을! 휴일에는 휴식을!'이라는 모토를 내걸고, 서울 시내 유명 대형 마트 매장에서 잠옷과 베개를 들고 잠이 쏟아져 몸을 잘 가누지 못하는 모습으로 행진하는 '파자마 플래시몹' 퍼포먼스를 진행했다.[16] 잠옷을 입고 마트 안으로 들어가 매장 바닥에 누워 잠을 청하는 시늉을 하며 진행했던 이 퍼포먼스는 자본에 대항한 과거의 노동 운동의 역사와 궤를 같이 한다. 이 몸과 삶을 파괴하는 노동을 거부하고 노동의 절대적 시간을 줄여가려는 움직임에서 벌인 행동이기 때문이다. 건강하게 일할 수 있을 만큼 일하고 밤에는 쉬고 잘 수 있게 하자는 이 투박한 요구 속에 인간이 추구해야 할 '삶'의 형태도 담겨 있다. 자본이 기획한 편리에 갇힌 삶의 모습과 속도를 거부하고, 각자의 속도대로 함께 자연스럽게 사는 인간적인 삶 말이다. 또 밤새 돌아가도록 설계된 우리 사회의 속도는 정말 필수불가결한 것인지 생각해보아야 할 것이다. 의료나 치안 영역처럼 야간 노동이 필수적인 공공 영역이라 하더라도 사회의 안전과 건강을 지키기 위해 그러한 노동을 하느라 자신의 건강을 해치는 사람이 많다면 과연 행복하고 건강한 사회인지 답해야 하지 않을까.

마트 잠옷 플래시몹을 진행한 이들은 야간 노동을 '반사회적 노동'으로 규정했다. 반사회적 노동은 '우리 사회에서 이루어지는 보편적인 노동의 패턴과는 다른 노동이며, 이는 인간 본연의 생체리듬을 파괴하고, 보통의 인간이 통상 누려야 할 건강하게 살 권리가 제한되는 노동'이다.[17] 이는 국제노동기구(ILO)에서 2004년 발표한 '좋은 노동시간(decent working time)' 개념과도 연결된다. ILO에서 말하는 '좋은 노동 시간' 기준에 따르는 노동시간의 배치는 '건강해야 하고, 가족 친화적이어야 하며, 성별평등을 증진시키는 것이어야 하고, 기업의 생산성을 높이는 한편, 노동자가 스스로 노동시간을 선택하고 영향력을 가질 수 있어야' 한다. 밤늦게까지 혹은 밤을 새워 일하는 비표준적 시간대 노동은 사회적이지 않으며, 좋은 노동시간의 일자리가 아니다.

건강한 삶, 사회적 역할과 권리를 누리는 인간다운 삶을 위해서는 노동시간의 절대적 길이를 줄이는 한편, 앞서 말한 비표준적 노동시간의 노동을 줄여나갈 필요가 있다. 이는 물론 여러 노동 주체 간에 합의가 있어야 가능하고 지금은 나와는 거리가 먼 곳의 이야기로 들릴 수도 있다. 그러나 우리 생활을 둘러싸고 있는 각 야간 노동의 면면이 노동하는 인간으로 하여금 사회적 존재로 있게 하는지, 좋은 시간을 보낼 수 있도록 견인하는 노동인지는 지금 바로 누구나가 생각해볼 수 있을 것이다.

인간다운 삶을 살기 위해 야간 노동을 최소화하려는 노력은 반드시 야간 노동의 강한 연쇄고리를 끊는 것을 전제로 해야 한다. 노동시간을 줄이며 삶의 질을 향상시키고자 하는 움직임 속에 누군가 배제된다면 곤란하다. 노동시간 단축과 비표준 노동시간 노동의 근절이 누군가에게만, 특정 형태와 산업의 노동에만 적용된다면 밤낮 없이 쉬지 않고 돌아가는 한국사회의 시계를 제자리로 돌리는 것은 불가능하다. 상호 착취와 불편이 연쇄를 이루고 24시간 돌아가는 한국사회라는 시계 속의 어떤 톱니바퀴 하나만 잠시 붙잡고 있는다고 하더라도, 결국 멈추지 않고 더 강하게 돌아가는 다른 톱니바퀴에 맞물려 억지로 붙잡아 멈춰 있던 것들마저도 결국 다시 돌아가게 될 것이기 때문이다. 이 고리를 끊기 위해서는 다른 원칙에 기반한 다른 상상력으로 도전하는 것이 필요할 것이다.

7장

/

과로사
이야기

'과로(過勞)', 과도한 노동이다. 일이 힘들어 내 몸이 감당하기 힘든 상태가 되고, 이 때문에 몸의 주요 장기가 제 기능을 잃게 되어 심지어 사망하는 경우를 우리는 '과로사'라고 부른다. 과로사의 주요 원인은 심장과 뇌에 생기는 질병이다. 과로사는 일본어 '카로시'에서 온 말이다. 말 그대로 일을 너무 많이 해서 사망했다는 의미인데, 직업적인 원인에 의해 심장마비, 중풍 등이 발생하여 갑작스럽게 사망에 이르게 되는 사건을 말한다. 주로 노동시간이 매우 길거나 극단적으로 많은 업무량이 주어졌을 때 발생한다. 휴일 없이 장시간 연속해서 일해 발생한 과로사 사례도 있었다. 과로사와 관련된 질환은 주로 심근경색증, 뇌출혈, 뇌경색 등이다. 직업적인 원인이 관여되어 발생한 이런 질환을 일컫는 '직업성 심뇌혈관질환'이라는 용어가 있지만, 과로사라는 용어가 더 쉽게 이해되는 지점이 있어 보다 널리 사용된다.

과로사는 대개 갑자기 벌어지는 일이라 원인을 밝히는 작업은 쉽지가 않다. 과로사의 원인은 과로인데, 이를 주장하는 것은 매우 어렵다는 얘기다. 이들 질병은 과로를 하지 않은 사람에게서도 발생하기 때문이다. 다른 이유가 아닌 과로 때문에 이 질병이 발생했다고 증명을 하는 것이 쉽지 않다.

다음의 세 가지 이야기는 장시간 노동의 극단적인 결과인 '과로사'에 관해 실제 있었던 사건을 재구성하여 만든 것이다. 우리 주변에서 이런 일은 얼마나 많이 발생할까? 그리고 어떤 경우에 직업병으로 보상을 받게 될까? 미리 이야기하자면, 다음 세 가지 사례 중에 세 번째 사례만 직업병으로 보상을 받을 수 있었다. 누가 봐도 명백한 과로이며 이로 인해 발생한 질병인데 다른 두 사례는 왜 직업병으로 인정되지 않았을까? 직업병 인정에서 어떤 것이 문제인지 그리고 해결 방안은 무엇인지 이야기하고자 한다.

세 사람 이야기
–

24시간 노동–아파트 경비 아저씨 이야기

오늘도 아침부터 서둘러 집을 나섰다. 이른 아침 버스는 한번 놓치면 한참 기다려야 한다. 그러면 직장에 늦게 된다. 지난번에도 차를 놓

쳤는데 하필 그날이 재활용 버리는 날이어서 애를 먹었다. 조금이라도 늦으면 쏟아지는 고참 형님의 잔소리도 듣기 싫지만, 주민들이 경비 아저씨가 도와주지 않는다고 민원을 넣는다. 그렇지 않아도 아파트 관리비 줄인다고 1년 전에 무인화 경비 장치를 설치하면서 직원이 반으로 줄었다. 이 아파트 경비로 입사한 지 갓 2년이 되었다는 이유로 나는 해고의 태풍을 비껴갈 수 있었다. 생각해보면 지금 이 자리라도 잘 지키는 게 나한테는 큰일이고, 중요한 일이다. 장가를 느지막이 가서 하나 있는 아들은 이제 군대 갔다 와서 대학 3학년이다. 아내는 대학에서 청소 일을 한다.

공식적으로는 아침 여덟 시부터 다음 날 아침 여덟 시까지 근무한 후 퇴근하고, 그다음 날 아침 여덟 시에 다시 출근하는 24시간 맞교대 근무를 한다. 그런데 아침 일곱 시까지 출근하는 게 우리의 관례다. 아침 시간이 제일 바쁜 때라 일찍 출근해서 교대자를 도와야 한다. 사무실에 들어가 작업복으로 갈아입고 경비실로 향한다. 두 개 동을 맡고 있는데 부녀회장과 입주민 대표가 사는 곳이라 다른 구역보다 관리소장이 신경을 많이 쓰는 곳이다. 주차장이 좁은 탓에 출근 시간에 벌어질 수 있는 실랑이를 막으려면 미리 차주에게 연락해 조치해야 한다. 그러나 새벽에 들어와서 아직 자고 있는 차량 주인이 많아서 아무리 연락해도 연락이 되지 않는다. 이런 날에는 다른 차를 빼기 위해 더 많은 연락을 해야 한다. 이삿짐이라도 들어오는 날이면, 아침 내내 차 빼고 들어오고 하는 일에 진이 빠진다. 아홉 시 전후에 조회를 마치고, 잠시 아파트 주변을 순찰한다. 어젯밤에 놀이터에서 누군가 피우고 버린 담배꽁초, 맥주 캔을 주워 담는다. 순찰과 청소를 마치고, 아침 열 시에 경비실에 들어왔다. 어제 찾아가지 않은 택배를 정리하고, 인터폰으로 택배 찾아가라는 연락을 한다. 요즘 택배 물품 정리하는 것이 제일 힘든 일 중 하나다. 택배를 하나라도 잃어버리는 날이면 택배 찾아간 사람 명단을 다 뒤지고, 연락하고, 사과하고, 택배 회사 연락하고……정신이 다 혼미해진다.

점심을 먹고 나면, 아파트 출입구 입출을 담당한다. 들고 나는 차들을 확인하고 차단기를 올려주는 일이다. 낮에도 수시로 이동하는 차량이 많다. 작년부터 경비 인원이 줄어든 이후에는 이렇게 다른 업무를 더 맡게 되어, 서로 다른 동 업무를 같이 해주어야 하는 경우가 많다. 자꾸 경비실을 비운다는 민원이 많아진 것도 하는 일의 가짓수가 늘어나서 그렇다.

오후부터 눈이 내린다는 예보가 있어서 잔뜩 긴장해 있다. 눈이 오는 날에는 퇴근 시간이 되기 전에 주차장에 눈이 쌓이지 않게 미리 치워야 한다. 추운 날씨에 내리는 눈은 바로 바로 땅에 쌓인다. 얼어붙기 전에 눈을 쓸어야 한다. 아파트 입구로 차들이 한두 대씩 들어오기 시작한다. 계속 눈을 치웠지만, 눈길에 자동차들이 미끄러진다. 차들이 엉키면 교통정리를 해주어야 한다. 눈도 쓸어야 하고……. 저녁 아홉 시가 되어서야 퇴근 차량이 뜸해지기 시작한다. 이제 다시 택배와 전쟁을 치러야 한다. 조금만 더 늦어도 연락하기가 더 힘들어진다.

갑자기 놀이터에서 큰 소리가 들린다. 얼른 랜턴을 들고 놀이터 쪽을 향한다. 술에 취한 9층 아저씨와 담배 피운 학생들 사이에 시비가 붙었다. 이럴 때 어느 한쪽 편을 들면 복잡해진다. 밤늦은 시간에 소리 지르지 말고 원만하게 해결하기를 바랐지만, 서로 주먹질이 오가다가 말리던 나도 밀리며 넘어졌다. 9층 아저씨가 경찰을 불렀다. 학생들은 도망갔다. 9층 아저씨는 놀이터에 누워 있다. 병원에 가야 하는 상태인지 판단이 서지 않는다. 경찰은 10분 만에 나타나서 학생들의 인상착의를 묻고, 구급차를 불러 9층 아저씨를 병원으로 이송시켰다. 쉬는 날인 내일 목격자 진술을 하기 위해 경찰서를 들러야 할 판이다. 벌써 열두 시가 넘어간다.

찾아가지 않은 택배를 정리하고, 내일 이삿짐 들어올 곳 주차 공간을 확인하고, 재활용 박스를 정리하고, 한 차례 순찰을 더 하고, 경비실에 다시 들어오니 새벽 세 시다. 잠시 앉아서 눈을 붙이고 싶은데, 불편한 의자에 앉아서 쉬는 것도 힘든 일이다. 의자에 앉은 몸이 말을 듣지 않는다. 무어라 말을 하고 싶은데 말이 나오지 않는다. 생각해보니 오늘 아침에 혈압 약 먹는 걸 까먹었다. 이전엔 좀 힘들기만 했는데 잠을 못 잔 날은 가슴이 뛴다. 매달 병원에 가서 혈압 약을 타오는데 약을 먹어도 혈압 조절이 잘 되지 않는다. 지금 움직일 수 있다면 집사람에게 전화라도 할 수 있을 것 같은데……. 누군가 경비실을 지나며 나를 힐끗 쳐다본다. '제가 쓰러져 있어요. 잠든 게 아니구요.' 말이 나오지를 않는다. 하늘에서 눈이 오고 있고, 경비실 앞을 지나가는 사람은 스마트폰을 만지며 비틀거리며 집으로 들어간다. 나는 아침에 교대해줄 고참 형님에게 발견될 것이다.

직업병 인생-택시 운전 노동자 이야기

'요새 인생 막장은 택시 운전이다.' 이런 말을 들으면 기분이 좋지 않지만, 현실이 그러니 어쩔 수 없다. 공장도 다녀봤고, 개인사업도 해봤고, 한때는 친구랑 건축 일 하면서 돈도 꽤 만져봤다. 친구 보증 잘못 선 것만 빼면 내 인생도 그리 나쁘지 않았다. 그런데 그 후 쭉 내리막길이다. 택시 운전이 인생 막장이라는 건, 육십이 다 돼가는 나이에 내 인생의 마지막 선택이라고 느꼈기 때문이다. 더 이상 갈 곳이 없다. 대신 열심히 일하면 안정적인 수입이 있을 수 있는 곳이라고 생각했다. 처음에는.

택시 운전 시작한 지 올해로 5년째다. 일주일은 새벽 네 시부터 오후 네 시까지 일을 한다. 그리고 하루를 쉬고 다음 일주일은 오후 네 시부터 다음 날 새벽 네 시까지 일한다. 한 달에 5일은 쉬는 날이지만 보통은 한 달에 이틀 정도 쉬고 일을 한다. 사납금과 유류비가 매일 13만 원 정도 되니, 그렇게 일하지 않으면 한 달에 2백만 원 벌기가 힘들다.

출퇴근 시간에 차가 막히는 곳에 접어들면 가슴이 답답해지기 시작한다. 5년째 이 일을 하지만 막히는 길로 들어왔다고 손님이 뒤에서 구시렁대거나 한숨 내쉬는 소리에 지금도 자꾸 신경 쓰이고 위축된다. 이렇게 막힌 길에 들어오면 시간 까먹고 피곤하고 스트레스 받으니 나도 힘든데, 길 막히는 게 내 잘못이기라도 한 것처럼 눈치를 주는 승객을 만나는 일이 아직도 버겁다.

저녁에 운전할 때는 술 취한 사람을 실어야 할 때가 많다. 자기 집 주소도 제대로 말하지 못하는 사람도 있고, 데려다주니 요금이 없다고 해 실랑이를 벌이는 경우도 있다. 경찰서에 데리고 가서 해결하자 싶다가도, 결국 내 시간만 잡아먹는다는 걸 아니까 그냥 못 받는 거라 생각하고 돌아서기도 한다.

화장실 잘 못 가고, 식사 제때 못하고, 저녁은 대충 때우고 생활하는 것도 이제 일상이 되었다. 항상 아랫배가 더부룩하고 신물이 넘어오는 것도 이 일을 하며 생긴 직업병이다. 오래 앉아서 일하다 보니 살도 찌고 전에 없던 고혈압, 당뇨도 생겼다.

아무리 조심해도 운전하다 보면 경미한 사고는 흔하게 벌어진다. 매번 보험 처리를 할 수는 없어서 경미한 사고는 내 돈 주고 처리하기도 한다. 석 달 전에는 유턴하다가 뒤에 오는 차에 받힌 적이 있다. 사고가 생각보다 커서 두통과 뇌진탕 소견을 받아 한 달 가까이 일을 못 했다. 지금도 사고가 난 지점을 지날 때는 머리카락이 쭈뼛 서는 듯한 느낌을 받게 된다. 웬만하면 그쪽 동네는 피해서 다니게 된다.

오늘도 새벽 네 시에 나와 강변북로를 타고 동쪽에서 서쪽으로 움직였다. 이제 곧 출퇴근 시간이 될 텐데, 빨리 몇 건 더 뛰어야 할 것 같다. 식사는 늦은 아침으로 해결하기로 하고 또 손님을 태웠다. 아침부터 있었던 두통이 좀 심해지는 걸 느낀다. 지난번 사고 이후 간혹 느끼던 두통이라 대수롭지 않게 생각했는데, 오늘은 좀 심한 듯하다. 손님이 나를 부른다. "아저씨!"

'왜 자꾸 차가 한쪽으로 기울어지지?' 브레이크를 밟고 손님을 내려 드렸다. 요금을 받았는지는 기억나지 않는다. 그리고 기억이 나지 않는다.

주야 맞교대 -자동차 조립 노동자 이야기

10년 전에는 서울에서 조그만 자동차 정비 회사를 다녔다. 시골에서 농사짓던 부모님이 동네에 자동차 공장이 생긴다고 내려오라셔서 고민하다가 정비 회사를 그만두고 이 공장을 다니게 되었다. 경차지만 잘 팔리는 차라서 공장 멈출 일은 없을 거라는 말에, 부모님 가까이에서 농사도 도와드리고 살아야겠다고 생각하며 서울 생활을 정리했다. 임금도 서울에서 다니던 정비회사보다 좋았다. 다만 교대근무를 해야 하는 것이 마음에 걸렸다. 어렸을 때부터 잠이 많기로 유명했는데 잠 못 자고 일해야 하는 상황을 잘 버틸 수 있을까? 그래도 그때는 아직은 젊으니까 할 수 있을 거란 마음으로 시작했다.

내가 하는 일은 자동차 조립이다. 주로 차 내부에 여러 부품, 전기 배선 등을 장착하는 일을 한다. 생산량을 가늠하는 지표 중에 시간당 생산대수(UPH)가 있다. 우리 공장에서는 대략 한 시간에 60대 가까이 만들어진다. 말하자면 1분에 한 대씩 지나가는 자동차에 내가 담당한 부품을 조립해야 하는 것이다. 주어진 시간 중에 실제로 조립하는 데 사용하는 시간의 비율을 편성률이라고 한다. 예를 들어 차 한 대당 1분이 주어졌는데, 30초 만에 내가 맡은 조립을 다 했다면 편성률은 50퍼센트가 되는 것이다. 다른 완성차 공장은 편성률이 보통 50퍼센트라고 한다. 즉 UPH가 60인 공장에서 편성률이 50퍼센트라면 30초는 조립을 하고, 30초는 다음 작업을 기다리는 셈이다. 그런데 나는 내게 주어진 일을 끝내면, 바로 돌아서서 새 차를 향해 가야 한다. 말하자면 나는 주어진 1분을 모두 조립하는 데 쓰는 것이다. 조금 더 숙련된 형님들

이야 몇 초 여유가 더 있을 수는 있지만, 기본적으로 우리 공장의 편성률은 90퍼센트를 넘어가리라고 본다. 조립하고 나면 돌아서서 또 바로 조립하고…… UPH를 높게 설정할수록 편성률은 백 퍼센트에 가깝게 수렴될 수밖에 없다. 자본의 입장에서 꿈의 공장이라고 불리는 이유를 알 것만 같다.

아침 여덟 시에 출근하면 두 시간 잔업하고 저녁 일곱 시에 퇴근한다. 저녁 일곱 시에 출근하면 마찬가지로 잔업 두 시간 더 하고 아침 여섯 시에 퇴근한다. 잔업 포함해서 하루 열 시간씩 일하고, 주간과 야간 근무를 일주일 단위로 교대하며 일을 한다. 토요일 잔업은 특별한 개인 사정이 없는 한 매번 해야 한다. 물량이 많을 때는 일요일에 근무하는 경우도 있다. 심지어 금요일에 야간 근무를 하고 토요일 아침에 퇴근해 잠시 눈 붙이고 바로 나와서 주간 근무로 특근을 하기도 했다. 한 달 동안 하루도 쉬지 않고 일한 적도 많다.

나이 서른에 이 회사에 들어와서 이제 40대가 되었다. 시골에 내려와서 결혼해 초등학생 딸아이와 어린이집 다니는 아들이 있다. 주말에 아이들 데리고 놀러 가고 싶다가도 몸 건강할 때 조금이라도 더 일해서 잔업 특근비로 아파트 살 때 빚낸 돈도 갚고 아이들 학원비도 내야 할 것 같다는 생각에 일하러 간 적이 한두 번이 아니다.

최근 한 달 동안 주간 근무 주에는 토요일만 특근을 하고, 야간 근무 때는 특근이 없었다. 일요일에 쉬니 아이들이 아빠랑 논다고 좋아한다. 오늘은 월요일, 저녁에 출근을 했다. 밤 열두 시가 되면 한밤중에 먹는 점심시간이 돌아온다. 식사를 하고 다시 조립 업무를 하는데

자꾸 졸음이 쏟아진다. 새벽 네 시, 이때가 제일 힘들다. 이제 두 시간
만 더 하면 퇴근인데, 10년이 돼가는 요즘도 이 시간을 버티는 게 제일
힘이 든다. 마지막 임팩트렌치 작업을 마무리하자 퇴근을 알리는 벨
이 울린다. 이제 퇴근 버스를 타고 집에 갈 수 있다. 새벽에 일할 때부
터 밤에 먹은 음식이 체한 듯 답답한 느낌이 들어, 화장실에 들렀다 퇴
근 버스를 타려고 했다. 퇴근 버스는 오래 기다려주지 않는다. 화장실
에 들어가는데, 갑자기 밀려오는 가슴 통증에 숨이 막힐 것 같다. 뒤따
라 들어온 동료가 나를 일으켜 세운다. "누구 없어? 119 불러!" 동료의
목소리가 들린다.

극단적인 사례? 우리 주변의 일상

—

　1980년대 일본에서 과도한 업무 압박에 시달리던 사람들이 갑자기
죽어가는 현상을 주목하게 되었고, 1987년에 일본 노동부에서 이를 과
로사로 명명하고 통계를 내기 시작했다. 2차 세계대전 이후 일본에서
하루 열두 시간 넘는 노동, 일주일에 6일 혹은 7일 노동하는 것이 매
우 일반적인 현상이었다. 과로사가 이러한 현상의 결과로 인식되기 시
작한 것이다. 이러한 일본의 역사는 한국에서도 유사한 양상으로 전개
되었다. 70년대 산업화 이후 초장시간 노동이 보편화되고 근면 신화가
모든 노동자에게 일반화된 가치로 인식되었다. 그 결과 한국의 노동시
간은 세계에서 가장 긴 상태로 최근까지 이어져오고 있다.

지난 10개월간 103일을 해외에 출장 가야 했던 일본의 한 샐러리맨이 급성심부전증으로 갑자기 숨졌다. 이 죽음은 과연 업무상 순직인가, 아니면 개인적 지병에 의한 죽음인가. 최근 일본에서는 이 샐러리맨의 죽음을 놓고 샐러리맨의 과로사 문제가 다시 커다란 사회문제로 등장하고 있다.

숨진 사람은 미쓰이 물산에서 과장으로 근무하던 이시이 씨. 이시이 씨는 73년 미쓰이 물산에 입사한 후 소련어에 능통해 대소 수송기계 수출을 담당해왔다. 이시이 씨는 지난해 9월부터 금년 6월까지 10개월간 8차례 103일간 소련 출장을 가야 했다. 귀국 후에도 보고서 작성과 잔업 처리 등으로 휴일을 제대로 쉬지 못했다. 그러다가 지난 7월 10일 소련 거래처의 손님 4명을 데리고 나고야에 출장을 가 호텔에서 급성심부전증으로 갑자기 숨졌다. 유족은 이시이 씨의 죽음이 과도한 업무에 의한 과로사라고 주장, 지난 15일 중앙노동기준감독서에 산재 인정 신청을 냈다. 회사 측도 이시이 씨가 과로사임을 인정, 퇴직금과 별도로 조위금 3천만 엔을 지급하고 산재로 인정받을 수 있도록 협력키로 약속하고 있다.

이시이 씨의 죽음은 일본의 샐러리맨들이 얼마나 혹사당하고 있는지 보여준 대표적인 사례로 꼽히고 있다. 제도적으로는 8시간 노동 원칙도 있고 주5일 근무제를 택하는 회사도 늘고 있지만 노동력이 부족하고 경쟁이 치열한 회사 분위기도 있고 해서 실제로 하루 8시간 25일 근무하는 샐러리맨은 거의 없다고 보는 편이 옳다. 또한 문제는 과로로 숨져도 과로사로 인정받기란 매우 어렵다는 점이다. 지난해 일본에서 717건의 과로사 인정 신청이 있었지만 인정받은 것은 겨우 30건이다. 노동성의 과로사 인정 기준은 '죽음에 이르게 한 병이 발병 1주간 이내의 과중한 업무 때문'임을 증명하도록 규정하고 있기 때문이다.

1990년 11월 24일자 〈경향신문〉에 실린 과로사 관련 기사다. 당시 미쓰이 물산에 다니는 이시이라는 직원이 열 달 동안 103일간 해외 출장이 있었고 이후 갑자기 급성심부전으로 사망하였고, 그 가족이 산재를 신청한 사례를 보도했다.

이 기사 이후 우리나라에서 과로사에 대한 사회적 관심이 생겨나기 시작했다. 이후 1991년에 대법원에서 업무상 이유로 고객과 잦은 술자리를 해야 했던 노동자에게 과로사를 인정하게 되었고, 이것이 국내에서 과로사를 인정한 최초의 사례다. 이후 이와 유사한 사례가 늘어나자 1995년에 노동부에서 산업재해보상보험법의 직업병 목록에 뇌혈관·심장질환을 포함시키게 되었다. 뇌혈관·심장질환이 목록에 들어간 이후 이 질환으로 산재 승인을 받은 사례는 지속적으로 늘어나 2004년에 2천 사례 이상이 승인되기에 이른다. 표는 직업성 뇌혈관·심장질환으로 인정되는 사례 수를 보여준다. 이 숫자는 사망하지 않고 요양 중이거나 재활로 일상으로 복귀한 경우도 포함하고 있어 모두 과로사라고 말할 수는 없지만, 과로와 관련하여 직업병으로 인정된 사례를 확인해 볼 수 있는 내용이다. 2007년 이후로는 직업병 인정 사례가 지속적으로 줄어들고 있다. 이는 과로사나 직업성 뇌혈관·심장질환이 줄었기 때문이 아니라, 직업병 인정 기준이 바뀌었기 때문이다. 2007년 이전에는 '업무수행성'이라고 해서 일하던 중에 뇌출혈이나 심근경색증으로 쓰러질 경우에 자동으로 직업병으로 인정하는 기준이 있었다. 엄밀히 말하면 근무 중에 쓰러졌다고 하더라도 업무와 관련이 없거나 낮은 경우도 있을 것이고, 집에서 쓰러졌더라도 업무와 관련하여 쓰러질 수도 있다. 이러한 이유 때문에 2007년 이후 '업무수행성'을 직업병 인정 기준에서 제외하고 '업무기인성', 즉 업무와 관련이 있는지를 판단하는 기준을 직업병 인정의 단일한 기준으로 삼게 되었다. 그러나 이 과정에서 직업병 인정 과정의 객관성, 과학성, 근거 중심 등이 강조되고 직업병 인정이 엄격해지게 되었다. 그 결과 2007년 이후 직업병으로 인정되는 과로사의 사례는 지속적으로 줄어들기 시작한 것이다.

연도별 직업성 뇌혈관·심장질환 발생 추이

연도	직업성 뇌혈관·심장질환 인정건수
2000	1006
2001	1522
2002	1806
2003	1930
2004	2017
2005	1799
2006	1430
2007	1309
2008	998
2009	454
2010	401
2011	278
2012	301
2013	348
2014	318

어떤 경우에 과로사로 인정되는가

—

현재 고용노동부에서 고시한 직업성 뇌혈관·심장질환 인정 기준은
다음과 같다.

1) 급성 스트레스 사건이 발생한 이후 24시간 이내에 발병한 심장, 뇌
혈관질환

2) 질병 발생 일주일 이내에 업부시간 혹은 업무의 양이 30% 이상 증
가했거나, 일반적인 사람이 감당하기 힘든 정도의 업무시간 및 업
무량의 변화가 있었다고 판단되는 경우

3) 만성적인 과로는 3개월 이상의 기간 동안의 상태를 반영하는 것으
로, 업무량, 노동시간, 작업 강도, 책임성, 휴일의 정도, 교대 근무
혹은 야간 근무, 정신적 긴장의 정도, 수면 시간, 작업 환경, 나이,
성별, 건강 상태 등을 고려하여야 한다. 노동시간의 경우, 질병 발
생 12주 평균 60시간을 넘거나, 질병 발생 4주 동안 64시간을 초과
할 경우 관련성이 있다고 본다. 그러나 이들 시간에 미치지 못한다
하더라도 야간 노동을 하거나 육체적 정신적 부담의 정도가 크다고
판단될 때는 관련성을 고려해야 한다.

업무상 질병에 대한 구체적 인정 기준(개정. 2014. 6. 30.)

현재 기준에서는 질병 발생 24시간 이전에 급격한 사건을 경험한 경
우, 발병 일주일 전에 이전과 비교해 업무가 30퍼센트 이상 양적으로

증가했거나 질적으로 큰 변화를 경험한 경우, 만성적으로 장시간 노동을 하는 경우에 직업성 뇌혈관·심장질환으로 인정된다. 이외에도 노동의 질적인 측면을 고려하라는 내용이 담겨 있다. 이 기준은 2012년에 개정된 것인데 가장 중요한 변화는 급격한 변화뿐 아니라 만성적인 과로를 과로사 인정 기준에 포함하게 되었다는 점이다. 이전에는 만성적인 장시간 노동을 하는 경우에도 급격한 노동의 질적, 양적 변화가 없다는 이유로 직업병으로 인정되지 못했다. 이런 문제를 극복하기 위해 만성적인 과로의 기준을 정량적으로 제시하는 내용이 추가되었다.

그러나 과로를 정의하는 것은 매우 어려운 일이고, 특히 이를 정량화한다는 것은 여러 위험성을 안고 있기까지 하다. 노동시간처럼 정량화가 가능한 지표들만 고려할 가능성이 가장 큰 문제다. 노동 강도, 정신적 긴장의 정도, 야간 노동처럼 정량화하기 어려운 질적인 요소는 검토되지 못할 가능성이 있다. 그래서 이렇게 정량적 기준에만 기댈 경우 많은 위음성(실제 업무와 관련이 있음에도 아니라고 말할 위험)이 있다. 그러나 제도 운영 측면에서 정량화를 시도할 필요는 있다. 이런 이유로 일부를 정량적 기준으로 정하고, 그 외 상황에 대해서 포괄적으로 예외 기준을 주는 방식을 취하기도 한다. 현재 인정 기준에서도 만성적인 과로의 정량적인 기준으로 주 60시간 이상의 노동시간을 정하고 있지만, 이 시간에 미치지 못하더라도 노동 강도, 야간 노동 유무 등을 검토하여 관련성을 평가하라고 규정하고 있다. 그러나 실제 많은 사례에서 노동의 질적 특성이 잘 고려되지 못하고 정량적 기준만 고려하여 문제가 된다.

앞서 말했듯 과로사의 주요 원인 질병으로 알려진 심근경색증, 뇌출혈, 뇌경색 등의 질환은 일반 인구집단에서도 매우 흔하게 발생하는 질환이며, 주요한 사망 원인이다. 고령, 가족력, 고혈압, 당뇨, 고지혈증, 운동 부족, 비만, 과도한 음주, 흡연 등이 이 질병 발생의 중요한 위험 요인으로 알려져 있다. 이러한 위험 요인을 가진 개인이 과로를 한 경우에는 질병 발생에 이르는 기여의 정도가 개인적 요인이 더 큰지, 직업적 요인이 더 큰지를 비교하고자 하는 시도가 벌어진다.

개인적 요소와 직업적 요소가 질병 발생에 기여하는 방식을 세 가지로 나누어볼 수 있다. 첫째는 서로 병렬적으로 질병 발생에 주요한 요소로 작용하는 것이다. 흡연도 했고 고혈압도 있는 사람이 과로를 했다면, 과로가 차지하는 기여만큼 질병 발생에 관여했다고 보는 관점이다. 둘째는 개인적 요소와 직업적 요소가 질병 발생에서 상호작용을 일으키는 방식이다. 고혈압이 있는 사람이 과로까지 할 경우, 두 가지 요인이 상승작용을 일으켜 심근경색의 발병의 가능성이 더 높아진다는 설명이다. 셋째는 방아쇠 효과다. 이는 아무리 고혈압, 흡연, 당뇨 같은 위험 요인이 있다고 하더라도, 과로라는 방아쇠를 당기지 않으면 질병 발생은 일어나지 않는다고 보는 이론이다. 개인의 위험 요인을 많이 가진 사람이라도 직업적 요인으로 상승 작용이 발생하거나 직업적 요인이 방아쇠 효과로 작용한다면, 개인의 위험 요인이 많다고 해서 질병이 발생한 데 직업적 요소가 없다고는 말할 수 없을 것이다. 또 개인의 위험 요인이라는 것도 '원인의 원인'이라는 관점에서 보자면 해석이 달라질 수 있다. 즉 직무 스트레스로 흡연과 음주가 증가한다든지,

바빠서 고혈압이나 당뇨 관리를 못한다면 이들 위험 요인 역시 직업과 관련한 위험 요인이라고 해석할 수 있다. 고혈압은 우리나라 60대 이상에서 90퍼센트 가까운 사람들이 가진 위험 요인이며, 우리나라 성인 남성의 40퍼센트 이상이 흡연을 한다. 이러한 위험 요인을 업무 관련성을 배제하기 위해 활용하는 것은 적절하지 않다.

노동시간이 과로를 평가하기 위해 활용되는 가장 객관적인 자료임은 분명하다. 그러나 열 시간 동안 노동해도 비교적 가벼운 노동을 한 사람과 다섯 시간만 일해도 중노동을 한 사람의 힘든 정도를 비교하려면 노동의 질적 특성을 고려할 수밖에 없다. 이러한 질적 특성 중에 중요한 요소가 야간 노동을 포함한 교대제 시행 여부와 노동 강도다. 야간 노동은 정상적인 호르몬의 주기적 변화에 교란을 가져와 다양한 질병을 일으킨다. 유방암을 일으킬 가능성이 높은 발암 요인으로 규정되었고, 비만과 수면장애를 일으키고, 이를 매개로 심혈관계 질환을 일으키기도 한다. 그래서 야간 노동을 포함한 노동을 했던 경우나 노동 강도가 높은 노동을 수행한 경우라면, 절대적인 노동시간이 적다고 하더라도 업무에 의한 부담의 정도는 클 수 있음을 고려해야 한다. 그러나 지금의 인정 기준과 직업병 심의 과정에서는 이러한 질적 특성을 잘 반영하지 못하고 있고, 이를 고려한 평가도 제대로 진행되지 못하고 있는 실정이다.

이제 앞의 세 사례로 돌아가보자. 앞의 세 가지 사례 중 아파트 경비 노동자와 택시 운전 노동자는 직업병으로 인정 받지 못했다. 노동시간을 계산해보면 두 노동자 모두 주 60시간 이상을 일했다. 그럼에도 불구하고 이 사례들이 직업병으로 인정되지 못했다. 노동의 질적 특성은 물론이고 장시간 노동이라 하더라도 직업병으로 인정 받기가 쉽지 않음을 보여준다. 다수의 고령 노동자들이 경비나 택시 운전 같은 업종에서 일하는 경우가 많은데, 이들에게 발생한 뇌혈관·심장질환이나 과로사는 장시간 노동이었음이 확인되어도 직업병으로 승인이 되지 않는 것이다.

직업병으로 인정되지 않는 주요한 근거는 이들 업무가 단속(斷續)적인 근무라는 것이었다. 아파트 경비노동자가 업무를 근무시간 내내 수행하는 것이 아니고, 열두 시간 맞교대하는 택시 운전 노동자도 자기가 쉬고 싶으면 쉴 수 있는 자율성이 있다는 이유다. 손님이 없어서 택시 승강장에서 대기하는 시간, 경비실에 앉아 있는 시간이 노동시간이 아니라고 본다. 하지만 실제로 자세히 들여다보면 두 가지 노동 모두 단속적이지 않다. 대기 상태에 있을 때조차도 언제든 작업에 투입될 수 있는 상태를 유지해야 하는 경우가 많다. 택시 운전 노동은 사업주의 관리 범위에 있지 않더라도 충분한 휴식을 취하지 못하고 자발적으로 지속적인 노동을 할 수밖에 없는 임금 구조에 놓여 있다. 근로기준법에는 명백히 노동을 위해 준비하는 시간과 대기하는 시간도 노동시간에 포함하도록 규정되어 있다. 더군다나 경비노동이나 택시 운전 중의 대기 상태는 쉬는 시간이라기보다는 실제 노동과 훨씬 직접적인 관계에 놓인 시간이다.

특히 이들 업종은 고령의 노동자들이 주로 근무하고, 뇌혈관·심장질환으로 인한 직업병 사례가 빈번하게 보고, 신청되는 업종이다. 그럼에도 이들에게 보상이 이루어지지 않는다는 점은 적극적인 개입이 필요한 부분이다.

한편 앞서 소개된 사례에는 없었지만 장시간 노동을 하는 대표적인 직종이 사무직 종사자들이다. 일에 정해진 끝이 없고, 특별히 바쁜 시기에는 야근, 특근이 일상화된 직종이다. 실제 과로사로 산재 신청을 하는 사례 다수가 사무직 노동자다.

프로젝트 마감이 다가와 일주일을 집에 들어가지도 못하고 일하다가 프로젝트를 마친 뒤에 회식 자리에서 쓰러진 노동자. 회사 인수합병과 구조조정이 진행되는 과정에서 주 80시간 넘는 노동을 하고 직장 동료와 상사로부터 심리적 압박을 받던 중 직장에서 뇌출혈로 쓰러진 노동자. 입사하고 10년 동안 한번도 저녁 아홉 시 전에는 퇴근한 적 없이 주말에도 회사에 나와 일하고, 외국 바이어를 만나야 하는 스트레스 탓에 매일 새벽 영어 학원까지 다니다 학원 마치고 나오면서 심근경색으로 쓰러진 노동자…….

이들 역시 자신의 질병을 직업병으로 인정 받기 쉽지 않다. 자신의 노동을 스스로 통제할 수 있는 자율성을 갖고 있다고 보거나, 생산직 노동자처럼 장시간 계속해서 일을 하지는 않는다고 보기 때문이다. 장시간 노동으로 실제 신체적, 정신적 회복이 어려운 현실, 심리적 정신적 부담을 잘 인정하지 않으려는 경향에 대한 판단 기준의 변화가 필요하다.

무엇이 바뀌어야 할까

근로기준법 59조 폐지

장시간 노동이 건강에 미치는 악영향은 이미 널리 알려져 노동시간을 줄이기 위한 다양한 전략이 펼쳐지고 있다. 우리나라에서도 장시간 노동을 줄이기 위한 다양한 노력이 이루어지고 있지만, 우선 노동시간을 줄이기 위해 노동시간 특례제도 폐지가 시급하다. 우리나라 근로기준법에는 노동시간과 관련하여 다음과 같은 법령이 있다.

50조(근로시간)

① 1주의 근로시간은 휴게시간을 제외하고 40시간을 초과할 수 없다.

② 1일의 근로시간은 휴게시간을 제외하고 8시간을 초과할 수 없다.

③ 제1항 및 제2항에 따른 근로시간을 산정함에 있어 작업을 위하여 근로자가 사용자의 지휘·감독 아래에 있는 대기시간 등은 근로시간으로 본다.

53조(연장근로의 제한)

① 당사자 간에 합의하면 1주간에 12시간을 한도로 제50조의 근로시간을 연장할 수 있다.

② 당사자 간에 합의하면 1주간에 12시간을 한도로 제51조의 근로시간을 연장할 수 있고, 제52조 제2호의 정산기간을 평균하여 1주간에 12시간을 초과하지 아니하는 범위에서 제52조의 근로시간을 연

장할 수 있다.

59조(근로시간 및 휴게시간의 특례)

다음 각 호의 어느 하나에 해당하는 사업에 대하여 사용자가 근로자 대표와 서면 합의를 한 경우에는 제53조 제1항에 따른 주 12시간을 초과하여 연장근로를 하게 하거나 제54조에 따른 휴게시간을 변경할 수 있다.

1. 운수업, 물품 판매 및 보관업, 금융보험업

2. 영화 제작 및 흥행업, 통신업, 교육연구 및 조사 사업, 광고업

3. 의료 및 위생 사업, 접객업, 소각 및 청소업, 이용업

4. 그 밖에 공중의 편의 또는 업무의 특성상 필요한 경우로서 대통령령으로 정하는 사업

〔시행 2014. 7. 1.〕 법률 제12325호 2014. 1. 21. 일부 개정

예외를 규정하는 이러한 각종 특례 탓에 상당히 많은 업종이 노동시간을 강제로 제한하는 규정을 벗어나 있다. 특히 운수업, 의료 산업 등은 노동 강도가 만만치 않고 교대근무 비율도 상당히 높은데도 노동시간을 강제로 제한하는 규정이 없다. 노동시간 강제 제한 규정이 없다는 것은 이 산업에 종사하는 노동자는 일주일에 80시간 노동도 가능하다는 것이다. 이는 매우 잘못된 법령이다. 이러한 특례 규정 자체를 폐지하기 위한 여러 노력이 절실하다.

장시간 노동이 불가피한 저임금 구조 개선

장시간 노동을 부추기는 저임금 구조도 바뀌어야 한다. 생활이 가능한 수준의 임금을 받는다면 자발적으로 장시간 노동을 할 사람들이 있을까? 일이 재미있고 일로써 자아실현이 가능한 사람이 얼마나 될까? 대부분의 노동자는 저임금 구조에서 어쩔 수 없이 생활임금을 확보하기 위해 장시간 노동을 한다. 심지어 노동자 스스로 장시간 노동을 선호해서 장시간 노동을 할 수 있는 곳으로 직장을 옮기거나, 물량이 확보되어 장시간 노동을 할 수 있기를 나서서 요구하는 일도 흔하게 벌어진다. 저임금 구조가 바뀌지 않는다면 장시간 노동을 법적으로 규제하는 것만으로 해결 방안이 될 수는 없을 것이다. 최저임금 수준을 결정하는 것이 아니라 적정임금 혹은 생활임금이 확보될 수 있게 하는 노력, 시급제 노동으로 스스로 장시간 노동을 자발적으로 해나가는 현상을 줄이기 위한 월급제의 실현이 필요하다.

직업병 인정에서 과로의 기준을 더 낮추기

과로사를 인정하는 현행 산재보상보험법 기준이 엄격한지 판단하기 이전에 이러한 장시간 노동과 과로가 발생할 수 있는 상황을 만들지 말아야 한다. 예방이 무엇보다 중요하다는 점이 강조되어야 한다. 그럼에도 과로사의 인정 기준을 정해야 한다면 두 가지 방향의 개선이 이루어져야 한다. 첫째는 현재의 정량적인 기준이 더 완화되어야 한다. 현재 주 60시간이라는 만성 과로의 기준은 사업주로 하여금 더 이상 60시간 이상 노동을 일상적으로 강제하지 못하게 하는 예방적인 효과가 생길 수 있다. 이런 예방적 효과를 고려한다면 적정 노동시간에 최대한 가깝게 과로 기준을 더 낮출 필요가 있다. 둘째는 노동시간의 양적 기준뿐 아니라 교대 근무, 직무 스트레스 같은 노동의 질적 특성을 보다 적극적으로 고려하려는 노력이 필요하다.

노동이 즐거움이 되는 세상, 세상을 바꾸는 꿈

과로사로 인정이 되거나 산재를 신청한 사람 중에 사무직, 연구직, 임원 등도 다수 있다. 최근 몇 년간 휴가를 간 적도 없고, 주말에도 회사에 나오는 건 당연하고, 퇴근이 늦을 뿐 아니라 퇴근 후에도 술자리를 해야 하고, 집에서 잘 때조차 회사 일을 생각하며, 밥만 먹고 다시 출근해서 일하는 사람이 많다. 자신의 모든 인생을 회사와 일에 걸고 '성실하고 회사밖에 모르는 사람', '미련스럽게 일만 하는 사람, 존경받는 선배'라는 평가를 칭찬으로 여기며 살아가는 사람들이다. 우리 사회는 이런 삶을 '아버지의 전형', '직장인의 전형'으로 그린다. 일 중독자를 원하는 사회다.

당당히 휴가를 가고, 주말의 휴식과 칼퇴근을 당연시하고, 추가 노동이 상시적으로 필요한 경우 추가 인력을 충원해야 한다는 당연한 요구를 할 수 있는 사회, 그것이 정상으로 인식되는 사회가 되어야 한다. 사업주 입장에서도 야근과 휴일 근무가 장기적으로는 이익이 될 수 없다는 인식이 필요하다. 기업 문화를 개선하고 사회적 인식을 변화시키려고 노력해야 이런 분위기가 일부나마 개선될 수 있을 것이다. 연장근로를 시킬 경우 사업주의 부담을 늘리거나, 적정 임금을 마련해 스스로 연장근로를 원하는 사람이 줄어들도록 하는 정부의 제도 개선 노력도 변화를 추동하는 힘이 될 것이다.

일에 얽매이는 것이 아니라, 내가 일을 통제할 수 있는 삶을 살 수 있다면 과로사는 발생하지 않을 것이다. 하지만 나날이 일과 삶은 분리되고 일이 넘쳐나 삶을 위협하는 시대다. 노동이 즐거운 것이 될 수는 없을까. 노동이 삶을 위협하는 시대에 노동이 즐거움이 되는 세상을 꿈꾼다는 것은 세상을 바꾸는 꿈을 꾸는 것이 되었다.

8장

/

오래 일하는
당신

부스스한 머리, 제대로 떠지지 않는 눈, 푸석푸석한 피부, 좋은 비비크림으로도 가려지지 않는 다크 서클, 여전히 멍해서 제대로 돌아가지 않는 머리, 그래서 더욱더 천근만근인 몸을 이끌고 무언가에 홀린 듯 걸어가는 사람들. 그리고 꾸역꾸역 그 사람들을 집어삼키는 빌딩과 공장. 당장 오늘 아침 나의 모습 그리고 아마도 이 글을 읽고 있는 당신의 모습이 아니었을까. 세계에서 가장 긴 노동시간을 자랑하는 한국의 아침 풍경은 이렇듯 무기력하고 지쳐 보이기만 한다. 우리, 이대로 정말 괜찮은 걸까?

노동은 생활을 유지하기 위한 경제적 수단을 넘어 개인에게 정체성과 보람을 주기도 한다. 누군가를 처음 만났을 때 가장 흔하게 하는 질문이 "무슨 일을 하세요?"라는 것은 그 사람이 하는 '일'이 한 개인의 삶에 많은 부분을 설명하는 중요한 지표가 됨을 의미한다. 실제로 노동은 한 인간에게 경제적 수단이라는 지위만이 아니라, 일종의 의미가 될 수 있다. 실제로 많은 사람은 일에서 보람이나 의미를 찾고자 한다. 그런데 어느 순간 문득 일이 나의 삶을 망가트리고 있다는 느낌을 가지게 되는 것도 사실이다. 쉼 없이, 오랜 시간 동안, 한 조직의 일원이 되어 소외된 채로 일을 한 노동자는 어느 순간 망가져버린 자신의 삶을 직면하고 마음이 헛헛해지게 마련이다. 15년이 넘는 기간 동안 한결같이 연간 2500~3000시간 일한 어느 자동차 공장 노동자는 그런 헛헛함을 이렇게 이야기하기도 했다.

> "쉬는 날 되면 쉴 줄도 모르고, 놀러 갈 줄도 모르고, 어디 가야 맛있는 곳이 있는지 안 가보니까 모르지요. 있을 때 열심히 해서 조금이라도 벌어놓자, 그러다 보니 어느새 청춘이 다 지나가고 돌이켜보면 벌써 40~50세, 정년까지는 많이 남았지만 그것도 잠깐이거든요. 나중에 좋은 날이 오면 즐겁게 재미있게 살겠지 그랬는데 그날이 없네요. 항상 부족하고 힘들고, 살아가는 게 너무 재미없이 살아가요. 매일 특근, 잔업, 야간 근무, 이렇게 살다 보니 언제 봄이 오는지 언제 여름이 가는지 몰라요."[1]

그런데 이런 헛헛함을 느껴 자신의 삶을 되돌아보면 우리는 이미 너무 멀리 와 있는 건 아닌지, 지금 상황을 돌이킬 수 없는 것은 아닌지 깨닫게 된다. 시간당 임금이 정해져 있고 일한 시간만큼 임금을 받는 노동자에게는 잠시나마 느껴지는 이러한 헛헛함마저도 사치가 되기 때문이다.

"그러니까 우리 애가 중학생인데 과외를 받고 있거든요. 만약에 제가 특근을 줄이면 과외를 못 받아요. 이게 임금 인상도 중요하지만 사회적인 임금, 지출 이거를 줄여줘야만 어느 정도 임금이 감해도 생활이 가능하죠."[2]

'언젠가는 결국 죽는다'는 것, '하루는 24시간'이라는 것, 이것은 모든 인간에게 공통적으로 주어진 조건이기에 마치 평등한 것처럼 보이기도 한다. 그러나 누군가는 남들보다 더 일찍 죽게 마련이고 각자의 24시간은 제각각 다르게 구성된다. 그러므로 모두가 죽는다는 것, 누구에게나 24시간이 주어진다고 해서 모든 인간이 평등하다고 말하기는 어려울 것이다. 노동자에게 하루 24시간이 어떻게 구성되는지는 삶의 질을 살피는 가장 결정적인 지표라 할 수 있다. 따라서 하루의 시간 중 가장 긴 시간을 차지할 가능성이 높은 노동시간은 노동자의 삶전반에 가장 큰 영향을 줄 수밖에 없다. 노동시간은 특히 직접적으로든 간접적으로든 노동자의 몸에 영향을 준다. 노동은 우리 몸을 어떻게 변화시키는가. 어찌 보면 상식적인 이야기, 지금 이 글을 읽고 있는 독자들이 자기 자신의 몸에 대해서 느끼고 있는 이야기들이 이 글에서 말하려고 하는 것이다.

노동시간은 어떻게 건강에 영향을 주는가?

—

일을 많이 하면 아프다. 어찌 보면 너무 당연하다. 명절 전날 쪼그리고 앉아서 전을 부치다 보면 허리가 아프기 마련이다. 일만이 아니다. 좋아하는 만화책도 오래도록 누워서 읽다 보면 허리가 아파서 엎드려서 읽다가 앉아서 읽다가 하며 자세를 바꿔야 한다. 중고등학교 시절 친구들과 떠들다가 선생님한테 걸려서 '오토바이' 또는 '기마 자세'로 벌을 서본 사람은 그 불편한 자세를 잠시라도 유지하기가 얼마나 힘든지 자연스럽게 알게 된다. 좋아하는 음악을 들어도 너무 크게 들으면 소음성 난청에 걸릴 수 있고, 술도 너무 많이 마시면 간이 망가질 수 있다. 명작을 많이 남긴 유명한 화가들이 아름다운 색깔을 남기기 위해 사용한 중금속에 중독되어 사망했다는 설도 많다. 문제는 노동자의 시간은 이윤을 위해 사업주가 '관리'하는 시간이기 때문에 시간의 기획과 사용이 완전히 자유롭지는 않다는 것이다.

이른바 과학적 관리법(scientific management)이라는 것이 있다. 여기서 '관리'의 대상은 바로 노동이다. 작업장 내에서 노동하는 시간, 노동하는 공간을 어떻게 배치할 것인가, 어떻게 해야 가장 짧은 시간에 가장 적은 노동력을 투입하고 가장 많은 생산물을 얻어낼 것인가. 이것은 대량생산 체제가 시작된 이후 자본주의 사회 안에서 핵심 과제 중 하나였다. 찰리 채플린의 〈모던 타임즈〉에 등장하듯이 일렬로 늘어선 노동자 앞으로 컨베이어 벨트에 실린 작업물이 지나가면 노동자는 노동시간 내내 동일한 작업을 수행함으로써 생산성을 높인다. 이런 설계가 과학적 관리법의 대표적인 사례일 것이다. 그런데 이러한 '관리법' 이 노동자 자신에게도 좋은가는 고려 대상이 아니다. 마찬가지로 노동력을 제공한 대가로 임금을 지급한다면, 얼마나 오래 일하건 그에 상응하는 보상만 쥐어준다면, 자본가는 생산량을 늘릴 수 있고 노동자는 임금이 늘어나므로 모두가 결과에 만족하는 게임이 된다고 여길 수 있다. 그러나 과연 그럴까. 기계는 여덟 시간을 돌리건 24시간을 돌리건 전기를 공급하고 기름칠을 해주고 부품을 교환해주면 되지만, 인간의 몸과 정신은 그리고 삶은 그럴 수 없다.

  특히 건강이란 것이 세계보건기구에서 밝힌 바와 같이 인간의 생물학적인 문제뿐만이 아니라 정신적, 사회적인 문제를 모두 포괄하는 개념이라는 점을 감안하면 노동과 건강의 관계는 더욱 복잡해질 수밖에 없다. 일하다가 사고로 다치거나 죽는 문제, 광부들의 진폐증에 대한 관심에서 시작된 직업환경의학의 관심사가 '골병'이라고 불리는 근골격계 질환, 과로사라고 알려져 있는 뇌심혈관계 질환, 감정노동이나 작업장 폭력과 관련해서 주목받고 있는 정신질환 문제와 자살에 이르기까지 범위가 확장되고, 삶의 질과 노동의 질까지 확장이 되고 있다는 점이 이를 반영한 결과다. 즉 돈을 벌기 위해―그것이 이윤이든 개인적 소득이든―인간이 일을 하는 과정에서 노동하는 시간은 온전히 자신의 것이 아니게 되며, 일하는 과정에서 노출된 분진, 유기용제, 중금속, 전리방사선 같은 전통적인 유해 요인으로 건강에 문제가 생길 뿐만 아니라 스트레스, 노동 조건, 고용 불안 같은 사회심리적 요인이 인간의 정신과 삶을 불안하게 하고 망가뜨릴 수 있는 것이다. 이렇게 물리적·화학적·생물학적·사회심리적 요인에 노출되는 시간이 길면 길수록, 그리고 이러한 노출을 회피할 수 있는 권한이 부족하면 부족할수록 노동자의 건강이 손상되는 것은 너무나 당연하다.

이러한 관점에서 노동시간은 노동자가 겪어내는 노동 과정의 '모든 것'이 응축된 그 무엇으로서 노동보건 영역에서 중요하게 취급되었고, 노동자들은 몸이 견디지 못한다는 것을 중요한 이유 중에 하나로 들면서 노동시간 단축을 주장하기도 했다. 다만 한 가지 염두에 두어야 할 것은 노동시간 문제가 노출의 절대적인 '길이'만을 의미하지는 않는다는 것이다. 즉 하루에 얼마나 긴 시간 일을 하느냐 하는 문제뿐 아니라 짧은 시간을 일하더라도 어떻게 일을 하느냐가 중요한 문제라는 것이다. 일례로 장시간 노동 문제가 이제는 한국 같은 특이한 나라의 일이 되어버려서 장시간 노동과는 거리가 멀어 보이는 유럽에서도 여전히 노동시간은 중요한 연구 주제이며, 노동시간의 특성을 좀 더 세분화한 연구를 진행하고 있다. 물론 그 건강 영향은 대단히 포괄적이고 시간의 어떤 요소가 더 크게 작용하느냐에 따라서 달라지지는 않지만, 세계에서 노동시간이 가장 짧은 국가의 노동자도 여전히 노동시간과 관련한 건강 문제가 있다는 것은 주목할 만한 사실이다. 이들의 고민은 '몇 시간이나 일하느냐' 하는 질문으로 대표되는 절대적인 노동시간, '얼마나 정신없이, 쉴 틈 없이 일해야 하는지'로 대표되는 노동시간의 밀도, 마지막으로 야간 작업처럼 '일상적인 사회생활이 가능한 시간에 업무를 하느냐'와 관련된 노동시간의 배치로 세분화되었다. 절대적인 노동시간의 증가를 외적 연장(extensification)이라는 용어로, 업무의 밀도가 높아지는 것을 내적 연장(intensification)이라는 용어로 개념화하여 다양한 연구를 진행하고 있으며 과학기술과 스마트 기기의 발전과 함께 소진(burnout) 등의 위험이 많이 증가하고 있다는 등의 연구가 있다.

한편 미국 등에서는 오전 일곱 시부터 오후 여섯 시까지 주간에 적절한 휴식 시간과 점심시간을 제외하고 연속적으로 여덟 시간을 일하는 것을 '표준(standard)'이라고 정의한다. 그리고 이러한 정의를 벗어나는 노동시간의 배치와 길이의 건강에 대한 영향을 연구하기도 한다. 예를 들어 미국 국립산업안전보건연구원에서는 노동시간의 길이와 배치가 개인과 지역 사회의 건강에 어떻게 영향을 끼치는지를 제시한 바 있다. 노동자 개인의 인구학적 특성이나 노동시간 이외의 시간에서 그가 맡은 역할, 활용 가능한 개인적 자원이나 역량, 하고 있는 일의 요구도, 자율성, 보상 수준 등의 기본적 특성에 따라 다르기는 하지만, 노동시간의 길이와 배치는 개인적이고 지역적인 건강 문제와 다양하게 관련이 있다.

오래 일하는 당신에게 일어날 수 있는 일

—

이렇게 노동시간에는 다양한 측면이 있지만 요즈음 한국에서 가장 많은 관심을 받는 것은 노동시간의 길이 그 자체다. 또 최근 쟁점이 되고 있는 노동 정책에서도 노동시간의 길이는 중요한 주제다. 한쪽에서는 노동시간을 줄여 일자리를 창출하자고 하는데, 최근 여당이 제출한

근로기준법 개정안에서는 노동시간 개혁안이라는 이름이 무색하게 현행보다 늘어난 노동시간을 근로'기준'으로 도입하려고 한다는 점에서 쟁점이 되고 있다. 왜 장시간 노동이 나쁜 걸까? 우리의 몸과 건강을 중심으로 살펴보자.

장시간 노동으로 노동력을 회복하거나 수면하는 데 필요한 시간이 부족해지면서 생물학적인 회복을 어렵게 만든다. 또 여가 활동이나 가족과 함께 보내는 시간이 부족해지면서 정신적 회복을 어렵게 만든다. 긴 시간 업무를 함으로써 업무와 관련해서 발생할 수 있는 스트레스에 노출되는 시간을 증가시키고 스트레스 강도를 높이기도 한다. 만약 노동자가 분진이나 화학물질 등 다양한 유해 요인에 노출되는 일을 한다면 노동시간이 늘어날수록 이러한 전통적인 위험 요인에 더 오래 노출되도록 하여 이것이 원인이 건강 문제가 발생할 가능성을 높인다.

회복 시간이 부족해지고 유해 요인에 노출되는 시간이 늘어나면 단기적으로는 수면의 양과 질의 감소하고, 피로해지고, 부정적 정서를 갖게 된다. 뿐만 아니라 통증, 신경학적 증상, 인지기능 장애 등 생물학적 영향을 받게 된다. 이러한 변화가 누적되면서 전체적으로 노동자의 몸의 정상적인 조절 기능과 대사에 영향을 주어 다양한 건강 문제를 일으키게 되는 것이다.

노동자의 건강이 최상의 상태로 유지되지 않는 것은 노동자 개인의 문제만이 아니다. 건강 상태가 최적이 아닌 노동자는 가족 구성원을 돌보는 역할에 소홀해지고, 가족과 관계의 질이 낮아지고, 가구 소득이 감소하고, 가사노동 부담이 증가하는 등 가족 전체에 영향을 줄 수 있다. 또 사업주는 노동자의 건강이 나빠질수록 생산성이 감소하고 병가 일수와 질병으로 인한 비용이 증가하게 된다.

일찍 죽을 수 있다?―심혈관계 질환과 사고

장시간 노동은 건강과 관련하여 다양한 수준의 불편함이나 증상을 나타낼 수 있다. 그런데 이러한 불편함과 증상이 쌓이면 장기적으로는 실제 질병 발생까지 이어질 수 있고, 사망률에도 영향을 줄 수 있다. 장시간 노동을 하면 일찍 사망할 수 있고 장애가 생길 가능성이 높다는 연구들이 있는데, 이러한 조기 사망과 장애의 가장 큰 이유가 심혈관계 질환과 사고 때문이라는 것은 잘 알려져 있다. 장시간 노동이 암이나 다른 희귀질환의 원인이 될 수 있는지를 두고는 이견이 있을 수 있지만 장시간 노동으로 심혈관계 질환과 사고가 많이 발생한다는 것만큼은 이견이 없다고 할 수 있다. 왜 그럴까?

심혈관계 질환은 심장에 혈액을 공급하는 관상동맥이 막혀서 갑자기 심장 근육이 죽어버리는 심근경색, 혈관이 좁아져서 심장 근육에 제대로 혈액을 공급하지 못해 가슴에 뻐근한 통증을 느끼는 협심증 등을 포함한다. 흔히 '심장 마비'라고 알고 있는 질병은 급성 심근경색을 의미하는 경우가 많다. 혹시 포장마차에서 닭의 염통을 안주로 소주를 기울인 적이 있다면, 그 심장 근육이 얼마나 단단하고 탄력이 있는지 익히 알 것이다. 닭보다 훨씬 몸집이 큰 인간의 심장은 최대 3센티미터에 이르는 근육으로 구성되어 있고, 이 심장이 1분에 60회 이상을 뛰게 하려면 근육에 엄청난 양의 피를 원활하게 공급해야 한다. 만약 조금

심하게 몸을 움직이거나 뛰기라도 한다면 심장은 훨씬 더 빠른 속도로 뛰게 되고 그만큼 더 많은 양의 혈액이 심장에 공급되어야 한다. 즉 관상동맥은 심장을 뛰게 하는 기본적인 에너지 공급관 같은 것이다. 그런데 낡은 수도관에 이물질이 끼는 것처럼 사람이 나이가 들수록 관상동맥에도 이물질이 끼게 되는데 이런 현상을 동맥경화라고 한다. 이물질이 끼어서 막힌 정도에 따라 협심증이 되기도 하고, 심근경색이 되기도 한다고 보면 된다.

문제는 장시간 노동을 하면 휴식이 부족해지고, 긍정적 대사를 활발하게 하는 운동을 할 시간도 없고, 식사도 여유 있게 하지 못하고, 스트레스를 해소하고자 흡연이나 음주 같은 혈관에 좋지 않은 생활 습관을 가질 수 있다. 또 혈관을 깨끗하게 만들어주는 우리 몸의 자체적인 기능이 떨어지고, 심장에 부담이 누적되면서 혈관 손상이 가중된다. 이러다 보니 동맥경화도 빨리 진행되고, 고혈압이나 당뇨, 이상지질혈증처럼 심근경색을 잘 유발할 수 있는 선행 질환도 빨리 오게 된다.

실제로 2001년 스웨덴의 한 연구에서는 초과근무 시간이 일주일에 다섯 시간을 넘는 경우 사망률이 두 배 가까이 증가한다고 하였다.[3] 장시간 근로가 심혈관 질환을 유발하는가에 관한 최초의 연구라 할 수 있는 1980년 뷰엘 등의 연구는 주 48시간 이상 근무하는 경우 급성 심근경색으로 인한 사망이 증가할 가능성이 있다고 했다.[4] 한국과 인종적으로 가장 비슷한 일본에서 1990년대에 이루어진 연구에서는 주당 평균 근무시간이 55~60시간을 초과하는 경우에 혈압이 올라갈 가능성이 증가한다고 보고되었다.[5] 또 환자-대조군 연구에서도 주당 평균 노동시간이 55~60시간을 초과하면 급성 심근경색 발병 가능성이 두 배 정도 증가한다는 보고가 뒤를 이었다. 원인적 연관성을 밝히는 데 가장 유용한 장기간 추적 조사에 따른 코호트 연구 결과를 보면 하루 열한 시간 이상 일하는 경우 심근경색 발생 위험이 높아진다. 현재까지의 연구 결과를 보면 인종에 따라 차이는 있을 수 있지만 주당 근무시간이 52~60시간 정도 되면 관상동맥질환 발병 위험이 1.5배 이상으로 증가한다고 볼 수 있다. 기초 체력이 약한 경우에는 이보다 근무시간이 더 짧더라도 허혈성 심장질환으로 인한 사망 위험비가 세 배 가까이 증가할 수 있다.

장시간 노동이 안전에 미치는 영향을 다룬 연구들도 일관된 결과를 보여준다. 장시간 노동을 하면 피로가 누적되고, 집중력이 떨어지면서 안전사고 위험이 증가한다는 것이다. 주당 근무시간이 60시간이 넘는 경우 사고가 발생할 가능성이 급격히 증가한다는 연구 결과가 있다.[6] 비슷한 시기에 발표된 환자-교차 연구 결과에 따르면 주당 64시간 이상 근무하는 경우 주당 40시간 근무하는 경우에 비해 작업 중 손상 위험이 88퍼센트 증가한다.[7] 장시간 노동과 관련한 여러 편의 연구 결과들을 종합해보면, 일반적으로 주당 노동시간이 60시간이 넘는 경우 손상 발생 가능성이 두 배 상승한다고 볼 수 있다.

오래 일하면 아프다?–정신건강과 만성적 건강 영향

장시간 근로가 정신건강에 미치는 영향에 대해서는 연구가 많지 않지만 최근의 연구에서는 장시간 근로가 근로자의 정신건강에 부정적인 영향을 미치는 것으로 보고된다. 약 만여 명의 대규모 표본을 이용한 연구를 보면 장시간 노동이 우울이나 불안 등 증상을 1.3~1.7배 정도 증가시킨다.[8] 2010년 트럭 운전사 406명을 대상으로 한 연구에서는 장시간 노동으로 스트레스를 받는다고 이야기한 조사 대상자의 정신과 질환 유병률이 그렇지 않은 대상자보다 약 2.7배 높았다.[9] 최근에 발표된 영국 공무원을 대상으로 한 추적 연구에서는 일 노동시간이 11~12시간에 해당하는 경우 인구학적 요인, 건강 행태, 직무 스트레스 등의 영향을 보정하고서도 7~8시간 근무하는 경우에 비해 주요 우울증이 발생할 가능성이 약 2.5배 증가했다. 한편 한국인을 대상으로 한 연구에서는 주말 근무를 많이 하는 경우 우울증상을 호소할 가능성이 높았고,[10] 실제 주당 노동시간이 52~59시간인 경우 우울증상을 호소할 가능성이 약 19퍼센트, 60시간 이상인 경우에는 62퍼센트 증가하는 것으로 나타났다.[11] 이러다 보니 자살을 생각하는 경우도 많았다.[12]

이렇게 최근 한국에서도 장시간 노동과 건강의 관련성에 대한 연구 결과들이 속속 발표되고 있다. 48시간을 넘게 근무하는 여성에게서 흡연율이 두 배 정도 높았고,[13] 근무시간이 길수록 몸이 안 좋아도 어쩔 수 없이 출근을 하는 경우가 많았고,[14] 주관적인 건강 수준도 나빴으며,[15] 작업장 폭력을 경험할 가능성,[16] 수면과 관련한 문제를 가지고 있을 가능성도 높았다.[17] 사실 전 세계에서 노동시간이 가장 긴 한국에서 장시간 노동이 건강에 끼치는 영향에 대한 연구가 많이 이루어지는 것은 당연한 일이다. 한국 노동자를 대상으로 한 연구 결과들을 보면 비록 단면연구가 대부분을 차지하여 원인적 연관성을 밝히기엔 어려움이 있지만, 주당 노동시간이 60시간 이상인 경우 수면장애, 심혈관 질환, 비만 등 건강 문제가 늘어날 가능성이 있다. 엄마의 장시간 노동이 자녀의 비만과 관련성이 있다는 연구도 있다.

오래 일하면 불행하다?

이렇게 건강과 관련한 다양한 연구가 있지만 현실적으로는 피로가 쌓여서 발생하는 건강상의 문제보다 일상생활 또는 개인적 시간이 사라지면서 정서적 박탈감을 느끼고 가족 같은 정서적 네트워크가 파괴된다는 점이 더욱 심각한 문제다. 오랫동안 장시간 노동을 하는 데 익숙해지다 보면 개인의 정체성을 찾거나 취향에 따라 별도의 활동을 하거나 가족과 함께 보내는 시간 등은 거의 없어지게 된다. 노동자도 이를테면 '어떻게 놀아야 할지를 모르는' 지경에 이르게 된다. 이러다 보니 노동시간 단축이라는 꿈만 같은 개선을 이루어낸 사업장에서 일하는 노동자들은 근무시간이 줄어들고 나서 남는(?) 시간을 어떻게 보낼지 몰라 방황하거나 가족들과 서먹한 관계에 적응하느라 힘들었다고 호소하기도 한다.

"애들이 첨에는 싫어했어요. 귀찮아하더라고. (…) 집에 오면 항상 아빠가 있으니까. (…) 컴퓨터도 마음대로 못 하고, TV도 맘대로 못 보고, 이제 이런 거를 불편해하더라고요. 저 한참 고민했어요, 그거 때문에. 살살 꼬셔서 밖에 나가서 뭐도 하고 뭐도 하고 하면서 조금씩 관계가 좋아진 거죠. (…) 그렇게 같이 있어주니까, 일 년 훨씬 지나보니까, 학교 갔다 와서 아빠가 없으면 전화를 해요. '오늘 어디 있는 거야?' 전화를 해요. 좀, 당연히 가까운 관계인데, 막, 그냥, 말 뿐인 게 아니라 훨씬 더 가까워진 것 같아요"[18]

최근 경기도의 어느 사업장에서 주간 연속 2교대제를 도입해 심야 노동이 철폐되면서 노동시간이 단축되었다. 그 결과 노동자들은 긍정적인 변화로 취미·여가 시간 증대(74퍼센트), 건강 개선(68퍼센트), 부부간 관계 개선(38퍼센트), 자녀와의 관계 개선(28퍼센트) 순으로 꼽았다. 특히 여가 생활의 변화는 시간적 변화 외에도 내용적 변화가 두드러졌다. 휴식이나 TV 시청 등 소극적·소일형 여가 활동은 주간 연속 2교대 도입 전 61.2퍼센트에서 도입 이후에는 26.4퍼센트로 감소했다. 대신 여행, 문화예술·스포츠 관람, 스포츠 활동 등 적극적·오락형 여가 활동은 24.8퍼센트에서 44.9퍼센트로 증가했다. 또 자기계발, 봉사, 종교, 사회참여 활동 등도 2.7퍼센트에서 5.7퍼센트로 증가했다. 여가 활동의 내용과 함께 주목해야 할 것은 여가 시간을 가족과 함께하는 경우가 증가했다는 점이다. 교대제 변경 이전에는 여가 활동을 함께하는 사람이 가족(30퍼센트), 혼자(29퍼센트), 직장 동료(23퍼센트) 순이었으나, 변경 이후에는 가족(45퍼센트), 직장 동료(16퍼센트), 혼자(16퍼센트)로 변화했다. 또 노동시간 단축 이후 가사와 돌봄노동에 들이는 시간이 증가했다고 답한 응답자가 증가한 점 역시 주목할 만하다. 즉 장시간 노동이냐 아니냐 하는 점은 넓은 의미의 사회적 건강에도 결정적인 영향을 끼치는 요소라고 할 수 있다.

시간의 평등, 건강의 평등

—

장시간 노동으로 육체적, 정신적, 사회적 건강에 문제가 생기기 때문에, 노동자가 건강히 살기 위해서 노동시간을 단축하자고 주장하는 것은 너무나 당연하고 자연스러운 일이다. 그렇기 때문에 노동시간 단축은 노동자의 가장 기본적인 요구 중에 하나였다. 잠시 기억을 더듬어 보자. 한번쯤 보거나 듣거나 배웠을 '메이데이'의 유래인 시카고 헤이마켓 사건의 요구는 다름 아닌 '여덟 시간 노동 쟁취'였다. 이 집회를 경찰이 유혈 탄압을 했고 이를 기념해 제2인터내셔널 창립대회에서 매월 5월 1일을 메이데이로 결정한 것이었다. 당시 인터내셔널이 채택한 연대 결의는 세 가지였다. "기계를 멈추자. 노동시간 단축을 위한 투쟁을 조직하자. 만국의 노동자가 단결하여 노동자의 권리 쟁취를 위해 동맹 파업을 하자."

한국에서는 일제 치하였던 1925년 5월 1일 노동자 2천여 명이 모인 가운데 노동시간 단축, 임금 인상, 실업 방지를 주장하는 행사가 최초로 열렸다. 일제시대, 한국 노동운동의 시작이던 그 시기에 원산 총파업 같은 주요 파업의 요구 사항 또한 '여덟 시간 노동 쟁취'였다.[19] 그런데 백여 년이 지난 지금도 여전히 '여덟 시간 노동'은 말 그대로 그림의 떡이다. 오늘도 야근하느라 지친 몸을 이끌고 지하철 막차에 몸을 싣는 모습은 노동자인 나 자신 혹은 내 친구의 모습이다.

왜 한국사회의 노동시간은 줄지 않는 것일까. 연장근로와 휴일근로 때문에 실제로 지켜지는 경우는 많지 않지만 근로기준법상 주당 근로

시간을 40시간으로 정할 때, 노동자들은 IMF 이후에 급격하게 어려워진 상황에서 일자리를 나누기 위해서라도 노동시간을 줄여야 한다고 주장했다. 그런데 줄어든 노동시간만큼 부족한 인력이 정규직으로 충원된 것은 아니었다. 또 노동자들은 잔업과 특근을 열심히 해서 장시간 일을 해야만 아이들 학원비, 보험료, 아파트 사느라 생긴 대출 이자 등을 내면서 생활을 유지할 수 있는 구조 속에서 살아간다. 1996년 정리해고제가 도입되면서 '평생직장'이라는 믿음이 깨졌고 세계 경제의 호황과 불황에 따라 상시로 생산을 조정할 수 있는 생산의 유연화가 다양한 방식으로 시도되었다. 정규직이라고 해도 회사가 살아남아야 자신의 일자리가 유지될 수 있다는 경험을 한 노동자들은 벌 수 있을 때 벌자는 생각을 하게 되고 회사의 물량이 자신의 목숨 줄을 쥐고 있다고 생각하게 되었다. 이러다 보니 회사가 요구하는 수준의 물량을 맞추기 위하여 연장근무와 특근을 당연한 것으로 받아들이면서 자발적으로 동조하게 되었다. 회사가 잘나가야 나도 잘나가는 거니까, 그리고 오래 일을 해야 성과급도 더 받고 시급도 더 받으니까, 그리고 그렇게 벌어야 가족들의 생활이 보장되니까 노동자들은 일을 한다.

노동시간은 빈곤, 임금, 일상의 불안정성, 가족 관계와 공동체, 건강과 삶의 질에 지대한 영향을 미치는 요인이다. 장시간 노동을 줄이고 적정한 노동시간을 쟁취하는 것은 매우 중요하다. 노동시간 단축은 노동자의 건강과 삶의 질 향상을 위해 반드시 필요한 것이다. 그러나 노동시간은 그 자체로 존재하는 독립적인 무엇이 아니다. 노동시간의 단축은 반드시 일자리의 질, 노동시간의 배치와 이에 대한 자율성, 시간 압박, 노동 강도 문제가 함께 고려되어야 하는 것이다. 또 젠더적 접근과 일-생활 균형의 측면을 고려해야 할 필요도 있다. 따라서 진정한 의미를 가진 제대로 된 노동시간 단축은 쉽지 않다.

그렇다고 포기하기에는 노동자들의 삶에서 너무나 많은 것을 결정하는 것이 노동시간이다. 그러니 일단 지나치게 긴 노동시간 자체만이라도 줄이려는 노력을 함께해야 한다. 내가 노동자로서 건강하게 일하려면 언제, 얼마나 오래, 얼마큼의 밀도로 일해야 하는지 고민하고, 이를 적정한 소득과 소비의 문제로 바라봐야 한다. 또 노동을 통한 임금이나 수입 말고도 사회보장으로 해결할 수 있는 방법은 없는지도 함께 고민해야 한다. 교육 체계나 입시가 바뀌어서 덜 경쟁적인 사회가 된다면 사교육에 이만큼 돈을 들이지 않아도 되고, 그 돈을 벌기 위해 일하는 시간을 줄일 수 있지 않을까. 건강보험의 보장성이 강화되어서 내가 아프더라도 우리 가족의 기본적인 생계가 보장된다면 있을 때 벌어놔야 한다고 장시간 일하는 관행은 없어지지 않을까.

그동안 휴일근로가 법정 근로시간에 포함되지 않는다는 사실을 아는 사람이 얼마나 있었을까? 그리고 점심시간이 법정 근로시간에 포함되지 않는다는 사실이 낯설게 느껴지는 이유는 무엇일까? 이러한 질문에 대한 고민을 나누고 노동자의 삶의 질과 건강, 나와 우리의 행복을 중심에 두고 노동시간을 바라볼 때, 노동시간 이면에 있는 노동하지 않는 시간에 관심을 기울일 때 모두에게 평등한 '시간'이 어떻게 운영되어야 하는지 해답을 찾을 수 있을 것이다.

9장

/

노동자의
노동시간 통제

누가 나의 시간을 지배하는가
–

"물 먹을 시간도 없어요. 진짜 바쁜 날은 뛰어다니는데 지금은 뛰어다
닐 정도는 아니고……. 바빠서요. 차트 넣을 때랑 입력 넣을 때, 바이
탈(병원에서 체온, 맥박, 혈압 등을 재는 일), 그럴 때만 앉아 있지."

"내 휴가를 좀 제대로 썼으면 좋겠다. 일 년에 일주일이라도 계획해서
갔다 오고 싶다. 4년째인데 계획해서 간 적이 없다. 특히 명절 때, 주
려면 확실하게 주든지 어느 누구 하나 만족할 수 없는 근무표를 준다.
명절날 연휴 다 쉰 적이 없다. '못 내려가서 어쩌니', 이런 식이다."1

어느 대학병원 간호사의 얘기다. 일하는 동안 바쁜 것도 문제지만, 월초에야 그달 교대 시간표가 정해지는 까닭에 간호사들은 웬만해서는 원하는 날짜에 휴가를 쓸 수 없다.

한편 영업노동자는 컨베이어 벨트 앞에서 일하는 생산노동자에 비하면 노동시간에 자율성이 있다. 물론 말이 좋아 자율성이지 토요일이든 일요일이든 고객이 전화하면 그때부터 노동시간이 시작된다. 쉬고 있는 주말에 고객이 전화해서 상품에 대해 물어보는데 '월요일에 전화 다시 주십시오'라고 말할 수 있는 영업사원이 몇이나 될까. 대신 정해진 업무시간 내에서만큼은 노동자 스스로 업무를 구성할 수 있다. 그래도 영업 노동은 판매 대수로 실적이 고스란히 드러나기 때문에 스스로 늘 압박을 받는다.

그런데도 국내 어느 자동차 회사 판매노동자들에게 날아든 공문에는 이렇게 적혀 있다. '사무실에 앉아서 책 읽거나 인터넷하지 말라, 나가서 돌아다니고 고객을 만나라, 나가서 딴 데 새지 말라, 영업과 관련된 사람에게만 시간을 쓰라.' 노동시간을 통제하려는 사용자의 신경증이 노동자를 어린애 취급하고 의심, 감시하는 행태다. 실제로 영업용 차량에 GPS를 달거나, 영업사원의 개인 스마트폰에 GPS 앱을 설치해 거래처로 가는 경로에서 이탈하면 경보음이 울리는 시스템을 도입한 회사도 있다. 어느 포털 문답 사이트에는 '회사에서 제 차(전화)에 GPS를 달았는데 이거 인권 침해 아닌가요?' 같은 질문이 올라온다. 인권 침해 맞다. 국가인권위원회가 한국법제연구원에 의뢰해 15~59세 노동자 7백 명을 대상으로 정보기기(CCTV 설치, 위치 추적, 통화내역 녹음 등)

에 의한 노동인권 침해 실태를 조사한 결과 응답자의 62.3퍼센트가 회사에서 GPS 등으로 자신의 위치를 추적해 사생활을 침해당하는 것이 가장 심각하다고 꼽았다.[2]

불규칙한 노동시간으로 악명 높은 IT업계 사정도 말이 아니다. IT업계 중에서도 특히 개발 직종은 근무시간이 매우 불규칙하다. 개발자의 업무는 프로젝트에 따라 결정된다. 고객의 요구에 따라 '주문 생산'하는 체제이기 때문에 대부분 불규칙한 장시간 노동에 시달린다. 프로젝트 납기 때문에 항상 시간에 쫓기고, 그러는 중에도 고객이 새로운 요구를 하거나 주문 내용을 변경하면 계획에 없던 연장근무, 야근, 특근이 무시로 발생한다.

> "계약을 할 때 계약서 내용에 디테일한 개발 범위 내용을 다 집어넣을 수가 없어요. 아웃라인만 잡고 들어가는데. 실제 프로젝트를 진행하다 보면 업무 범위가 막 넓어지죠. 그러다 보니 막판에 론칭 시점은 다 되고, 밤새는 게 태반이죠."[3]

이런 경우 노동시간을 마음대로 결정할 수 없는 노동자는 곧 자기 생활 시간 전체, 삶 전반에 대한 자율성을 박탈당하고 만다. 노동자에게 노동시간은 하루 중 깨어 있는 시간의 대부분을 차지하는 시간, 목적의식적으로 행하는 행위의 대부분을 차지하는 시간이다. 무슨 일을 어떻게 하는지가 그의 삶을 규정하고, 자아를 형성하며, 노동시간 동안 노동력을 제공한 대가인 임금으로 생활을 꾸린다. 그러니 아무리 노동자가 임금을 받고 노동시간 동안 노동력을 제공하는 관계라고 하더라도, 노동자는 노동시간에 대해 기본적인 통제권을 요구할 수밖에 없다. 기본적인 생리적 욕구를 충족하기 위해 노동시간 도중 적절한 휴식 시간이 필요하고, 원만한 사회생활을 위해 노동시간을 계획할 수 있기를 바란다. 노동시간에 대한 이런 기본적인 통제가 무너지면, 노동자의 몸도 삶도 무너진다.

그러나 노동자는 자신의 안전과 건강이 위협받을 때나 인격이 무시당할 때, 권리를 침해당할 때조차 하던 일을 멈추겠다고 선언하기가 쉽지 않다. 사용자에게 노동시간은 자신이 구매한 노동력과 자신이 가진 원료, 생산수단을 결합시킬 수 있는 시간이다. 다시 말해 노동자를 이용해 기계를 가동할 수 있는 시간, 그 활동의 결과로 이윤을 만들어 낼 수 있는 시간이다. 게다가 사용자는 임금을 지불함으로써 노동자의 노동시간을 온전히 통제할 권리가 자신에게 있다고 생각한다. 노동시간을 최대한 연장하기를 원하고 중단 없이 노동이 이루어지기를 바라지, 노동자의 안전과 건강, 인격이 위협받는다고 작업을 중단하고 싶어 하지 않는다.

그래서 '노동시간은 누가 결정하고 통제하는가?' '노동자는 어떤 조건에서 자신의 노동시간을 얼마큼 통제할 수 있는가?' 이러한 질문이 첨예한 대립으로 등장한다.

생명과 안전이 위험해도 작업장 시계는 돌아간다

조선소에서 일하던 만 스물세 살 하청노동자가 돌연사했다. 젊은 노동자는 지난 8월 한낮에 배 안에서 작업하던 도중 혼자 쓰러진 상태로 동료 작업자에 발견되어 응급실로 후송되었으나, 결국 사망했다. 그가 하던 일은 선체 외부 용접을 하기 위해서, 선체 안에서 용접될 철판 부분을 100~120도까지 예열하고 용접이 잘 이루어지도록 하는 백킹제라는 것을 탈부착하는 것이었다. 사망 원인은 한여름 대낮, 철판으로 이루어진 선체 내부 온도가 크게 오르면서 발생한 열사병이었다. 사망한 그가 남긴 핸드폰에는 사망하기 얼마 전 반장과 주고받은 문자메시지가 남아 있었다.

"반장님 정말 죄송하지만 내일 연차 내고 이번 주 쉬고 싶습니다."
"내일 물량을 보고도? 엿먹어라 이기네?"
"출근하겠습니다. 반장님."4

휴가를 쓰고 싶을 때 쓸 수 없었던 이 노동자는 그렇게 덥고 힘든 순간에도 말 못하고 일하다 쓰러진 것이었다.

우리나라는 산업재해사망률 또한 OECD 회원국 중 1위다. 2015년 한 해 동안 노동부 통계로만 1810명이 사망했다. 우리나라에서 단독 사고로 가장 많은 인원이 사망한 사고가 삼풍백화점 붕괴 사고다. 당시 사망자 수가 502명이었으니, 한 해에 삼풍백화점 붕괴 사고 사망자

보다 세 배 많은 목숨이 일터에서 일을 하다가, 일 때문에 죽는다.

산업재해는 재해를 입은 노동자에게는 모든 것을 잃는 것과 마찬가지다. 게다가 경제활동을 하고 있는 사람에게 발생하기 때문에 기업이나 국가에 미치는 경제적 손실도 크다. 그래서 산재로 인한 인명 손실을 줄이고, 노동자들이 조금 더 안전하게 일하도록 만든 법이 산업안전보건법이다. 산업안전보건법 26조에는 '산업재해가 발생할 급박한 위험이 있을 때' 사업주는 작업을 중지시키고 노동자를 대피시켜야 한다고 정해져 있다. 노동자 입장에서는 이런 위험이 있을 때 작업을 중지하고 대피할 권리가 있다. 이를 작업중지권이라고 한다. 일터에서 재해 발생을 막기 위한 가장 기본적인 권리다.

조선소에서 쓰러진 저 젊은 노동자가 "이렇게 더운 상황에서는 일할 수 없다"고 말할 수 있었다면, 그에게 작업중지권이 있었다면, 목숨을 잃지 않을 수 있었을 것이다. 그러나 대부분 사업장에서 '라인'은 사망 사고가 발생한 이후에야 멈춘다. '죽을 뻔한' 일이나 죽지 않은 사고로 작업장 시계를 세우기란 쉽지가 않다. 공장이 멈춘 시간은 곧바로 '생산하지 못한 자동차 대수', 그래서 '회사와 국가에 끼친 손해 액수'로 환산되기 때문이다. 이런 작업장의 시간은 산 노동의 시간, 노동자의 시간이 아니다.

2011년 어느 자동차 공장에서 기계설비 수리보전을 담당하는 노동자 한 명이 고장난 설비를 살펴보던 중 손가락이 기계에 끼이는 사고를 당했다. 회사의 안전작업지침에는 설비 수리 작업은 기계 작동을 멈춘 상태에서 하도록 되어 있지만, 말 그대로 시간이 금인 현장에서 기계를 완전히 멈추고 수리하는 경우는 흔치 않다. 기계가 가동되는 사이에 요령 있게 기계 상태를 파악하고 문제를 해결하는 것이 보전 작업자의 능력을 보여주는 지표처럼 여겨지기도 한다. 이날도 사고를 당한 노동자가 설비 가동을 완전히 중단하지 않은 상태에서 고장 원인을 파악하고 있었다. 이 사실을 미처 몰랐던 다른 작업자가 설비를 다시 작동시키는 바람에 보전 작업자의 손가락이 기계 속으로 빨려들어간 것이었다. 이전에도 비슷한 사고나 아차사고(사고가 일어날 수 있는 상황이 발생했으나 실제 사고는 발생하지 않은 상황)가 반복되던 터였다.

사망 사고가 발생하면 그 부서 혹은 전체 공장의 가동을 중단하고 재해 발생 원인을 조사하고, 전체 노동자를 대상으로 안전보건교육을 하는 것이 관례였다. 그러나 손가락이 으스러진 사고였기 때문일까. 회사는 사고가 났는데도 원인 조사나 안전보건교육을 하지 않고 라인을 정상 가동했다. 심지어 사고를 당한 작업자가 고치려던 고장 문제도 해결하지 않은 채 일단 라인을 돌리다가, 라인이 원래 가동되지 않는 쉬는 시간을 이용해 설비를 고쳤다. 멀리 떨어져 있는 노동자들은 같은 공장 안에서 누군가 사고를 당한 줄도 모르고 평소처럼 일했다.

뒤늦게 경과를 들은 노동조합 대의원이 사내 안전보건규정에 규정된 재해 발생 원인 조사, 재발 방지 대책 마련, 안전교육 실시를 위해 설비 가동을 중단했다. 컨베이어 벨트를 중심으로 생산이 이루어지는 자동차 공장의 특징상 공장 전체가 멈췄다. 작업이 중단된 후 노사는 임시 산업안전보건위원회를 열어 라인이 가동되는 도중 정비 작업을 하는 경우 사고 위험이 높으므로 설비 가동을 중단한 후 정비한다는 원칙을 다시 확인했다. 그동안 보전 작업자 사이에서 비슷한 사고가 반복되고 있다는 것을 회사도 인정하고 향후 재발 방지를 위한 대책을 약속하기도 했다.

그런데 사건 발생 20여 일이 지난 후, 회사는 공장 가동을 중단시킨 대의원이 '고의 또는 중대한 과실로 회사에 막대한 재산상 손해를 끼쳤을 때'에 해당한다며 정직 2개월 징계를 내렸다. 27분간 작업을 중단해 회사에 3억 3천만 원 손해를 입혔다는 이유였다.[5] 이 노동조합 대의원은 부당 징계라며 소송까지 벌였지만 결국 무죄를 인정 받지 못했다. 담당 변호사는 기계를 멈추고 수리 작업을 하지 않아 사고가 발생하는 사례가 반복되었다는 점과 회사 측도 안전 교육과 재발 방지 대책이 필요하다고 인정했던 점을 강조했지만, 재판부가 설득되지 않았다고 한다. 그는 또 '자동차 노동조합 48시간 파업이면 3900억 원 매출 손실' 같은 논리가 일상화되다 보니 재판부에서도 '아주 심각한 사고도 아니었는데, 작업을 중단시켜 회사에 손해가 발생한 것이 정당한 행위라고 볼 수 있나?' 이런 관점이 팽배하다는 느낌을 받았다고 한다.[6]

작업중지권을 둘러싼 싸움
—

작업중지권을 확보하고 확장하기 위한 싸움은 '노동시간을 누가 통제할 것인가'를 둘러싼 것이었지만, 그동안 우리나라에서는 주로 안전 보건 문제를 두고 벌어져왔다.

산업안전보건법은 1982년부터 시행되었다. 그런데 법 제정 당시 작업중지권은 겨우 '산업재해가 발생할 급박한 위험이 있을 때, 사업주가 작업을 중지시키고 근로자를 대피시켜야 한다'는 내용만을 담았다. 법 조문대로라면 사업주 지시가 없다면 노동자는 위험한 상황에서도 스스로 대피할 수 없다. 노동자를 대피시켰던 사업주가 어떤 상황에서 다시 작업을 시작할 수 있는지 하는 조건도 명기되지 않았다.

1990년에 산업안전보건법이 대폭 개정될 때 사업주가 필요한 안전, 보건 상의 조치를 행한 후 작업을 재개해야 한다는 내용과 현재 4항에 해당하는 '고용노동부 장관이 중대 재해 후 원인 조사, 안전 보건 진단 등을 할 수 있다'는 내용이 포함되었다. 그러나 여전히 노동자들에게는 자신의 목숨이 위험할 때 피할 수 있는 권리조차 보장되지 못하는 법 조문이었다.

1995년은 지금보다도 노동 현장 환경이 훨씬 위험하고 열악했다. 당시 한 해 동안 산재로 사망한 노동자가 노동부 공식 통계로만 2662명이었다. 노동자 만 명당 산재 사망자가 3.4명이었다. 지금도 OECD 최고 수준인 우리나라 산재 사망 만인율은 1.4~1.5명 정도니, 당시에는 일하다가 죽는 일이 얼마나 많았을지 짐작할 수 있을 것이다. 이런 배경에서 노동보건운동 진영과 노동자들의 지속적인 요구로 1995년 지금의 2항이 신설되어, 노동자가 '산업 재해가 발생할 급박한 위험으로 인하여 작업을 중지하고 대피'하도록 했다. 급박한 위험이 어느 정도인지, 급박한 위험이라는 판단은 누가 하는지, 대피 후 작업을 재개할 조건은 무엇인지, 그 판단은 어떻게 하는지, 이런 세부 규정이 없어 조항 신설 당시부터 논란이 되었다. 이 모호함은 20년이 지난 지금까지도 그대로 남아 있어 작업중지권을 행사한 것을 두고 노사 간에 법적 다툼을 할 때 빈번하게 쟁점이 된다. 이듬해인 1996년에 작업을 중지한 노동자에 대한 불리한 처우를 금지한 3항이 신설되었고, 중대 재해가 발생한 현장의 훼손을 금지하는 조항인 5항은 2007년에야 새로 도입되었다.

작업중지권이 중요한 이유는 위험이 사고로 이어지지 않았을 때, 업무를 중단하여 사고를 예방할 수 있기 때문이다. 그런데 현재 우리 사회에서는 사망 사고나 중대 재해[7]가 아니라면 사고가 발생한 뒤에 작업을 중단하여 2차적인 사고 발생을 막기 위한 노력도 회사 측의 탄압에 부딪치니, 위험 상황을 인지했을 때 예방을 위해 작업중지권을 사용한다는 원칙은 현실과는 먼 얘기일 뿐이다.

후퇴하는 노동자의 노동시간 통제
–

지난 수십 년 동안 안전보건에 대한 관심이 높아지고 산재 발생률이 매년 감소하는 추세라고 하지만, 현장의 작업중지권 사용은 확대되기는커녕 오히려 갈수록 제한되는 듯하다. 몇몇 대표적인 사례를 먼저 살펴보자.

2000년 국내 자동차 생산 업체의 자회사인 부품 업체에서 공장 안에 설치된 크레인의 와이어로프가 낡아 크레인에 매달아 운반하던 철판이 떨어지는 사고가 발생했다. 이 회사에서는 보통 크레인을 사용하여 중량물을 이동하는 데 그동안에도 1년에 몇 번씩 물건이 떨어지는 사고가 일어났다. 사고가 나도 사람이 크게 다치거나 죽으면 문제가 될 뿐, 사람이 다치지 않으면 문제 삼지 않고 넘어가는 것이 일반적이었다. 하지만 그해 이 회사 노동조합에서는 부서별로 환경, 보건, 안전 문제를 담당하는 환경개선위원회를 구성해서 작은 사고나 아차사고에도 적극적으로 개입해왔다. 그래서 사람이 다치는 사고가 아니었음에도 이 부서 환경개선위원회 노동자들이 나서서 부서 전체 작업을 중단하고 와이어로프를 점검했다. 그 결과 80퍼센트가 넘는 와이어로프에서 문제가 있음을 발견하였다. 노동조합 소속의 부서 환경개선위원회 활동가들은 노동자들이 보는 앞에서 문제가 있는 와이어로프를 절단기로 모두 잘라버렸다. 결국 회사는 와이어로프를 새로 장만할 수밖에 없었다.[8]

　15년이 흐른 2015년 1월, 이 업체에서 아주 비슷한 사고가 재발했다. 3백 킬로그램에 달하는 엔진이 역시 천장에 설치된 이송기에 매달려 운반되던 중 추락했다. 천만다행으로 엔진이 떨어진 자리에 작업자가 없었다. 그렇지만 추락 지점에서 5미터 떨어진 곳에서 노동자가 작업을 하던 중이었다. 회사는 사람이 죽거나 다치지 않았으니 안전사고가 아니라며 추락물을 치우고 빨리 라인을 재가동하라고 요구했다. 노조는 다른 사고를 막기 위해 원인을 제대로 찾고 대책을 마련하라고 맞섰다. 이 와중에 회사 측에서 동원한 구사대 5백여 명과 조합원 천여 명 사이에 물리적 충돌까지 발생했다. 이런 대기업에서 똑같은 사고가 반복된다는 것도 기막히지만, 노동자들의 대응에 회사 측이 폭력적으로 대응했다는 점은 더욱 우려스럽다.

법적인 판결도 노동자에게 불리해지는 경향이 있다. 2009년 한 자동차 제조 공장에서 연료탱크가 컨베이어 벨트 위에 30도 정도 기울어진 불안정한 상태로 실려 있는 것을 관리자들이 발견했다. 이는 처음 있는 일이 아니었다. 전날에도 비슷한 사고가 발생했지만 원인을 밝히지 못한 상태에서 생산을 지속하다가 같은 현상이 다시 발생한 것이다. 자칫 잘못하면 금속 부품이 부러지거나 튕겨 작업자가 다칠 수 있는 상황이었다. 이에 어느 노동조합 대의원이 정확한 원인을 파악하지 않고는 라인을 재가동할 수 없다며 부서 노동자 40명의 작업을 중단시켰다. 그러자 회사 측은 "이 노동조합 대의원의 위력으로 차량 28대, 시가 7억 2700만 원 상당의 생산이 이루어지지 못했다"며 업무방해 혐의로 고소했다. 재판부는 이 노동자의 행위는 "사회상규에 위배되지 않는다"고 판시하며 이렇게 덧붙였다. "기존에 설비 이상 등으로 라인이 중단됐을 경우 노사가 원인을 파악하고 대책을 마련하기 위해 협의를 진행하고, 이를 통해 작업자가 이해하거나 동의할 경우 라인을 재가동해 왔던 관행이 존재한다." 당시 언론은 이 판단이 노조 탄압을 목적으로 한 사용자의 고소·고발 남발을 경계한 것으로 해석했다.[9]

그러나 2014년에는 반대로 노동자의 작업중지 남발을 경계하는 판결이 나왔다. 2013년 또 다른 자동차 제조 업체에서 기계 내부를 청소하던 노동자의 손가락이 기계에 압착되는 사고가 발생해 라인이 중지되었다. 그런데 한 시간도 채 지나지 않아 같은 공장에서 차량 앞을 지나가던 노동자가 차에 부딪치는 사고가 발생해 즉시 라인이 중지되었다. 이에 노사가 곧바로 모여 사고 현장을 확인하고 대책회의를 열어 두 시간 후부터 생산라인을 가동하기로 합의했다. 그런데 일부 노동자들은 작업이 중단된 동안 대책회의와 별도로 모여 이 부서 전체에 특별 안전점검을 실시하자고 주장하며 작업 재개를 거부했다. 결국 두 시간 남짓 작업이 중단되었고 안전점검이 실시되었다. 그런데 이를 두고 회사가 노동자를 업무방해로 고소했다.

법원은 범죄 사실을 인정하면서 이를 정당행위나 긴급피난행위로 인정할 수 없다고 봤다. 피해자(회사)가 입은 손해가 중대하고 정당한 노사 협의 없이 독단적으로 결정했다는 점을 강조하며 '위력에 의한 업무방해'에 해당한다고 판결했다. 한 시간도 안 되는 사이에 안전사고가 두 건이나 발생한 점이나, 작업 재개 거부가 막대한 손해를 입힐 정도의 정도의 무력행사가 아니었다는 점은 충분히 검토되지 못했다.[10] 산업안전보건연구원 조사에서 어느 노동자는 이런 말을 하기도 했다.

"노조가 없거나 작은 공장은 모르겠지만 우리 회사에서는 작업중지권이 너무 자주 사용되고, 관행적으로 중단된다. 작업장에서 인사 사고가 있으면 무조건 작업이 중단된다. 이것은 관리자도 동의한다. 중대 사고에 노사가 없다고 본다. 그런데 작업자 부주의로 옆 동료와 이야기하다가 실수로 설비에 머리를 부딪쳐서 다친 경우에도 작업을 중지하는 경우도 있다. 이럴 정도로 우리 회사에서는 남용된다."[11]

그러나 이런 사업장에서조차 최근에는 안전 문제로 작업을 중지한 경우에 노동자를 징계하고 업무방해죄로 고발하여 손해배상을 청구하는 일이 늘어나면서 안전 문제로 작업을 중지하는 것이 어려워졌다. 이 사업장에서 작업중지권을 사용한 후 업무방해로 고발당한 어느 노동조합 활동가는 "업무방해와 손해배상으로 한 명만 시범 케이스로 때리면 현장이 얼어버린다"며 회사가 현장 분위기를 장악하기 위해 작업중지권 문제에 혹독하게 대처한다고 지적했다.

　　이러한 측면에서도 작업중지권 문제는 안전보건 영역의 문제라기보다 작업장과 노동시간 통제를 둘러싼 노동과 자본의 대립에 가깝다. 국제노동기구(ILO)는 기본 인권, 고용, 노사 관계, 사회보장 등 여러 분야를 망라한 협약을 내놓는다. 그중 29호 '강제노동에 관한 협약'과 105호 '강제노동 철폐에 관한 협약'은 노동자의 가장 기본적인 권리를 다루는 여덟 개 핵심 협약에 포함된다. 여기서 말하는 '강제근로'란 처벌받으리라는 위협 아래에서 하는 노동을 가리키는 것으로, 자발적으로 제공하지 않는 모든 노동이 여기 포함된다.[12] 대한민국은 아직 이 협약을 비준하지 않았다. 하지만 근로기준법 7조로 강제근로 금지 조항을 두었다. '사용자는 폭행, 협박, 감금, 그 밖에 정신상 또는 신체상의 자유를 부당하게 구속하는 수단으로써 근로자의 자유의사에 어긋나는 근로를 강요하지 못한다'고 못 박고, 원칙적으로 강제 노동을 금지한다. 이는 근로계약에 따라 임금을 받고 노동력을 제공하더라도 일하는 동안 인신의 자유를 자본가에게 통째로 위임하는 것은 아니라는 인식을 바탕에 둔 것이다.

그러므로 이런 원칙 아래에서는 일하다가 재해의 위험이 느껴지면 작업을 중단하고 대피할 수 있는 작업중지권의 논리가 사실 법에서 따로 규정할 필요가 없는 당연한 권리다.

노동자의 인격권과 작업중지권
–

상담원 행복을 드리는 LG 유플러스 상담사 ○○○ 입니다.

고객 네? 불났어요?

상담원 아니요. 고객님 LG 유플러스입니다.

고객 어디?

상담원 LG 유플러스요, 고객님.

고객 LG가 불났다고?

상담원 LG가 불난 게 아니고요. LG 유플러스요. 고객님. 인터넷하는 업체예요.

고객 거기가 어딘데요?

상담원 고객센터예요, 고객님.

고객 예? 목욕탕?

상담원 고객센터예요. 고객님. LG 유플러스.

고객 목욕탕에 불났다고?

상담원 목욕탕에 불난 게 아니고요, LG 유플러스예요, 고객님.

2013년 인터넷에서 화제가 된 '장난전화 아닌데 완전 빵 터짐. 고객센터에 전화를 잘못한 할머니'라는 제목의 음성 파일에 담긴 내용이다. 고장 난 레코드판 같은 대화가 2분 넘게 되풀이된다. 상담원은 'LG 유플러스입니다. 고객님'을 열 번도 넘게 반복한다. 음성파일을 들은 사람들은 '상담원 암 걸리겠다' '저 상담원 정말 잘 참았다'는 댓글을 달았다. 이 상담원은 대체 얼마나 착하고 친절한 사람이기에 '암 걸릴' 지경인데도 전화를 끊지 못하고 고객에게 공손하게 응대해준 것일까? 그러나 짐작하듯이 이 상담원이 전화를 끊지 못하고 끝까지 고객과 대화를 이어나갈 수밖에 없었던 것은 그가 친절하기 때문만은 아니다.

만약 저 대화가 악의 없는 고객과의 '빵 터질' 만큼 우스운 대화가 아니었더라도 상담원은 다르게 대처할 수 없었을 것이다. 만일 고객이 '몇 시에 퇴근하느냐? 퇴근 후에 만나자'며 성희롱을 하거나, 말도 안 되는 요구를 하더라도 상담원은 '죄송합니다. 고객님'을 반복해야만 했을 것이다. 어떤 경우라도 고객이 우선이라는 방침이 콜센터 내에 확고하기 때문이다. 대부분의 콜센터에서는 고객이 부당한 요구를 하거나 폭언·욕설을 하는 경우에도 먼저 통화를 끊으면 안 된다는 방침이 있다. 그러니 어디 고객님 귀가 어둡고 잘 못 알아듣는다는 이유로 전화를 먼저 끊을 수가 있겠는가.

이런 슬프고도 우스꽝스러운 장면이 벌어지는 이유는 콜센터 노동자들에게는 자신의 노동시간을 통제할 권리가 없기 때문이다. 사업주와 근로계약을 맺은 여덟 시간 동안 시간을 어떻게 구성하고 어떻게 사용할지는 온전히 사업주에게 달려 있다. 어떤 경우에 통화를 끊을지, 어떤 경우에 잠깐 쉬면서 폭력적인 통화 때문에 끓어오른 분노를 삭일지 노동자가 결정할 수 없다.

한 조사에 따르면 콜센터 노동자의 약 90퍼센트가 고객으로부터 인격 무시, 욕설, 성희롱 등 부정적 사건을 경험했다고 한다. 모든 콜센터 노동자는 이와 같은 사건을 일주일에 평균 1.4회꼴로 겪지만, 그중 절반 정도는 부정적 사건이 발생해도 규칙상 오히려 고객에게 사과를 해야 하거나 최소한 전화를 먼저 끊지 못했다. 조사에 응한 콜센터 노동자 중 25퍼센트는 우울증 증상이 의심되었고, 사회심리적 건강 고위험군으로 분류된 이들은 40퍼센트로 나타났다고 한다.[13]

콜센터 노동자가 자신의 노동을 통제할 수 있는 최소한의 권리가 통화거절권이다. 말 그대로 문제가 되는 통화는 노동자가 스스로 판단해서 끊을 수 있게 하는 권리다. 콜센터 상담 노동자의 감정노동이 사회적으로 문제가 되자 일부 콜센터 회사에서 노동자의 통화거절권을 제도로 보장하기 시작했다. 전화로 민원 서비스를 상담하는 서울시 다산콜센터는 애초 콜센터 노동자가 고객으로부터 언어적·성적 폭력을 당할 경우 세 번까지 경고하고 고객이 폭력을 행사할 경우 전화를 끊을 수 있는 '삼진아웃 제도'를 시행하다가, 국가인권위원회 권고를 받아들여 '원 스트라이크 아웃'으로 정책을 전환했다. 단 한 번의 폭력이 있어도 전화를 끊을 권리를 콜센터 직원들에게 부여한 것이다.

콜센터 노동자의 통화거절권은 일종의 작업을 거부할 권리다. 법학자들은 '고객의 폭언과 성희롱을 참고 응대해야 하는 감정노동은 정당한 노무 제공 의무에서 벗어나는 것'이므로 노동자가 이러한 감정노동을 참고 견뎌야 할 의무가 없다고 규정한다.[14] 회사 혹은 사용자와 근로계약을 맺고 노동력을 제공한다 하더라도 폭언과 폭력, 인격 침해를 감내하며 일할 의무는 없다는 것이고, 이런 종류의 일은 거부할 수 있다는 것이다. 노동자에게는 고객에 의한 폭언과 성희롱이 자행될 때, 그 시간을 멈추고 벗어나 자신의 인격을 지킬 권리가 있다. 콜센터 노동자가 전화를 끊는 것은 말 그대로 폭력의 시간을 거부하고, 인권 침해를 멈추게 하는 효과가 있다.

노동자의 인격권을 확장하고 이와 함께 작업거절권의 범위를 넓게 보자는 논의가 언론노동자의 파업을 계기로도 벌어졌다. MBC 노조는 2012년에 방송사 파업 사상 가장 긴 170일 동안 파업을 벌였다. 당시 파업에 참여한 MBC 노동자들은 방송 내용, 보도 방향 등에 직접적인 회유와 압박을 받았다고 폭로했다. 어느 기자는 파업 당시 열린 좌담회에서 2011년 6월 10일 반값등록금 집회가 열린 뒤 앵커가 '24년 전 학생들은 민주화를 외치며 시청 앞에 모였지만 오늘날 대학생들은 반값등록금 집회를 외치며 광장에 모이게 됐다'고 말한 것까지 회사 측이 문제 삼았다고 증언했다.[15] 선거 국면에서 특정 정당 후보에 대한 편파 방송을 하는 것은 물론, 아주 사소한 수준까지 방송 내용을 공공연하게 검열했다는 얘기다. 게다가 회사는 이런 사태가 일어났을 때 노사가 협의할 수 있도록 만든 공정방송협의회 개최를 회피하면서 노동자들의 문제제기를 원천 봉쇄했다. 이런 상황에서 정상적인 방송, 즉 자신의 정상적인 노동이 불가능하다고 느낀 방송노동자들은 공정성과 독립성, 자율성을 걸고 파업을 선언했다.

사상 초유의 기나긴 파업 이후 회사는 노동조합 간부와 활동가들을 징계하고 업무방해로 고소했다. 이에 대해 재판부는 공정 방송의 의무는 "노사 양측에 요구되는 의무임과 동시에 실제 방송 제작 등에 있어서 공정 방송 의무를 실현하는 것이 가능한 환경이 조성되었는지 여부 등은 근로 조건을 결정짓는 중요한 요소가 된다고 할 것"[16]이라고 말했다. 그러면서 공정 방송 의무를 실현할 수 없는 상황에서 노동을 거부한 노동자들의 행위를 정당하다고 평가했다.

법학계에서도 "신체적 인격권의 보호를 위해 작업거절권을 인정할 수 있다면, 마찬가지로 공정 보도 및 방송에 대한 양심 및 신조를 위해 방송작업의 거절권"도 인정해야 한다고 주장했다. 방송의 공적 의무에 반하는 보도행태를 지속하는 것은 "소속 근로자의 명예나 양심, 신조에 반하는 것으로 개개인의 인격권을 침해하는 것이며, 이를 회피하기 위해 방송 작업을 거부하는 것은 작업거절권으로서 상당성이 있는 한 허용될 필요가 있다"는 것이다.[17]

산업재해가 발생할 위험이 있을 때뿐 아니라, 노동자의 인격권이 침해될 때 노동자는 그 작업을 거부하고 노동시간을 멈추거나 중단시킬 권리가 있다. 앞서 예를 든 콜센터 노동자들이 고객과의 통화 과정에서 폭언으로 인격권을 침해당했을 경우나, 방송을 만드는 과정에서 자율성을 완전히 무시당했던 방송노동자가 대표적이다. 연구자들은 그 외에도 직장 내 성희롱, 집단적 괴롭힘, 인신 모욕적 폭언, 프라이버시 침해, 무분별한 개인정보 수집, 양심에 반하는 노동 강요, 건강 및 가정생활의 양립에 반하는 장시간 노동 강요 등을 모두 노동자의 인격권을 위협하는 사례로 본다. 계약 대상인 노동력과 노동자의 인격이 분리되기 어려운 임노동 관계의 특성 때문에, 노동자들은 임노동 과정에서 인격권을 침해당하는 상황에 노출되기 쉽다. 그리고 근본적으로 노동자가 불리하기 쉽다는 임노동 관계의 또 다른 특성 때문에, 이런 상황을 사전에 회피하기 어려운 경우가 상당수다. 그래서 노동 과정이 노동자의 인격권을 침해할 때 노동자에게는 노동을 거부할 수 있는 권리가 있다는 것이다. 그러나 노동자가 근로계약에 앞서 이런 인격권 침해 상황을 사전에 회피하기 어려운 것은 물론, 인격권이 침해당하는 도중에도 이를 중단하기란 쉽지 않다.

노동시간을 누가 통제할 것인지 첨예하게 대립되는 순간은 이렇게 우리 곁에, 우리가 노동하는 순간순간에 존재한다. 모든 자본은 기본적으로 노동자가 작업장에 와 있는 시간을 더 확실하게 지배하고 통제하기를 바란다. 작업중지권을 더 자유롭게 실행해서 안전과 자신의 양심을 지키고, 인격권을 도모해야 한다는 노동자의 요구에 자본은 민감하게 반응한다. 일상적 파업권을 달라는 거냐고 으름장을 놓는다. 노동시간을 기획하고 운영하고, 중단과 재개를 결정하는 것은 '경영'이라고 주장한다.

대법원은 지난 2001년 판례[18]에서 파업을 '사용자에게 압력을 가하여 근로자의 주장을 관철하고자 집단적으로 노무제공을 중단하는 실력행사'로 보고, 업무방해죄에서 말하는 위력에 해당하는 요소가 파업에 포함된다고 판결했다. 이에 따라 파업을 업무방해로 규정하여 정부가 파업 참가자를 처벌하거나, 기업이 나서서 파업에 따르는 손해를

배상하라고 나서는 일이 이제 일상이 되었다. 그 결과 노동자의 단체
행동권은 심각하게 제약되었고, 자신의 권리를 행사하는 노동자들은
고통을 안게 되었다. 파업에 대한 이러한 맥락과 유사하게 작업중지권
사용 역시 '일을 하지 않는' 부작위를 넘어 위력에 해당하는 요소가 있
다고 봄으로써 작업중지권이 사용될 범위를 좁혀 활용을 어렵게 만들
고 있다.

자신의 노동시간을 통제한다는 것

—

"종사자는 규칙에 어긋나는 지휘와 위험 작업을 강제로 명령 받은
경우에는 거부할 권리가 있다."

우리나라 산업안전보건법에 해당하는 중국 안전생산법 51조에는 작
업중지권이 이렇게 쉽고 명확하게 규정되어 있다. 규칙에 어긋나는 지
휘, 위험 작업의 강제적인 명령을 거절했다는 이유로 임금, 복리 등 대
우를 낮추거나 해고할 수 없다는 점도 함께 담겨 있다. 긴급 상황에서
작업을 정지하거나 긴급히 몸을 피할 수 있도록 하는 최소한의 대피
권은 같은 법 52조에 따로 규정하고 있으며, 노동자가 긴급 상황이 발
생했을 때 작업을 멈추거나 긴급히 이탈했다는 이유로 불이익을 줄 수
없도록 하고 있다. 대피할 수 있는 권리를 넘어서 노동 현장이 안전하
고 건강하게 운영되어야 한다는 원칙을 주장하고, 이를 감시하는 주체
가 노동자임을 분명하게 드러낸다. 이 조건이 충족되지 않는 경우 노

동을 거부할 수 있도록 보장하는 셈이다.

이 법 조항만 해도 우리나라 산업안전보건법보다 명확하고 권리 수준이 높은 것이지만 여기서 한 발 더 나아가 생각할 필요가 있다. 노동자가 자기 노동시간을 통제할 수 있는 조건을 안전 문제, 생명에 위협을 주는 문제에서 더 확대해나가는 것이 필요한 것은 아닐까 하는 점이다. 개인적인 생활을 가지기 어려울 정도로 노동시간이 불규칙한 경우 노동자가 자신의 노동시간을 통제할 수 있어야 하지 않을까? 회사가 나서서 독립적이고 자율적인 방송 제작을 가로막는 것에 맞서 긴 파업 투쟁을 했던 방송노동자들처럼 양심에 반하는 업무를 강요당하는 경우 작업을 멈출 수 있어야 하지 않을까? 회사가 근태 관리를 핑계로 인신을 모욕하는 발언을 하거나, 미행과 감시로 프라이버시를 침해하는 상황에서는 작업을 중단할 수 있어야 하는 것이 아닐까? 그 출발은 노동자 스스로 '아무리 출근해서 퇴근하기까지 시간은 회사에 노동력을 제공하는 시간이라고 해도 내가 내 안전에 위협을 느낀다면, 내 인격을 모독당한다면 작업을 멈출 수 있어야 한다'라는 사실을 먼저 깨닫는 일일 것이다.

작업을 멈출 수 있는 조건을 점점 더 넓혀나가며 작업중지권을 일상에서 실천하는 것은 작업장의 노동시간이 생산성보다 노동자의 인권을, 이윤보다 노동자의 몸과 삶을, 품질보다 노동자의 삶의 질을 우선하는 가치로 삼고 작동하게 하려는 실천의 첫걸음이다.

10장

／

탈산업시대
근면 신화의 의미

근면 신화의 기원

—

"그 사람 참 근면하고 성실하지, 게다가 인물도 좋고……."

이 정도면 한국사회에서 일등 신랑감 내지 일등 신붓감이 아닐까? 특히 누군가에게 낯선 사람을 소개할 때 이렇게 평가한다면 두말하지 않고 '좋게' 볼 것이다. 그리고 이것은 시대를 초월하여 한 사람의 인격을 이야기할 때 마치 보편적인 기준인 것처럼 보이기도 한다.

2천 년 전에 그리스의 노예 이야기꾼 이솝이 쓴 '개미와 베짱이(또는 매미)' '토끼와 거북이' 우화도 마찬가지다. 개미는 부지런하고 베짱이는 게으르다. 게으른 녀석은 겨울에 먹을 것이 없어 굶주린다. 또 뜀박질을 잘하는 토끼가 느림보 거북을 깔보고 낮잠을 자는 바람에 경주에서 지고 만다. 자기 재주만 믿고 게으름을 부리다가는 근면하고 성실한 거북에게 패한다. '죽음/빈곤의 공포' '패배/탈락의 공포'를 통해 아이들을 근면함으로 무장시키는 이야기다. 아마도 노예들이 신전이나 경기장 건축 등 각종 노동을 수행할 때 부지런히 일할 필요가 있었기 때문이었을 것이다.

그런데 고대와 중세 서양에서 노동은 '노예' 노동이자 '천한' 것이었다. 그러던 것이 루터나 칼뱅 등 16~17세기의 종교개혁(프로테스탄트)을 거치면서 '신성한' 것으로, 즉 신의 부르심인 '소명'으로 격상되었다. 신교가 자본주의 노동 윤리를 정착하는 데 크게 기여한 셈이다.[1] 그 후 인클로저와 구빈법 등을 거치면서 자본주의 규율 노동이 강제되었고 이에 노동의 저항도 격심했다. 하지만 1848년 혁명기에 노동자들이 '노동의 권리'를 외쳤을 정도로 노동은 자연스런 것으로 수용되었다.

한국에서는 이런 이야기가 1895년 갑오개혁 직후 〈신상심성소학〉에 처음 등장한 이후 일제하 아동문학과 소학교 교과서를 통해, 그리고 이후 공교육을 통해 체계적으로 재생산되어왔다. 물론 이제는 굳이 학교에서 가르치지 않아도 엄마들이 챙겨서 아이에게 읽어주고 교육한다. 어린 시절에 읽고 들은 이야기는 평생을 간다. 더구나 칭찬과 상장으로 행동이 반복 강화되면 마침내 습관이 되고 패턴이 되며 신념이 된다. 그리고 그 아이가 자라 엄마 아빠가 되면 또 자기 자녀에게 같은 이야기를 들려준다. 세상이 동화처럼 해피엔딩으로 돌아가기를 바라면서.

그러나 해피엔딩의 소망이 곧 현실이 되는 건 아니다. 근면하다고 성공하는 것도 아니며, 성공한다고 진정 행복한 것도 아니다. 세속적 성공과 삶의 행복이 꼭 일치하는 것도 아니다. 그래서 근면 '신화'다. 이 신화의 두꺼운 껍질을 하나씩 벗겨내고 삶의 진실을 드러내야 한다. 끈질긴 근면 신화가 과거 개발독재 시절뿐만 아니라 오늘날 탈산업화 시대에도 맹위를 떨치고 있기 때문이다. 특히 삶의 시간을 둘러싼 투쟁은 오늘날 자본과 생명 간 갈등의 핵심 중 하나가 아니던가.

근면 성실 신화의 계보
—

여기서 근면함과 성실함 같은 가치 기준이 과연 시대를 초월한 보편적 인간상의 기준인가 하는 문제를 따져볼 필요가 있다. 우선, 과거에 실제로 그렇지 않았을 수 있기 때문이다. 즉 역사의 특정한 국면에서 특정 집단의 이해관계가 지배적으로 반영된 결과일 수 있다. 개념에 역사성이 있는 것이다. 나아가 그런 기준으로 말미암아 현재와 미래를 사는 우리가 오히려 자유로운 삶을 구속당할 가능성마저 있기 때문이다. 즉 근면 성실의 가치가 우리도 모르는 사이에 집단 무의식을 형성함으로써 진정 자유롭게 살아갈 여러 가능성을 사전에 차단할 위험이 있다. 그러므로 과연 근면과 성실이 보편적 인간됨의 기준인지 먼저 성찰할 필요가 있다.

박노자 교수는 동양에서 근면, 성실의 계보가 어떻게 되는가 하는 질문에 일본의 메이지 유신(1868년)이 결정적 계기라 말한다. 메이지 유신이란 어떤 것인가. 그것은 일본이 서양 제국주의 세력 앞에 무릎을 꿇으면서도 '화혼양재(和魂洋才)', 즉 서양의 기술과 일본의 정신을 결합하여 재빨리 아시아의 강자가 되겠다는 것이 아니었던가. 그러기 위해서 위로는 부국강병, 아래로는 근면 성실을 근대화를 위한 기본 가치로 애써 강조해야 했다. 일례로 구메 구니타케(久米邦武)는 당시 최선진국인 영국을 방문하고서 쓴 《미구회람실기(米歐回覽實記)》(1878)에 "영국인들의 부강과 번영은 '각고의 노력'을 쉬지 않는 '근면 성실'의 성격과 합리적이며 개개인을 잘 규율화시키는 종교 등의 덕"이었다고 썼다.[2] 또 일본 메이지 시대에 '금세의 성서'로 일컬어졌던 새뮤얼 스마일스의 《자조론》의 초기 번역본 《서국입지편(西國立志編)》이 1871년에 처음 나와 출간 직후부터 인기를 얻었고, 일본 문부성에서는 이를 윤리 교과서로 지정해 전국 학교에 배포했다.[3] 스마일스의 '모범적 인간' 이야기를 중세의 효행도(孝行圖)처럼 아예 판화로 찍어 소학교 학생들의 필독서로 만든 것이다. 스마일스에 의하면 사업가·관료·학자가 아닌 근면하고 성실한 장인이나 노동자도 얼마든지 성공할 수 있고, 근면 성실은 가치 있는 인간이 꼭 추구해야 할 일이다. 근면·성실·근검한 모범 노동자도 존경받을 만하다는 것이다.[4]

그리고 바로 이것이 조선으로 건너와 '동도서기(東道西器)'론의 기초가 되었다. 서양의 선진 기술에 기초한 물질문명과 동양의 근면 성실한 정신문명을 결합해 부강한 나라를 만들자는 것이었다. 멀리는 《성호사설》에서 이익이 성실을 강조했고, 19세기에 이르면 유길준, 윤치호 같은 개화사상가들이 《미구회람실기》에 따라 근면 성실의 가치를 강조했다.[5] 또 안창호는 '무실역행'을, 최남선은 '하늘은 스스로 돕는

자를 돕는다'며 근면, 자조를 강조했다. 예술가이자 평론가 김진송 선생도 "우리 사회가 형성되기 시작한 근대 초기, 나태한 민족이 국가를 파멸로 이끈다고 생각한 선지자들은 실력 양성과 무실역행을 부르짖으며 사회와 민족을 계몽하려 했다. 아예 식민지배층은 사회진화론을 바탕으로 한 민족열등론을 식민통치의 방편으로 삼기에 이른다"고 비판했다.6

　이것이 1970년 박정희의 새마을정신(근면, 자조, 협동)으로 이어지고,7 부국강병과 민족 중흥, 경제 성장을 위한 지고의 가치로 숭상된다. 그리고 이것은 2005년 말 논문 조작으로 논란이 되었던 황우석 박사의 '월화수목금금금' 이야기8로 이어져 근면 신화에 기초한 성과만능주의 사회의 산물인 일 중독 사회의 단면을 드러냈다. 오늘날 한국사회는 일 중독을 넘어 전체 사회가 일 중독자처럼 움직이는 '중독사회'9라고 해도 과언이 아니다. 이런 맥락에서《과로사회》를 쓴 김영선 박사도 "장시간 노동을 성실과 근면으로 포장하는 신화를 넘어 생존권을 위협하는 사회적 질병으로 규정하고 접근해야 한다"고 주장한다.10

　그러면 서양 사회는 어떤가. 중세 유럽에서 13세기부터 14세기까지 수공업자들은 일요일 말고도 휴일을 수백 일씩 즐겼다. 그들은 주로 낮에만 일하되 그것도 수차례 식사 시간이나 휴식 시간을 즐겼다. 농촌도 파종할 때나 추수할 때를 제외하면 느긋하게 일했다. "자연의 요구"에 따른 것이었다.11 또 작업 리듬도 스스로 조절할 수 있었다. 산업혁명 직전 영국에서는 많은 노동자가 일주일에 4일 정도만 일했다. 나머지 시간은 잔치, 놀이, 여가로 삶을 즐겼다. 요컨대 근면, 성실, 성과, 칭찬, 승진 따위가 사회적 가치를 지니게 된 것은 서양 사회에서도 산업혁명 이후, 특히 19세기 후반 이후라고 본다.

실제로 미국식 경영 내지 '과학적 관리'의 아버지로 알려진 프레더릭 테일러는 1911년의 대표작 《과학적 관리의 원리》에서 이렇게 말한다.

> "(동네 야구 경기를 할 때는 혼신을 다해 열심히 뛰던 노동자들이 다음 날 일터에 와서 보이는) 고의적으로 천천히 일하기 또는 적게 일하기는 모든 제조업체에 일반적이며 건설 분야에도 만연하다. 나는 이런 적게 일하기 현상이 영국과 미국의 노동 계층에게 최대의 악이라 본다."[12]

이런 식으로 자본가의 시각 또는 그 시각을 내면화한 사람의 눈으로 볼 때 일과 쉼이 통일된 모습은 게으름이자 척결 대상으로서 악으로 치부되었다. "자본주의라는 틀은 사람들 주변에 다가와 있었지만, 사람들은 자본주의를 받아들이기는커녕 그것이 사람들을 규제하면서 사람의 느낌과 생각 속으로 파고드는 것에 대해서는 한사코 저항했던 것이다."[13] 이러한 사회적 악, 즉 게으름을 척결하는 데는 공장의 기계 체제와는 또 다른 차원에서 근면 성실의 가치가 좋은 '전쟁 수단'이 되었던 셈이다.

이런 식으로 근면 성실은 성공으로, 나태와 나약은 실패로 계열화되어 개인의 삶은 물론 나라 전체의 향방을 가르는 논리, 철학, 윤리로 자리 잡게 된다. 흥미롭게도 근면을 극찬하는 반면, 여유를 게으름(나태)

과 동일시하여 경멸하는 흑백논리는 영국의 스마일스, 미국의 테일러, 한국의 박정희에게서 공통적으로 나타나는 논리이자 윤리다. 근면 성실의 가치가 자본과 그에 복무하는 국가의 논리로 뿌리를 내리게 되는 근거다. 이런 식으로 근면 성실의 가치가 마침내 인간적 삶의 윤리를 압도하면서 '자본-윤리'로 기반을 굳혀나가게 되었다.[14]

사실 영어에서 산업(industry)이라는 단어가 부지런함을 뜻하는 industrious와 연결되는 것도 industry란 말 자체에 근면이라는 뜻이 담겨 있기 때문이다. 즉 산업화, 공업화, 공장화, 근대화, 도시화 등은 근면함과 성실함을 전제로 하지 않으면 성립되지 않았다. 오늘날 도시를 중심으로 아침저녁 출퇴근 시간에 바쁜 걸음을 재촉하고 부지런히 일하는 모든 유형의 노동자를 보라. 산업화와 도시화가 근면 성실과 표리 관계에 있음을 잘 알 수 있다. "잉여생산을 위한 노동 강도를 유지하는 데 필수적인 근면과 성실의 품성은 자본주의 사회가 제시한 인간형"[15]이었던 셈이다.

동양이나 서양이나 근면 신화는 비록 2천 년 전 이솝 우화에 기원을 두고 있기는 하지만, 그것이 전 사회적으로 전면화하고 사회적 윤리로 뿌리를 내리게 된 것은 근대 자본주의의 산물이다. 요컨대 근면의 가치가 개인적 차원에서는 세속적 성공과 출세의 이데올로기로, 사회 전체적으로는 부국강병, 경제 발전의 이데올로기로 승격됨으로써 결국 '자본-윤리'로 창조되었던 것이다. 그리고 근면의 반대, 즉 게으름이나 나태는 죄악시되었다. 그리하여 여유, 여가, 놀이, 쉼, 즐김 따위는 게으름과 등치되어 추방의 대상으로 몰렸다.[16] 바로 이것이 한국사회에서 모든 생명을 서서히 죽이는 장시간 노동 체제가 끈질기게 존속되는 윤리적 기초다.

그러나 생각해보라. 삶이 여유롭고 평화로워야 뭔가 새로운 시도를 할 수 있고 그래야 상상의 세계, 대안의 세계로 나아갈 수 있지 않던가. 반면에 반복 회자되는 근면 신화 그리고 그에 토대한 장시간 노동 체제는 삶의 여유, 생각의 여유, 다른 시도를 할 여유 자체를 규범적으로 박탈해버린다. 실제로 '성실한 모범 근로자'에 표창까지 하면서 몰입과 헌신, 충성과 복종에 강박을 불러일으키는 동시에 휴식·여유에 대한 혐오와 질시, 불안과 두려움을 조장하는 근면 신화는 장시간 노동이라는 삶의 예속 상태를 영속화한다.

한편 발전국가 내지 개발독재 시기에 한국사회에 고착된 근면 신화는 지금까지 잔존하면서 물리적, 제도적, 경제적, 심리적 폭력 등 다층적 폭력을 강화하는 '보이지 않은 손'이기도 하다. 따라서 우리는 산업화 시대의 낡은 유물이 지금 여기 탈산업화 시대에도 강력한 힘을 발휘하는 논리를 철저히 해체할 필요가 있다.

근면 신화는 왜 이렇게 견고한가
참을 수 없는 존재의 게으름
–

"동남아나 아프리카 사람들은 왜 찢어지게 가난할까?"
"그거, 간단해."

"뭔데?"

"그 사람들, 느리고 게을러빠졌잖아, 맨날 잠이나 자고!"

이런 식이다. 제국주의적 수탈 관계에 대한 역사적 안목이나 다양한 삶의 방식에 대한 사회적 안목이 없으면 대체로 이런 식으로 생각한다. 나태하면 발전이 없고 발전이 없으니 가난하고 고통받는다. 결국, 자기 잘못이다. 돌파구는 근면 성실하게 노력해서 경제 성장을 하는 것이다! 대부분 우리는 이런 논리를 자연스럽게 받아들인다. 그래서 박정희식 경제 발전과 새마을운동을 자랑스러워하고 이것을 아시아나 남미, 아프리카에 '수출'하는 것을 아주 뿌듯해한다. 그 정도로 우리에게 근면 신화는 매우 견고하다.

하지만 앞에서도 간략히 살펴본바, 역사적으로 보면 근면, 즉 부지런히 일하기라는 것은 자본주의 사회의 발달과 더불어 '만들어졌음'이 분명하다. 그렇다면 주기적으로 반복되는 자본주의의 위기 또는 불안정성에도 불구하고 이 근면 신화가 지금까지 튼실하게 유지되는 까닭은 무엇인가.

크게 두 가지 측면에서 설명할 수 있겠다. 첫째, 자본이 자기 재생산, 즉 부단한 자본 축적을 위해서 노동자들에게 근면 성실 신화를 강조하고 정신교육을 시키며 물질적, 비물질적으로 보상하기 때문이다. 동시에 노동자들이 근면 성실하지 않으면 가차 없이 해고하거나 처벌을 가함으로써 생존 자체에 위협을 가하기 때문이다. 이를 근면 신화의 강제화라 하자.

둘째, 자본이 근면과 성실의 태도를 강요하는 것을 넘어, 이제는 노동자 스스로 근면과 성실의 가치를 내면화해버렸다는 점도 기억할 필요가 있다. 이를 근면 신화의 내면화라 하자.

현실적으로는 이 두 측면이 대체로 결합되어 진행된다. 즉 근면 신화가 강제되면서 사람들은 생존과 성공을 위해 이를 내면화하고, 근면 신화를 내면화한 이들이 앞장서서 타자들에게 모범이 되어 강제하는 역할을 수행한다. 물론 이러한 흐름에 저항하거나 외면하는 이들도 있으나 커다란 사회적 저항과 변화의 물결로 이어지지 않는 한 이들은 곧 배제되고 만다. 그 결과 근면 신화가 사회적으로 더욱 강고하게 자리 잡게 되는 것이다.

그러면 어떻게 해서 삶의 윤리가 아니라 자본의 윤리이던 것이 마치 삶의 윤리인 것처럼 내면화하게 되었을까? 이것을 해명하는 것이 오늘날 근면 신화의 본질을 밝혀내고 그 뒤틀림을 바로 잡는 데 결정적이다.

이것은 홀거 하이데 교수가 강조한바, 자본과 국가의 폭력, 집단 상흔, 두려움, 동일시 등의 개념으로 설명할 수 있다.[17] 즉 자본주의 발달 과정에서 노동자들은 도무지 감당하기 어려울 정도로 압도적인 자본의 폭력을 반복적으로 경험하면서 집단적 상흔을 겪는다. 부단히 집단적으로 저항하나 매번 상처와 함께 패배한다. 죽음의 공포가 삶을 압도한다. 이것이 반복된 결과 사람들은 생존의 두려움에 떨면서 마침내 나름의 생존 전략을 개발한다. '공격자 동일시' '체제 동일시'다.[18] 그리하여 사람들은 자본의 시스템 전반을 문제 삼기보다 그 안에서 적응, 성공, 출세하려고 목숨을 건다. 이제 재산이 없는 경제적 프롤레타리아를 넘어 자신의 느낌과 감성도 상실한 '정서적 프롤레타리아'가 된다. 그런 전제 위에 격화하는 성공 경쟁에서 개인적이고 일시적인 성취도 있겠지만, 전반적으로는 전 사회적 분열과 경쟁이 더 한층 강화할 뿐이고 실패하고 좌절하는 이들이 증가한다. 그럴수록 삶에 대한 자본의 권력은 강화한다. 다시 말해 역사적으로 노동자들은 (노동운동을 포함하여) 더 이상 자본주의 타도나 혁명 같은 시도는 위험하기 때문에 사실상 포기한 상태에서 단지 그 체제 안에서 지위(권리, 복지) 향상 정도만을 추구하는 가운데, 근면 성실의 가치를 인간다운 삶의 기본 전제인 양 받아들이게 되는 것이다.

한국의 경우 발전국가(개발독재) 시기에 국가 발전 또는 민족 중흥이라는 기치 아래 저임금, 장시간, 무권리 노동 체제가 고착화한 것은 이미 자명한 사실이다. 이 과정에서 노동자들은 '수출역군', '산업전사', '새마을 아가씨' 등의 이름으로 승격 호명되면서 다소 미화되었다. 하지만 이것은 남녀 노동자들이 개별적 소망과 욕구를 가진 주체적 인간으로서가 아니라 국가 발전과 민족 중흥의 수단이자 부속품으로 이용되었음을 의미한다. 나아가 이러한 국가주의적이면서도 경제주의적인 호명은 이들 개별 삶의 주체가 가진 참된 인간적 욕구의 표현과 충족을 사전에 차단하는 고도의 억압 전략이었음을 뜻한다. 즉 저항하지 않고 근면 성실한 자세로 자발적으로 복종하는 한에서만 이들은 '자랑스러운' 수출역군, 산업전사, 새마을 아가씨 등으로 불릴 수 있었던 것이다. 근면은 성공이요, 나태는 실패다. 복종하면 생존이요, 저항하면 죽음이다!

앞서 말한바, 근면 신화의 강제화와 내면화라는 두 측면은 실제로 상호 긴밀히 연결되어 있다. 원래 일과 놀이, 휴식 등이 자연스럽게 결합되었던 인간 삶의 방식에서 볼 때 매우 낯설던 가치들, 예컨대 근면 성실하게 규율 잡힌 노동을 (오랜 세월 공장주, 상인 또는 그들을 대변하던 사람들이 다양한 방식으로 강제, 훈육, 유인한 결과) 이제는 노동자 스스로 가슴 깊이, 영혼 깊숙이 내면화하고 말았기 때문이다. 따라서 진짜 문제가 되는 것은 이 내면화, 신념화, 체질화다. 나는 노동자의 이러한 상태, 즉 외적 강제를 내면화하면서 자기 고유의 느낌과 감정을 상실·억압하는 상태를 가설적으로 '정서적 프롤레타리아화'라 명명한 바 있다.[19]

여기서 중요한 것은 원래 (노동에게) 외적 정체성이던 근면 성실의 가치가 노동자의 내적 정체성으로 자리 잡게 되는 메커니즘을 해명하는 일이다. 이 메커니즘에서는 앞서 강조했듯 외적 강제 과정에서 자행된 물리적, 제도적 폭력이 당사자에게 너무나 심대한 상흔과 더불어 심층적인 두려움을 남긴다는 사실이 중요하다. 바로 이 두려움을 당사자가 정면 돌파하기보다 온갖 형태로 억압하고 은폐하는 과정에서 나름의 생존 전략으로 강자 동일시, 체제 동일시, 강자 숭배를 하게 된다. 여기서는 외형적 굴복보다 내면적 굴복이 더 무섭다. 외적 강제도 결국은 내적 굴복을 통해 완성되기 때문이다. 이를 증명하듯 조지 오웰의 소설 《1984》에도 이런 구절이 나온다. 상급자이자 사상경찰인 오브라이언이 잠재적 저항자 윈스턴에게 하는 말이다.

"우리는 억지로 하는 복종이나 노예의 굴복에 만족하지 않는다. 너 자신이 자유의지로 항복하는 것이 중요하기 때문이다. (…) 우리는 이단 자도 우리 편으로 만든다. 단순히 겉으로만 복종하게 만들진 않는다. 진심으로, 마음과 영혼까지 복종하게 만든다."[20]

그렇다. 자발적 복종, 타율성의 자율성화, 정서적 프롤레타리아화, 바로 이런 것이 현재 우리 삶을 깊이 성찰하거나 향후 새로운 변화의 가능성을 모색하는 과정에서 결정적이다. 그 변화의 단초는 당연히도 뒤틀린 현실에 대한 생명적 감수성을 회복함과 동시에 그런 현실을 정당화하는 지배 이데올로기의 허구성을 정면 돌파하는 것이다. "민중이 독재자에 대한 굴종에 동의하지 않는다면 독재자는 스스로 무너진다. 그에게서 무엇을 빼앗을 필요도 없다. 단지 그에게 아무것도 주지 않으면 된다."[21] 여기서 중요한 것은 몸이 아니라 '마음'을 주면 안 된다는 것이다.

그런데 역사적 경험을 보면 이것은 결코 자동적으로 이루어지는 과정이 아니다. 지배 세력이나 그에 기생하는 세력이 적극 만들어가는 과정이고, 그러면서도 결코 일방적으로 관철되기보다는 일정한 사회적 세력 관계 내지 갈등 관계 속에서 압도적 지배력을 행사하는 이들 앞에 대다수 피지배자들이 패배하고 굴복한 결과로 나타난다. 서양에서 종교개혁과 (중소 상공인의 이해를 구현하는) 시민혁명으로 근면 성실의 윤리가 전 사회적 가치관으로 잡게 된 것처럼, 서양의 자극을 받은 일본도 뒤늦게나마 그런 방향으로 흘렀고 또 그런 일본의 영향을 받은 조선 역시 그런 방향으로 흘러갔다.

예컨대 앞서 말했듯 메이지 유신 시절의 일본에서는 영국을 유람하고 돌아온 구메 구니타케의 《미구회람실기》가 출간된 이후 영국처럼 해야만 성공하는 나라가 된다는 신화가 확산된다. 즉 영국인들의 부강과 번영은 "각고의 노력"을 쉬지 않는 "근면 성실"의 성격과 합리적이며 개개인을 잘 규율화시키는 종교, 부자들의 재산을 무조건 보호해주는 법률이나 교육 보급 등의 덕이었다는 것이다.[22] 그런 식으로 근면하고 성실해서 성공한 사람은 재산가가 못 돼도 안락한 시민이 될 수 있다면, 특별한 기술이 없거나 게으른 사람은 어떨까. 당연히 영국 런던에서 당시 '루저'로 낙인찍힌 구걸인, 매춘부, 부랑자, 빈민이 그의 눈에 띄었다.[23] 바로 이런 내용을 눈여겨 읽은 유길준이나 윤치호 역시 '억울하면 출세하라'는 식의 성공 이데올로기를 내면화한 채 조선에도 동일한 신화를 퍼뜨린다.

앞의 홀거 하이데 교수에 따르면 유럽 대륙에서 그런 과정이 먼저 일어났다.[24] 하이데 교수의 설명은 보다 심층적이다. 그는 근면 성실의 신화 내지 노동규율이 수백 년 정도의 세월에 걸쳐 노동자들에게 내면화되기까지는 결코 평화적인 과정이 아니라 지극히 폭력적인 과정이었음을 강조한다. 물론 그 폭력은 노골적이고 물리적인 폭력에서부터 강제 교육을 통한 정신적 폭력, 임금이나 복지를 통한 제도적 폭력 등 다양한 방식으로 나타났다. 무수한 갈등과 저항도 있었지만 대체로 노동운동은 패배로 끝나고, 이 과정에서 심대한 상처를 경험한 노동자들이 생존의 두려움에 사로잡힌다. 이 고통과 두려움이야말로 노동자의 마음 깊은 곳에서 이들을 괴롭히는 원흉인데, 사람들은 이를 잊기 위해 더 이상 체제와 싸움을 하지 않고 오히려 체제 동일시를 강화한다. 독일에서 나치 하 강제노동의 시대가 2차 세계대전 종결과 더불어 막을 내린 뒤 '라인 강의 기적'을 이루는 과정에서 자발적으로 근면 성실한 노동을 수행한 것, 한국에서 박정희 개발독재 하에서 '한강의 기적'을 위해 규율 노동을 강제당한 사람들이 오히려 박정희 체제를 흠모하는 것 등이 그 생생한 증거다. 이제 근면 성실해서 성공한 자는 훌륭한 사람이 되고, 나태하고 무능한 자는 멸시당한다. 그리하여 우리를 근면과 성실의 이데올로기 속으로 부단히 강제하는 사람이나 체제는 아군이 되고, 반대로 자기처럼 근면하고 성실하지 못한 게으름뱅이들은 낙오자나 배신자로 낙인찍히고 해고 또는 추방되어야 할 적군이 된다.

요컨대 근면 신화의 작동 원리를 이렇게 정리할 수 있다. 한편에서는 근면과 성실이 성공의 덕목으로 계열화되고 사회적으로 바람직한 모습으로 추앙된다. 권위주의적 개발독재 시절이건 신자유주의적 민주화 정권 시절이건 가리지 않고 한국사회에서 근면 신화가 재현하고자 하는 '이상적 노동자' 상은 근면 강박과 자발적 헌신을 유도한다. 다른 편에서는 쉼, 휴식, 여유로움에 대한 두려움이 조장되고 죄악시된다. 여기서 여유와 한가로움은 게으름, 나태, 무사안일, 무책임, 이기심, 부도덕, 부패, 낭비, 타락으로 계열화되고, 나아가 빈곤, 저발전, 탈락, 무질서, 위기의 원인으로 규정된다.[25]

최근 그리스 위기와 관련하여 "게으른 데다 뻔뻔스런 사람들" 또는 "과잉 복지로 나라를 말아먹은 자들"이라는 근거 없는 낙인들이 쏟아지는 것이 바로 그 증거다.[26] 반면 1997년 말 IMF 구제금융 후 '금 모으기 운동'과 '일 더하기 운동'으로 외환위기를 조기에 극복한 한국인들에게는 자칭 타칭 근면 성실이라는 칭찬이 따라붙었다.[27] 이런 식으로 근면 신화의 규범적 분할선은 삶의 권리로서 '시간 주권'을 자연스레 주변화함과 동시에 장시간 노동을 합리화하고 그 노동 체제를 영속화한다. 이제 한가로움이나 삶의 여유란 참을 수 없는 존재의 악덕이 되고 만다.

그렇다면 바로 이런 계열화의 구도를 깰 방도는 없는가? 쉽지는 않지만 불가능하진 않을 것이다. 왜냐하면 근면 성실의 신화가 결코 우리를 내면의 평화로 이끌지 못하기 때문이다. 그래서 일례로 강준만 교수는 이제부터라도 '개천에서 용 나는' 모델을 깨자고 말한다.[28]

지금은 많이 퇴색되었지만 사실 최근까지만 해도 '개천에서 용 나는' 성공 모델은 많은 사람에게 꿈과 희망의 근거였다. 흥미롭게도 최근 무상 급식 논쟁의 한가운데에 섰던 홍준표 경남도지사가 무상 급식을 반대하면서 외친 말이 이 모델을 다시 비판적으로 보게 한다. 즉 그는 무상 급식에 쓸 돈을 아껴서 교육에 투자해 '개천에서 용 나게' 만들겠다고 했다. 그러나 수많은 시민들은 '개천에서 욕 나온다'며 맞받아쳤다.[29]

흥미롭게도 근면 성실의 신화는 미국에도 존재한다. 토크쇼의 여왕 오프라 윈프리 또한 '개천에서 난 용'으로 추앙되었다.[30] 그는 근면과 성실로 처참한 빈곤의 늪에서 벗어나 성공함으로써 많은 미국인에게 성공 신화의 '모델'이 되었다. 1993년에 그는 허레이쇼 앨저 상을 수상했다. 원래 허레이쇼 앨저는 자기계발 소설을 120권 넘게 집필해 아메

리카 드림 신화를 떠받쳐온 사람이다. 그의 소설은 모두 작은 마을 가난한 소년이 행운을 잡기 위해 대도시로 가 근면, 노력, 절약, 인내, 정직, 행운 등으로 부자가 된다는 내용이다. 이에 대해 교육학자 로렌스 피터는 앨저가 '하면 된다'는 불굴의 의지를 가진 인물의 성공 스토리로 큰 성공을 거둠으로써 미국인들에게 근면, 성실, 노력의 가치를 과장하는 심리 상태, 즉 '앨저 콤플렉스'를 퍼뜨렸다고 말했다.

따지고 보면 '개천에서 용 나는' 모델이란 첫째, 개천의 미꾸라지보다 용이 훨씬 나음(서열주의), 둘째, 모든 사람에게 기회가 균등함, 셋째, 근면하고 성실하게 노력하면 성공함 등을 전제로 한다. 그런데 이 모델은 강준만 교수가 지적하듯이 용이 되어 성공한 자가 부와 권력을 독점하는 것(승자독점)을 용인하거나 정당화하며, 마치 근면하게 노력만 하면 누구나 용이 될 수 있는 것처럼 착각하게 만들 뿐 아니라, 현실적으로는 누군가 용이 되는 과정에서 개천의 자원들, 특히 심리적 자원을 탕진한다는 점에 침묵한다. 누구에게나 기회가 평등하게 열린 것도 아니다. 출발점 자체가 다르기 때문이다. 더욱이 원래 개천에는 고만고만한 미꾸라지들이 잘 사는 게 옳으며, 용이 나는 것은 극히 예외적이거나 있을 수 없는 일이다. 그런데 '개천에서 용 나는' 모델은 '용'이 되지 못한 미꾸라지들에게는 (본의 아니게) 엄청난 좌절감, 상실감, 열패감, 열등감을 안겨주면서 용 스스로는 오만 방자해진다. 이렇게 주변에 깊은 상처를 남기면서 성공한 용은 과연 자기 고향인 개천을 잘 돌보기라도 하는가? 아니면 입에 게거품을 물면서 부단히 자신의 성공담을 설파하는 가운데 타자에게 은연중에 열등감과 경쟁의식을 더욱 불어넣는가? 심지어 고향의 개천을 개발(복개천, 재개발 등)해준다는 미명 아래 사실상 더 많은 파괴를 통해 부와 권력만 탐하는 게 아닌가?

사실, 우리 사회에 성공하고 출세한 사람들은 대체로 자타가 '개천에서 난 용'이라 한다. 하지만 따지고 보면, 그러한 성공은 지극히 예외적일 뿐 아니라 그렇게 성공한 용이 얼마나 훌륭한 모습으로 살아가는가 하는 측면에서, 차라리 그냥 개천에서 오순도순 사는 미꾸라지 공동체가 더 나을지 모른다. 이는 현재의 중·상층부 집단 또는 안정적 기득권층 전반에 걸쳐 적용될 수 있다. 개인적으로 성공한 사람일수록 자신의 성취가 어떤 과정에서 누구의 도움으로 이루어졌는지 성찰하며 더욱 겸허해질 필요가 있다. 나아가 개인적 성공을 넘어 사회적 행복을 위해 차별적이고 불평등한 기득권 구조를 어떻게 바꿀지 고민할 필요가 있다. 이런 성찰과 실천이 없다면 강자의 횡포, 기득권층의 독선은 더욱 강해진다. 오늘날 우리가 수시로 경험하는 '갑질 공화국'은 결코 어느 날 갑자기 나온 것이 아니다.

결국 정작 우리가 만들어야 할 사회는 '개천에서 용 나는 사회'가 아니라 '개천에서 용 날 필요가 없는 사회'다. 강준만 교수의 제안처럼 "개천에서 용이 나게 하려고 애쓰기보다는 개천의 미꾸라지들이 용이 되지 않더라도 행복하게 살 수 있는 시스템을 설계하고 구축해야" 옳다.[31] 미꾸라지는 미꾸라지대로, 용은 용대로 살아가는 공간이 있고 나름 살아가는 방식이 있을 뿐이다. 오히려 근면 성실로 성공한다는 신화로 말미암아 경쟁과 분열을 조장하고 위계와 차별을 당연시하는 이러한 풍토 자체를 타파해야지만 비로소 '개천의 평화'가 도래한다.

이반 일리치 선생의 말처럼 지배자에게는 민중의 반란이 없고 오로지 복종만 있는 것이 평화이겠지만, 민중에게는 그저 그들이 살아가는 대로 살아갈 수 있게 그대로 두는 것이 평화다.[32] 이런 맥락에서 보면 굳이 '근면하라, 성실하라, 그러면 성공한다' 따위의 구호나 선동 없이도 고만고만하게 살아갈 수 있을 때, 그리하여 미꾸라지는 미꾸라지대로, 송사리는 송사리대로, 물방개는 물방개대로 나름 잘 살아갈 수 있을 때 '개천의 평화'가 도래한다. 특히 수천 년 세월을 거치면서 무지랭이 민초들은 서로 아픔과 슬픔을 나누고 협동하며 살아가는 방법을 터득해왔다. 반면 권력과 자본은 민초들로부터 피와 땀과 눈물을 짜내면서 갈수록 더 많은 부를 짜내기 위해 부단히 경쟁시키고 차별하며 분열시킨다. 그리하여 경쟁은 지배의 토대가 된다. 요컨대 (서열적 신분질서 자체를 의문시하지 않는 상태에서 전개되는) 성공과 출세를 위한 근면 성실 경쟁은 자본 지배를 위한 실질적 수단에 불과하다.

탈산업화 시대의 근면 신화란?

—

한편 이런 주장이 있을 수 있다. 근면 성실의 신화란 '부지런한 개미'로 상징되는 산업화 시기의 산물이지만, 이제 탈산업화 시기엔 근면 성실보다 '배짱이의 노래'로 상징되는 창의와 상상이 필요하다는 식의 주장 말이다. 실제로 김대중 정부 시기에 바로 이런 논리 위에 '신지식

인' 논의가 활성화했고, 그것이 정부의 새로운 경제 활성화 정책으로
정립되기도 했다.[33] 물론 창의와 상상을 강조한다고 해서 근면이나 성
실을 부정하는 건 아니다. 어떤 면에서는 근면 성실을 기본으로 깔고
있다고 할 수도 있고, 나아가 근면 성실의 형태가 좀 다른 모습으로 구
현되는 방식이라 할 수도 있다. 이러한 점은 최근 몇몇 첨단기술 관련
기업에서 종종 구체화하기도 한다. 그리하여 탈산업화 시대에 근면 신
화는 얼핏 보기엔 퇴색되는 듯 보인다. 그러나 진실은 그렇게 간단하
지 않다.

먼저 정보기술 산업의 두 가지 대표적 사례를 살핀 뒤에 이 문제를
생각해보기로 하자. 하나는 제니퍼소프트, 다른 하나는 마이다스아이
티라는 회사다.

제니퍼소프트─회사를 놀이터로

제니퍼소프트는 소프트웨어 개발·관리업체로 탈산업화 시대 기업
경영의 모범 사례로 곧잘 소개된다.[34] 여기엔 현재 26명의 직원이 일
한다. 이들이 국내외 고객사 9백여 개를 관리한다. 이 회사는 마치 놀
이터를 방불케 한다. 사내에 마련된 수영장, 카페, 레스토랑을 직원들
이 가족과 함께 언제든지 이용할 수 있다. 사내 수영장에서 수영이나
스파를 즐기는 시간도 근무시간에 포함된다. 심지어 회사 밖으로 나가
생각하는 시간, 재충전을 위해 쉬는 시간까지 모두 근무시간이다. 하
루에 근무시간으로 주어지는 일곱 시간을 최대한 효율적으로 사용하
되, 구성원 스스로 주도적으로 그 시간을 이끌며 삶과 일의 균형을 맞

출 수 있도록 하라는 것이다. 이원영 대표는 "회사에서 좀 놀면 안 되나요?"라고 공공연히 말한다. '제니퍼소프트에서 하지 말아야 할 33가지'라는 게 있다. '타인에게 휘둘리지 마요. 내 인생의 주인공은 나예요'라든지 '회사를 위해 희생하지 마요. 당신의 삶이 먼저예요'라는 말은 기존의 회사 경영과 질적으로 다른 방식을 잘 보여준다. 회사 대표는 묻는다.

> "현재의 시스템이 효율적이라는 틀에서 벗어날 생각을 왜 못하나. 시키면 시키는 대로 해야 하고, 돈만 벌게 해주면 다른 열망은 다 억제해야 하는 무시무시한 시스템에 왜 질문을 던지지 않는가?"

마이다스아이티─직원 간 경쟁 없애기

마이다스아이티는 세계 시장 점유율 1위를 차지하고 있는 구조설계 소프트웨어 기업이다.[35] 독자적인 건축·설계 소프트웨어인 '마이다스 패밀리 프로그램'을 이용해 아랍에미리트의 160층짜리 빌딩 부르즈칼리파, 버드네스트(Bird's Nest)로 알려진 베이징올림픽 주경기장 냐오차오(鳥巢), 베이징 국제공항, 세계 최장 사장교(斜張橋)인 중국 양쯔 강 수통 대교, 비틀린 형태로 독특한 건축미를 자랑하는 46층 규모의 모스크바 시티팰리스타워 등을 설계했다.

이 글로벌 강소기업 마이다스아이티의 이형우 대표는 남다른 경영철학이 있다. 인간 본성과 자연의 이치에 대한 과학적 이해를 토대로 인간과 세상의 행복을 추구하는 '자연주의 인본경영'이 그것이다. "성장의 핵심은 직원의 행복"이 모토다.

이 경영철학에 따라 이 회사에는 승진 심사도 없고 정년도 없다. 인사부서에는 교육이 아닌 육성 담당자를 두고, 주기적으로 직무에서 성공했던 경험을 회사 내 구성원이 공유하는 성과발표 시간을 중요시한다. 올바른 동기로 자극을 주면 직원들이 자율적으로 자신의 능력과 가치를 끌어낼 수 있고 회사도 함께 성장할 수 있다고 믿기 때문이다.

신규 채용 때도 스펙이 아닌 '열정'을 먼저 본다. 즉 지원자가 긍정적인지, 정직한지, 남의 말에 귀를 기울이는 자세가 되어 있는지 등 인성을 먼저 살피는 것이다. 3개월에 걸친 채용 과정은 철저하게 스펙을 배제하고 개인의 열정과 전략적 사고력을 판단한다.

"대학과 스펙이 곧 인생의 성공이 아니라는 것을 보여주고 싶다. 현재 삼성과 현대라는 두 축이 우리나라를 이끌고 있다. 이 두 바퀴 중 하나라도 무너지면 대한민국도 함께 멈춰 서게 된다. 그런 일이 없으려면 중소, 중견 기업이 살아야 한다. 이는 학벌과 스펙이 성공을 결정하는 현 상황이 바뀔 때 가능하다. 대학도 취직 중심이 아닌 '연구' 중심의 교육기관으로 변화해야 한다. 우리 회사는 고졸을 특채로 채용하고 있다. 이들을 대졸과 똑같이 대우하면서 성공하는 모습을 보여주려 한다. 지난해 우리 회사 경쟁률이 5백 대 1이었다. 이런 회사에서 '스펙이 다가 아니다'라는 것을 보여준다면 오랜 시간이 걸리긴 하겠지만 대한민국을 조금씩 변화시킬 수 있지 않을까 생각한다."

"축록자불견산 확금자불견인(逐鹿者不見山 攫金者不見人)이라는 말이 있다. '사슴을 쫓는 자 산을 보지 못하고 돈을 쫓는 자 사람을 보지 못한다'라는 뜻이다. 돈만 좇다 보면 그 돈을 만들어내는 주체인 사람을 보지 못하게 된다. 그러면 크게 성공할 수 없다. 결국 경영은 '사람'을 어떻게 이끌지 고민하는 일이다. 사람은 누구나 행복을 추구한다. 그렇다면 경영자는 자연스럽게 행복에 대해서도 생각해봐야 한다. 직원들 각 개인의 행복을 위해 회사를 운영하는 것. 그것을 통해 회사 전체의 성공을 이끌어내는 것. 이것이 내가 추구하는 '자연주의 인본경영'의 핵심이다."

위 두 사례에서 우리가 생각해볼 점은 크게 두 가지다. 하나는 이 사례들에서도 구체적으로 드러나듯이 근면 성실을 강조하는 노동윤리는 이제 시대착오적인 것이 아닌가 하는 점이다. 이 역시 두 가지 의미로 읽을 수 있다. 우선은 앞서도 살핀바 근면 성실을 강조하는 노동윤리 자체가 원래는 자본의 필요에 따라 나온 것이지 일하는 사람의 것이 아니었다는 의미에서 그렇다. '자본-윤리'와 '삶-윤리'의 대립이라 할 수 있다. 다음은 백번 양보해서 전통적인 공업 분야, 즉 컨베이어 라인 위주의 생산 공정에서 일하는 노동자 또는 통상적인 사무관리 직종에서 일하는 노동자에게는 근면 성실의 노동윤리가 적합했을지 몰라도, 고도의 창의력과 융통성, 문제 해결력이 요구되는 정보기술, 지식경제 분야에서는 근면 성실이라는 노동윤리가 잘 통하지 않거나 그것만으로는 부족한 시대가 왔다고 해석할 수 있다. 이에 대해서는 이미 두 회사 대표들이 직접 이야기했으니 더 이상 설명이 필요 없을 정도다. 분명한 것은 이제 신세대들은 기존 근면 신화를 기성세대처럼 자발적으로 내면화하지 않으려고 한다는 점이다. 두 가지 사례에서 선구적 단초를 볼 수 있다.

물론 그럼에도 불구하고 근면 신화에는 여전히 견고한 면이 자리 잡고 있다. 연간 2500시간 이상 일하는 현대자동차 노동자들이 호소하는 바가 그것이다. 이들은 한편으로는 언제 잘릴지 모르니 '있을 때 벌자'는 자기강제에 붙들려 있고, 다른 편으로는 주거비, 교육비, 노후 등 문제 해결을 위한 생활비라는 객관적 강제에 붙들려 있다고 할 수 있다.[36] 하지만 이것조차 한편으로는 일 중독이라는 자기강제, 다른 편으로는 삶의 위험이나 삶의 비용을 사회공공 차원에서 해결하지 못하는 사회경제 구조 문제와 연관된다.

우리가 생각해보아야 할 두 번째 지점은 두 기업의 사례조차 결국 자본주의 시장경제 체제 안에서 '성공'해야 한다는 제약 조건 위에 놓여 있다는 점이다. 근면 성실이라는 가치가 더 이상 성공을 위한 필요충분 조건이 아니라는 점에서 이 두 기업이 기존 기업 경영과 차별성을 보여주기는 하지만, 이 역시 다른 수단과 방식, 이를테면 창의와 혁신으로라도 경쟁에서 승리하고 출세, 성공해야 한다는 점에서는 지향점이 동일하다.

여기서 되물어보자. 우리가 근면 성실의 가치나 윤리를 문제 삼는 까닭은 과연 무엇인가? 그것은 근면 성실의 가치나 윤리가 출세나 성공을 위한 수단으로서 효율성이나 효과성을 얼마나 가지느냐 하는 점을 따지는 것이 아니다. 오히려 과연 근면 성실이건 경쟁과 성공이건 이 모든 것이 인간다운 삶을 살아가는 데 필요한 가치관인가 아니면 오히려 삶의 제약 요인 내지 장애물인가 하는 점을 보다 명확히 하려는 것이다.

문제 의식이 이러하다면 우리는 위 두 사례가 기존 기업 경영에 비해 상당한 혁신성과 차별성을 보여줌에도 불구하고, 또 구체적인 경영 방식이나 경영실천 측면에서 상당한 정도로 대안적인 싹을 가지고 있음에도 불구하고, 전체 자본주의 시장 시스템 안에서 지극히 제한적인 사례에 불과함을 지적할 필요가 있다. 한편으로 이런 사례들이 전체 경제 영역 중에서도 특히 소프트웨어나 프로그램 같은 특정 분야에 국한된 점, 그나마 이 사례들은 동일 분야에서도 지극히 예외적이라는 점,[37] 다른 편으로는 바로 이러한 성공적이고 모범적인 사례가 가능하기 위해서라도 이 회사가 시장에서 독점적 지위를 확보해야 한다는 점을 포함한다.

물론 그렇다고 해서 이 두 사례가 가진 혁신성, 창의성, 선진성 자체를 평가절하할 필요는 없다. 다만 이러한 모델이 더욱 왕성하게 확산되고 나아가 전체 경제 패러다임을 바꿀 수 있도록 만들기 위한 조건이 무엇인지, 그 과정에서 봉착하는 장애물을 어떻게 해소해야 하는지 등의 문제를 꾸준히 토론해야 할 것이다. 그러는 과정에서 이런 혁신적 사례가 현장의 수많은 기업이나 연구자들에게 동기를 자극하면서 긍정적으로 기여할 수도 있을 것이다.

'삶-윤리' 관점에서 근면은 재구성되어야 한다

—

　서두에서 나는 근면 신화의 역사성을 말했고, 직전에는 근면 신화의 한계와 동시에 대안의 가능성을 보여주는 사례들을 살폈다. 이 모든 것의 결론은 근면 신화가 얼마나 끈질긴 것이건 앞으로 '변할 수' 있다는 것이다.

　그럼 어떤 방향으로 변해야 하는가. 그 변화를 위한 착안점은 무엇인가. 바로 여기서 나는 다시금 인간적 필요와 욕구에 천착해야 한다고 본다. 즉 자본이나 권력의 이해관계가 아니라 사람의 필요나 욕구가 모든 새로운 발상의 출발점이 되어야 한다는 것이다. 물론 이 필요나 욕구조차 자본이나 권력에 오염되기 이전의 근원적인 그 어떤 것이어야 한다.

　그것은 무엇인가? 나는 그것을 '삶'이라 본다. 어떤 삶인가? 인간다운 삶이다. 인간다운 삶이란 무엇인가? 그냥 생존만 도모하는 것이 아니라 재미와 의미를 같이 누리는 생활이다. 그렇다. 재미와 의미, 이 두가지는 인간다운 삶의 양대 바퀴다. 자본에 의해 규정된 삶이 소유와 소비에 집착하는 것이라면, 인간다운 삶은 경향적으로 재미와 의미를 추구한다.

　이 부분에서 우리는 분명해야 한다. 자본과 삶은 경향적으로 적대 관계에 있다는 것을. 즉 진정한 삶을 추구한다면 자본과의 동일시, 자본의 속박, 자본의 동력, 자본의 시스템으로부터 서서히 빠져나와야 한다는 말이다. 몸이 안 된다면 마음부터라도 먼저 빠져나오기 시작해야 한다. 마음도 빠져나오기 어렵다면 정신머리부터 정확히 정리할 필요가 있다.

자본에 묶여 있는 한 우리는 누구도 제대로 된 삶을 살 수 없음을 똑바로 볼 필요가 있다. 노동자나 기층 민중만이 아니라 중산층, 나아가 심지어 자본가나 정치가조차 자본에 묶인 삶 속에서는 인간다운 삶이 없다. 이것이 사태의 진실이다. 이 부분에서 타협이나 절충은 없다. 이러한 관점을 '삶-윤리'라 할 수 있을 것이다. '삶-윤리'는 불가피하게 '자본-윤리'와 적대 관계다. 자본은 사람과 자연으로부터 (원료, 에너지, 노동력의 형태로) 부단히 삶의 에너지를 빨아들여야만 생존과 증식이 가능하다. 그러므로 자본 아래서는 제대로 된 삶이 불가능하다. 제대로 된 삶을 살려면 자본을 넘어야 한다. 자본의 지양이 인간 해방이며 그렇게 할 때에야 참된 자유의 세계가 가능하다. 자본주의 내 소비상품의 자유로운 선택을 자유와 평등이라고 외치는 것은 이런 면에서 자기기만에 불과하다. 그것은 선진 복지사회에서조차 마찬가지다.

그러나 이렇게만 보면 좀 어렵고 추상적이다. 그래서 묻는다. 우리가 어떤 사람의 인품이나 성격을 물을 때 어떤 질문을 던지는가? 이는 우리가 결코 혼자 살지 않기 때문이다.

"그 사람 착하니?" 그렇다. 우선은 착한 게 좋다, 누구든. 그럼 착하다는 게 뭘까? 이기적이거나 탐욕스럽지 않고 정직하고 친절하며 배려심이 많은 사람이다. 그러나 이것은 사람의 인품 가운데 한 차원만 가리킨다. 착하긴 하되 아무 생각이 없는 사람이 많기 때문이다. 그래서 또 묻는다.

"그 사람 생각이 깊으니?" 사실 배려심이 많으면 이미 생각이 깊다는 뜻도 된다. 하지만 그와 다른 차원의 생각이 있다. 예컨대 앞서도 말했듯이 동남아나 아프리카 사람들이 빈곤에 고통을 당하는 현실을 보고 '게을러서' 그렇다거나 '열대 지방'이라 그렇다고 하는 사람들은 아무 생각이 없는 사람이다. 제3세계 빈민들 그리고 지금도 목숨을 걸고 유럽이나 미국으로 들어가려는 대량 이민, 대량 난민 물결을 보면서 욕을 해대는 자들도 아무 생각 없는 이들이다. 사실 조금만 공부하고 조금만 생각해보면 지구적 차원의 빈부 양극화나 제3세계 빈곤 문제 등은 대체로 제국주의 침탈과 이른바 자유무역 체제의 모순, 각 사회 내부의 독점 기득권 체제와 밀접히 연관되어 있음을 알 수 있다. 제3세계의 고통은 전통적으로 가난하고 소박하지만 자생적이고 활기찬 삶의 관계가 제국주의나 식민주의, 독재 세력에 의해 파괴된 결과다. 이런 인식이 '비판적 교양'이다. 사태의 본질을 꿰뚫어 보는 힘, 즉 통찰력이 핵심이다. 공부해야 하는 이유다. 제대로 배우고 제대로 생각하는 자는 실천을 한다. 지행합일이다. 바로 이 지점에서 우리는 또 물을 수 있다.

"그 사람, 부지런하니?" 왜냐하면 아무리 착하고 아무리 똑똑해도 게을러빠져서 몸이 움직이지 않는다면 말짱 도루묵이기 때문이다. 만일 근면의 가치가 '삶-윤리'와 맞물리는 지점이 있다면 바로 여기다. 제대로 안 것을 온몸으로 실천하기 위해서다. 이것은 일종의 책임감이다. 다시 말해 자본이나 권력이 그들의 이해관계에 따라 요구하는 근면 성실한 노동을 수행하기 위해서가 아니라, 온전히 자유로운 삶의 관계들을 열어냄으로써 인간다운 삶, 평화로운 삶, 행복한 삶을 살기 위해서다. 동일한 부지런함도 맥락과 상황, 관계에 따라 의미와 내용이 달라진다. 우리에게 정작 필요한 건 노예의 부지런함이 아니라 자유인의 부지런함이다.[38] 한 걸음 더 나아가 진정 자유인이라면, 게으름과 부지런함을 대립적으로 보는 게 아니라 둘 다 삶의 자연스런 구성요소로 보게 될 것이다.

한편 미하엘 엔데의《모모》, 스텐 나돌니의《느림의 발견》, 버트런드 러셀의《게으름에 대한 찬양》, 폴 라파르그의《게으름의 권리》, 웬디 와서스타인의《게으름: 나는 더 게을러질 권리가 있다》, 밀란 쿤데라의《느림》, 칼 하인츠 가이슬러의《시간》 등은 근면에 대한 일종의 안티테제로 느림의 미학, 게으름의 미학, 여유의 미학을 설파한다. 이 모두는 빠름이나 근면이 아니라 느림이나 게으름이야말로 '삶-윤리'의 본질임을 설파한다.[39] 물론 이러한 대당의 설정은 기존의 모순을 드러내는 데 중요하다. 하지만 그 모순을 지양하고 새로운 차원을 열기 위해서는 대립을 넘어 승화로 나아가야 한다. 그 시점에서 게으름과 부지런함은 새롭게 통일될 것이다.

이런 맥락에서 좀 더 부지런하게 생각을 심화해보자. 특정 개인이 아니라 대부분의 사람이 근면 성실의 강박으로부터 해방되어 진정 자유롭고 행복한 삶을 살기 위한 사회적 조건은 무엇인가? 뜬구름 잡는 이야기가 아니라 바로 우리 코앞의 현실로부터 출발하여 희망을 열어나갈 길은 무엇인가?

그렇다. 코앞의 현실1에서 출발하자. OECD 비교 통계(2014)에서 전체 취업자의 연간 평균 노동시간이 한국은 2163시간이다.[40] 멕시코 (2228시간)를 제외하고는 최장이다. 미국 1789시간, 이태리 1734시간, 일본 1729시간, 스웨덴 1609시간, 프랑스 1489시간, 덴마크 1436시간, 노르웨이 1427시간, 네덜란드 1425시간, 독일 1371시간이다. 평균 2500시간 이상 일하는 현대자동차 노동자의 경우를 제외하고 보더라도, 한국 사람들은 세상에서 가장 '부지런히' 일한다. 이것이 코앞의 현실1이다. 이른바 '장시간 노동 체제'다. 근면 신화가 아직도 견고하다는 증거다.

그럼 코앞의 현실2는 무엇인가. 한국인은 어른이나 아이나 행복하지 않다는 것이다. 불안과 초조, 두려움과 공허감에 시달린다. 일례로 대한신경정신의학회가 서울과 6대 광역시에서 만 20∼59세 성인 남녀 천 명을 대상으로 정신건강과 행복 조사를 실시한 결과 3분의 1이 불안, 초조 같은 정서적 스트레스를 겪었다고 했으며 응답자의 56퍼센트가 우울증을 의심한 적 있다고 토로했다. 또 취업포털 커리어에서 직장인 448명을 대상으로 '직장생활을 하면서 화병을 앓은 적이 있는가' 물었더니 무려 90.2퍼센트가 '있다'고 답했다.[41] 그 원인은 '상사, 동료와의 인간관계에 따른 갈등(63.8퍼센트)' '과다한 업무와 업무 성과에 대한 스트레스(24.9퍼센트)' '인사 등 고과 산정에 대한 불이익(3.6퍼센트)' '이른 출근, 야근으로 인한 수면 부족(3.2퍼센트)' '퇴출, 구조조정에 대한 불안감(2.7퍼센트)' 순으로 나타났다.

또 세계적인 여론조사기관 갤럽과 보건 컨설팅 업체 헬스웨이스가 2014년에 145개국 15세 이상 남녀 14만 6천 명을 대상으로 '웰빙 지수'

를 조사한 결과 한국인은 인생 목표 96위, 사회관계 112위, 경제 상황 53위, 공동체 안전 및 자부심 113위, 건강 138위를 기록, 전체적으로 삶의 질 만족도가 117위에 머물렀다.[42] 2013년 145개 나라 가운데 75위를 기록했던 지수가 1년 만에 42단계 떨어졌다. 2013년 정부의 국정지표 '국민이 행복한 나라'를 정면 반박한다. 한국인이 행복하지 않다는 것을 증명하기 위해 더 많은 자료가 굳이 필요할까 싶다.

여기서 잠시 나는 박노해 시인의 〈자기 삶의 연구자〉라는 시를 몇 구절이라도 읊으며 좀 쉬어 가고 싶다.

우리 모두는
자기 삶의 연구자가 되어야 한다네

내가 나 자신을 연구하지 않으면
다른 자들이 나를 연구한다네
시장의 전문가와 지식장사꾼들이
나를 소비자로 시청자로 유권자로
내 꿈과 심리까지 연구해 써 먹는다네

우리 모두는
자기 삶의 연구자가 되어야 한다네 (후략)[43]

그렇다. 우리 스스로 우리 삶의 연구자가 되어야 한다. 지배당하지 않고 이용당하지 않기 위해서다. 진정 자유롭게 살기 위해서다. 우리 삶의 연구자로서 우리는 다시 삶의 현실로 들어가야 한다.

그럼 또 다른 코앞의 현실3은 무엇인가. 일인당 국민소득이 50년 전에 비해 3백 배 이상 증가하고 한국이 세계 경제 10위권 규모에 진입한 것과 함께, 인구의 고령화, 출산률 저하, 높은 자살률 그리고 '3포 세대' 젊은이들이 출현했다는 사실이다. 지난 50년간 보릿고개를 넘어 부자 나라를 만들어 잘살아보겠다고 경제 성장 깃발 아래 온 나라가 근면 성실하게 노동을 수행한 결과, 돈벌이 수치로 표현된 경제력은 출중하게 높아졌으되, 바로 그를 가능케 했던 사람들은 불행하고 스트레스에 짓눌려 산다. 미래의 주역인 청년들은 높은 학비와 취업 공포에 눌려 심지어 연애, 결혼, 출산을 포기하는 3포 세대가 되고 말았다. 사회에서 보살펴야 할 노인들은 급증하고 정치 권력은 무개념, 무능력, 무감각에 절어 있다. '보수 꼴통'이라고 미워하던 기성세대를 중장년, 심지어 청년들까지 따라 하기 바쁘다. 이것이 코앞의 현실3이다. 부정할 수 없다. 악순환이다.

이것이 현실이라면, 이제 더 이상 악순환의 쳇바퀴를 그만 돌려야 하지 않겠는가? 더 이상 다람쥐 역할을 그만두어야 하지 않는가? 그래서 대안적 개념이 필요하고 대안적 실천이 필요하다. '자본-윤리' 대신에 '삶-윤리'가 필요한 까닭이고, 우리 자신의 착함과 생각 있음과 부지런함을 기초로 우리 삶을, 온 사회를 연구하고 완전히 새롭게 재구성해야 할 까닭이다.

그렇다면 어떻게 접근하는 것이 현실적이면서도 대안적인가? 백 점 짜리 정답은 없을 것이다. 하지만, 몸부림은 쳐야 하지 않겠는가? 지금 보다 더 재미있고 의미 있는 삶을 위하여.

앞서 살핀 혁신적 기업의 아이디어를 전 사회적으로 확장하기 위해 최소한 이런 생각을 민주적이고 개방적으로 공유하면 좋겠다. 이것은 '삶-윤리'의 관점에서 근면을 사회적으로 재구성하되, 실업이나 고용 불안, 스트레스를 최소화하면서도 행복한 삶을 가능하게 하는 기본 전제 조건일 것이다.

1) 한 사회의 모든 성원이 두루 인간다운 삶을 영위하기 위해 필요한 총 노동량을 정한다.

2) 총 노동량을 일할 수 있는 인구로 고루 나눠 일인당 평균 노동시간을 정한다.

3) 일인당 평균 노동시간은 개인과 사회의 필요를 반영하여 유연하게 조절한다.

4) 사회적 생산력의 증대나 사회적 필요의 증대와 더불어 평균 노동시간도 조정한다.

5) 총 노동량은 사회 구성원들이 원하는 인간다운 삶의 내용에 따라 변동시킨다.

이렇게 시간의 사회적 재구성이 이루어진다면, 나아가 주거·육아·교육·교통·의료·노후 같은 문제들을 사회 공공성 차원에서 해결한다면, 사람들은 장시간 노동 체제를 혁파하고 마침내 일과 삶, 활동과 놀이, 여가와 휴식 등을 조화롭게 배치할 수 있을 것이다. 물론 이 모든 과정은 아래로부터 민주적이고 개방적으로 이루어져야 한다.[44]

실제로 일자리를 둘러싸고 경쟁과 분열을 조장하는 정부에 대해 남녀노소가 연대하며 자기조직화를 시도하기도 한다. 예컨대 2015년 3월 26일, 한국노총과 노년유니온·청년유니온·알바노조·시니어노조 등 여덟 개 단체가 정부 서울청사 앞에서 공동기자회견을 열고 정부의 청년 실업 대책을 비판했다.[45] 이는 정부가 청년 실업 원인을 노동시장의 경직성에서 찾고, 해법으로 노동시장 유연화와 임금피크제 같은 장년층 노동자 임금 삭감을 제시한 데 대한 반론이기도 하다. 참여 단체들은 "정부가 재벌 대기업의 배당 잔치와 쌓여가는 사내유보금은 모르쇠로 일관한 채 노동자 희생만을 강요하고 있다"며 "노동자 임금 체계를 개편해야 청년 신규 채용이 늘어나는 것처럼 여론을 호도하면서 세대 갈등을 조장하고 있다"고 목소리를 높였다. 이들은 "청년 실업률이 11퍼센트를 넘어 심각한 수준에 이르렀지만, 중장년층 직장인 역시 근속연수 1년 미만인 단기근속자가 35.5퍼센트에 이르고 실제 퇴직연령은 53세에 불과하다"고 반박했다. 이들은 대안으로 실 노동시간 단축을 통한 일자리 창출, 청년고용할당제 도입, 대·중소기업 간 불공정 거래 근절, 조세 개혁을 통한 부의 편중 해소, 사회안전망 확충 등을 요구했다. 물론 여전히 '노동' 중심의 사회를 벗어나지 못한 상상력이긴 하지만 남녀노소가 연대했다는 차원에서는 고무적이다.

근면과 여유, 즉 부지런함과 게으름은 마치 삶과 죽음이 생명의 큰 흐름 속에 통일되는 것과 마찬가지로, 부단한 삶의 과정의 필수 요소들이다. 단순히 흑백논리로 대립되는 것으로만 파악해서는 곤란하다. 문제는 근면과 여유를 모두 포함한 그 삶조차 어떤 의미와 방향성을 갖고 구성되는가이다. 즉 지금처럼 무조건 앞만 보고 달리지 말고, 우리가 무엇을 위해 부지런을 떨고 있는지 생각하며 가자는 것이다.

옆 사람과 경쟁하여 상사에게 인정받고 승진한 뒤에 물질적으로 안정된 삶을 유지하는 것을 인생 목표로 삼으면 안 된다. 너도나도 바로 그런 방식으로 달려가는 바람에 우리 모두가 지금과 같은 생존의 덫에 걸렸다는 걸 직시해야 한다. 굳이 '개천에서 용 날' 필요가 없이 모든 미꾸라지들이 고만고만하게 사는 사회를 만들 필요가 있다. 맹목적 부지런함의 강박을 떨치고 내면의 자유를 되찾아야 한다. 그래야 비로소 '생각 있는 부지런함'으로 진정 행복한 세상을 열 수 있다. 더 이상 아무런 거리낌 없이, 또 두려움 없이 이런 기본 전제에 동의하는 사람들이 사회 구성원의 50퍼센트 이상을 차지할 때 비로소 자본과 권력의 단단한 기득권 동맹체를 혁파하고 사회경제적으로 새로운 삶의 방식을 전면화할 수 있을 것이다. 인생은 결과나 속도가 아니라 과정과 느낌이니까!

주석

1장

1 '한국인의 자녀 양육 책임한계와 양육비 지출 실태', 한국보건사회연구원, 〈ISSUE & FOCUS〉, 2010. 12.

2 http://cafe.naver.com/goodlab

3 조영무, '미국 경제에 부담 커진 학자금 대출 한국도 대비 필요하다', LG경제연구원, 4쪽.

4 조영무, 위의 글, 4쪽.

5 미셸 푸코, 《생명관리정치의 탄생》, 심세광·전혜리·조성은 옮김, 난장, 2012, 319쪽.

6 '가계부채, 세계의 경고 속 태평 대한민국', 〈KBS〉, 2015. 5. 4.
http://news.kbs.co.kr/news/NewsView.do?SEARCH_NEWS_CODE=3068851&ref=A

7 김순영, 〈신자유주의시대 경제정책과 민주주의〉, 서강대학교대학원 정치학과 박사논문, 2005, 35~36쪽.

8 김순영, 위의 글, 55쪽.

9 《부채인간》(마우리치오 라자라토, 허경·양진성 옮김, 메디치미디어, 2012)에서 라자라토는 윌리엄 제임스의 행동이론을 참조해 행동과 신용의 관계를 분석한다. 여기서 라자라토는 습관-믿음과 신용-믿음을 구별하고 이 중 신용-믿음을 부채에 따른 주체화와 관련짓고 있지만, 앞에서 서술한 신용등급에 따른 개인행동의 조직은 부채 사회가 개인의 습관조차도 적극적으로 조직한다는 것을 알 수 있다.

10 라자라토, 위의 책, 76~77쪽.

2장

1   이 글은 2011년도 정부(교육과학기술부)의 재원으로 한국연구재단의 지원을 받아 연구되었음(NRF-2011-358-B00023).

2   지그문트 바우만, 《액체근대》, 이일수 옮김, 강, 2009, 20쪽.

3   카를 마르크스, 《자본론 I (상)》, 김수행 옮김, 비봉출판사, 1996, 560쪽.

4   데이비드 하비, 《데이비드 하비의 맑스 〈자본〉 강의》, 강신준 옮김, 창비, 2011, 399~402쪽; Sale, Kirkpatrick, 'Lessons from the Luddites', *The Nation*, 5(Jun), 1995.

5   마셜 맥루언, 《미디어의 이해》, 김상호 옮김, 커뮤니케이션북스, 2011, 32쪽.

6   '모바일쇼핑 출퇴근시간에 몰린다', 〈경향신문〉, 2014. 8. 12.

7   마뉴엘 카스텔, 《이동통신과 사회》, 김원용 외 옮김, 커뮤니케이션북스, 2009.

8   레이먼드 윌리엄스, 《문화와 사회》, 나영균 옮김, 이화여자대학교출판부, 1988, 111쪽; Jeffrey, Suzanne, 'Rebels against the machine', *Socialist Review* 1993, p. 169; Sale, Kirkpatrick, 'The achievements of 'General Ludd': A brief history of the Luddites', *The Ecologist*, 29(5) Aug/Sep. 1999.

9   제레미 리프킨, 《노동의 종말》, 이영호 옮김, 민음사, 2004, 116쪽.

10   바우만, 2009, 239쪽; 울리히 벡, 《아름답고 새로운 노동세계》, 홍윤기 옮김, 생각의나무, 1999, 153쪽; 이희진, 《정보기술은 시간을 어떻게 변화시키는가》, 삼성경제연구소, 2006, 92쪽 .

11   '늦은 밤 직장 상사 이메일에 답하면 초과근무?', 〈연합뉴스〉, 2015. 5. 22.

12   Gambles, Richenda, Lewis, Suzan, and Rapoport, Rhona, 'The invasiveness of paid work', *The Myth of Work and Balance*, Wiley, pp. 45-57.

13   "까똑' 소리에 오늘도 잠 못 이루니… 퇴근=로그아웃 없는 삶', 〈중앙일보〉, 2015. 1. 24.

14 조지 카펜치스, '노동의 종말인가, 노예제의 부활인가? 리프킨과 네그리 비판', 《탈정치의 정치학》, 김의연 옮김, 갈무리, 2014, 196쪽; 안토니오 네그리·마이클 하트, 《공통체》, 정남영·윤영광 옮김, 사월의책, 2014, 404쪽.

15 이희진, 2006, 82쪽; 벡, 1999, 163쪽; 프랑코 베라르디, 《노동하는 영혼》, 서창현 옮김, 갈무리, 2012, 120쪽; 프랑코 베라르디, 《프레카리아트를 위한 랩소디》, 정유리 옮김, 갈무리, 2013, 74쪽; 네그리·하트, 2014, 199쪽; 리프킨, 2004, 257쪽; 리처드 세넷, 《뉴캐피털리즘》, 유병선 옮김, 위즈덤하우스, 2009, 5~36쪽.

16 네그리·하트, 2014, 217~218쪽.

17 크리스티안 마라찌, '노동시간에 대한 비판적 고찰', 《자본과 언어》, 서창현 옮김, 갈무리, 2013, 76쪽; 마테오 파스퀴넬리, '기계적 자본주의와 네트워크 잉여가치: 튜링기계의 정치경제학', 《자본의 코뮤니즘, 우리의 코뮤니즘》, 연구공간L 옮김, 난장, 2012, 177쪽.

18 베라르디, 2013, 86쪽.

19 베라르디, 위의 책, 156~164쪽.

20 이병훈 외, 《사장님도 아니야 노동자도 아니야》, 창비, 2013.

21 신병현, '노동자 문화와 노동자 정치', 〈현장에서 미래를〉 73호, 2002.

22 베라르디, 2013, 241쪽.

23 지그문트 바우만, 《새로운 빈곤》, 이수영 옮김, 천지인, 2010, 99, 127쪽.

24 이희진, 2006, 86쪽.

25 벡, 1997, 232쪽.

26 베라르디, 2013, 75, 202, 241쪽.

27 벡, 1999, 153쪽; 이상락, 《정보시대의 노동전략》, 갈무리, 1999, 53쪽; 카펜치스, 2014, 196쪽; 세넷, 2009, 100쪽.

28 마우리치오 라자라토, '비물질 노동', 《비물질 노동과 다중》, 조정환 옮김, 갈무리, 2005, 193쪽.

29 앙드레 고르, 《프롤레타리아여 안녕》, 이현웅 옮김, 생각의나무, 2011, 109쪽.

30 Thompson, Edward, 'Time, Work—Discipline, and Industrial Capitalism', *Past and Present*, 38: pp. 56—97.

31 베라르디, 2013, 68쪽.

32 벡, 1997, 75쪽; 세넷, 2009, 9쪽.

33 네그리·하트, 2014, 427쪽.

34 알렉스 캘리니코스, 《반자본주의 선언》, 정성진·정진상 옮김, 책갈피, 2003, 179쪽.

3장

1 엄기호, 《교사도 학교가 두렵다》, 따비, 2013, 25쪽

2 안선영, 청소년 아르바이트 실태 조사 및 정책방안 연구, 한국청소년정책연구원, 2014.

3 '청소년직업체험 및 아르바이트 실태 조사 I ', 2013, 한국청소년정책원구원

4 '노동인권교육 활성화 방안' 보고서, 2014, 새정치민주연합 은수미 의원실·노동부유관기관노동조합

5 '오토바이 배달 사고, 10대가 대다수 차지', 〈시사포커스〉, 2015. 8. 4.

6 '부활한 '배달전쟁' 위험 내몰린 음식점 배달원', 〈헤럴드경제〉 인터넷판, 2015. 5. 18.

7 알바노조 홈페이지 '알바K의 이야기_13편 청소년 노동자를 아시나요?' http://alba.or.kr/xe/albaK/entry/document_srl/112945/page/1/npage/3

8 '[디퍼], 치킨 배달하는 김 군은 '근로자'가 아닌가요', 〈KBS〉, 2015. 8. 12.

4장

1   박권일, '집밥과 한국 노동 현실', 〈한겨레21〉, 2015. 7. 13.

2   김재희(가명) 인터뷰, 2014. 10. 1.

3   장시간 노동체제 관련 논의는 배규식 외, '장시간 노동과 노동시간 단축(I): 장
     시간 노동 실태와 과제', 〈한국노동연구원 연구보고서〉, 2011, 13~19쪽 인용,
     참조하였다. 이 보고서는 장시간 노동 체제가 이를 유지하게 해주는 다양한
     하위제도 및 구조와 유기적으로 얽혀 있음을 강조한다.

4   압축적 근대성과 가족이념에 관련된 논의는 장경섭, 《가족 · 생애 · 정치경제:
     압축적 근대성의 미시적 기초》, 창비, 2009 인용, 참조하였다. 압축적 근대성
     에 관한 개념 설명은 16~17쪽, 가족 이념에 관한 논의는 94~112쪽.

5   장경섭, 위의 책, 104쪽.

6   이정선, '가족사, 가장 오래된 새로운 역사: 한국 근현대 가족사 연구의 현황과
     과제', 〈역사비평〉 104호, 2013, 267쪽.

7   최성애, '경제개발과 젠더의 정치학: 1970~1980년대 '중동건설 프로젝트'를
     중심으로', 《한국현대여성사》, 한울아카데미, 2004.

8   〈개항 120년 이 땅을 찾은 외국인들〉, http://docu3.co.kr, 최성애, 위의 글에
     서 재인용.

9   구해근, 《한국 노동계급의 형성》, 신광영 옮김, 창비, 2002, 21~22쪽.

10   철강 산업 노동자 인터뷰, 《철강업종 교대제 개선을 위한 쟁점과 과제 연구》,
     전국금속노조, 2014, 69쪽. 한국에서 철강 산업 기업들은 가동일 365일, 2조
     2교대 혹은 3조 3교대 근무라는 비인간적인 노동시간제도를 작업장에 정착시
     켰다. 교대제 내에 휴무일을 제도화한 4조 3교대 노동은 1990년대 중반에 들
     어서야 직영 노동자에 한해 시행되기 시작했다.

11   이재경에 따르면 근대 가족은 "아동의 지위 향상, 자애롭고 집중적인 모성의
     창안, 가족을 단위로 한 사생활권(privacy)의 발견, 가정 중심성(domesticity)
     등을 통해 애정과 친밀성의 측면에서 독특한 중요성을 가진 우애적 가족

(companionate family)"로 인식되었다. 이재경, '가족의 변화와 미래, 그리고 페미니즘', 《가족의 이름으로: 한국 근대가족과 페미니즘》, 또하나의문화, 2011.

12 자동차 산업 노동자 인터뷰, '현대자동차 조합원들의 장시간 노동실태와 일과 삶의 조화를 위한 개선방안', 현대자동차 근무형태변경추진위원회 자문위원회, 2011.

13 〈한겨레〉, 1990. 3. 10.

14 유성용, '가구적 관점에서 본 한국의 노동시간: 1999/2004년 생활시간조사 자료에 대한 분석을 중심으로', 〈한국사회학〉 제42집 3호, 41쪽.

15 한국노동패널조사 기초분석보고서 각 년도 참조.

16 이는 서구와는 다른 한국의 특성이라 볼 수 있다. 서구에 비해 한국에서는 여성의 경제활동 참여율이 낮으며, 특히 고학력 기혼 여성의 전업주부 비율이 대단히 높은 편이기 때문이다. 이는 장시간 노동 체제 하에서 재생산되고 강화되는 젠더규범과 연관하여 설명이 가능하다. 이에 대한 자세한 논의는 5절 '가족들의 생존기3—젠더이데올로기의 재강화와 여성들의 시간전쟁'에 있다.

17 한국보건사회연구원, '아동종합실태조사', 보건복지부 정책보고서, 2013

18 여성가족부, '홀로 남아 보호가 필요한 아동(나 홀로 아동) 안전현황 조사', 2011

19 조주은, '노동담론 뒤에 숨어 있는 가족, 그 속에서 내출혈을 앓고 있는 여성들', 〈당대비평〉 26호, 2004.

20 신경아, '노동시간과 여성의 노동 경험', 〈문화과학〉 20호, 1999, 72쪽.

21 신경아, 위의 글, 72쪽.

22 통계청·여성가족부, '2015 통계로 보는 여성의 삶', 2015. 여기서 '가사노동'이란, '성인(20세 이상) 기혼 남녀가 1일 평균 가정관리와 가족보살피기에 사용한 시간'을 의미한다.

23 통계청, '맞벌이 여부별 가사노동시간', e—나라지표에서 인용.

24 김수정·김은지, '한국 맞벌이 가구에서 가사노동과 경제적 의존의 관계: 교환

혹은 젠더보상?', 〈한국사회학〉 제41집 2호. 젠더보상은 남성은 가사분담률을 줄이고, 여성은 가사분담률을 늘리는 형태로 나타난다. 그러나 김수정·김은지의 연구에서는 남성은 변화가 없고 여성만 자신의 소득이 상대의 소득보다 높아지면 가사노동 시간을 점점 증가시키는 것으로 나타났다. 한국의 남성이 성평등해서가 아니다. 한국 남성들은 배우자의 소득 활동 여부, 소득 규모에 무관하게 가사노동에 할애하는 시간이 절대적으로 적기 때문에 통계적으로 유의미한 차이를 보여주지 못하는 것일 뿐이다.

25   조주은, '압축적 시간성을 통한 '바쁨': 서울 지역 중간계급 유배우 취업여성을 중심으로', 〈한국여성학〉 제24집 3호, 2008, 227~232쪽.

26   이화란(가명) 인터뷰, 2015. 5. 20.

27   이승희(가명), 조주은, 《기획된 가족》, 2013, 259쪽.

28   김혜경, '일-가족 접합의 역사와 친족관계의 변화', 《일·가족·젠더: 한국의 산업화와 일-가족 딜레마》, 강이수 엮음, 한울, 164쪽.

29   조주은, 2008, 232~234쪽.

5장

1   신경아, '시간제노동과 성평등: 박근혜 정부의 시간제 일자리 창출 정책에 대한 비판적 논의', 〈한국여성학〉 제30권 1호, 2014, 81~112쪽.

2   그 밖에 '전일제 일자리를 구하기가 힘들어서', '점진적 퇴직이나 인생 이모작을 위해서' 등의 이유도 있었다.

3   여기에 포함된 국가는 오스트레일리아·오스트리아·캐나다·덴마크·핀란드·독일·그리스·헝가리·아이슬란드·아일랜드·일본·이탈리아·룩셈부르크·폴란드·포르투갈·스페인·영국·미국이다. OECD Employment Outlook, 박준식·신경아·김영범, '저임금 여성 노동자 실태 보고서', 여성가족부, 2011에서 재인용.

4   Tilly, Chris, 'Dualism in Part—Time Employment', *Industrial Relations*, Vol. 31 No. 2, pp. 330–347.

5   Budig, Michelle J. and England, Paula, 'The Wage Penalty for Motherhood', *American Sociological Review*, Vol. 66 No. 2, pp. 204–225.

6   김경희·강은애, '가족 내 돌봄책임이 성별 임금에 미치는 영향', 〈아시아여성연구〉 제49권 2호, 2010, 121~156쪽.

7   이재인, '가사노동 참여에 관한 한국 대기업 남성들의 경험과 인식: S재벌 직장인을 중심으로', 〈한국가족자원경영학회지〉 14권 1호, 2010.

8   한인상, 〈이슈와 논점: 시간제 일자리의 쟁점과 입법·정책 과제〉, 국회입법조사처, 2013.

9   현대경제연구원, '시간제 일자리의 실상과 대응방안', 〈경제주평〉, 2013. 7. 5.

10 Yerkes, Mara. A., '유럽의 파트타임 근로: 네덜란드와 영국 비교', 〈국제노동브리프〉 2010년 11월호. 18~30쪽.

11 우명숙, '영국 시간제 근로: 기혼 여성의 일에서 보편적 유연근로로의 변화?', 〈산업노동연구〉 17(1): 2011, 321~351쪽.

12 Yerkes, 같은 글.

13 우명숙, 같은 글.

14 이주희·정성진·권지현. 2010. '여성 파트타임 일자리 국제 비교: 정책적 함의', 《한국사회학회 사회학대회 논문집》, 2010. 12, 767~777쪽.

15 오학수, '일본 파트타임 노동자의 최신 고용관리 및 근로 상황', 〈국제노동브리프〉 2013년 1월호. 62~73쪽.

16 이주희 외, 같은 글.

17 최은영, '미국 시간제 근로의 특성과 여성 고용에의 함의', 〈한국여성학〉 28(2): 2012, 145~184쪽.

18 최은영, 위의 글.

19 '풀타임 직원 대거 파트타임 전환...'포에버21' 논란 확산', 〈중앙일보〉 인터넷판, 2013. 8. 19.

20 전병유, '네덜란드에서의 시간제의 현황과 정책', 〈산업노동연구〉 17(1): 2011, 265~291쪽.

21 전병유, 위의 글.

22 그러나 이러한 제도들이 실제로 얼마나 효과적인가에 대해서는 의문이다(전병유, 위의 글, 746쪽). 생애주기 차원에서 근로자의 시간 선택권을 도입하려고 한 정부의 의도와는 달리, 경력 개발에 부정적일 것이라는 우려 탓에 실제 사용률은 낮다는 것이다.

23 Cox, Robert Henry, 'The Social Construction of an Imperative: Why Welfare Reform Happenedin Denmark and the Netherlands but Not in Germany', *World Politics* 53, April, 2001, pp. 463-498.

24 전병유, 같은 글.

25 김학노, '네덜란드 모델'의 성과와 한계', 《한국정치학회보》 38집 3호, 2004, 411~434쪽.

26 O'Reilly, Jacqueline, Fagan, Colette, 'Part-time Prospects: An International Comparison of Part-time Work in Europe, North America and the Pacific Rim', 2001.

27 Wielers, Rudi, and Dennis Raven, 'Part-time work and work norms in the Netherlands', *Discussion paper to be presented at the EqualSoc EMPLOY-FAMNET Workshop* in Berlin, Germany, 전병유, 2011, 285쪽에서 재인용.

6장

1 '"세계에서 서울이 최고인 50가지 이유" CNN 소개', 〈파이낸셜뉴스〉, 2011. 5. 26.

2 레온 크라이츠먼, 《24시간 사회》, 한상진 옮김, 민음사, 2001; 이종희·이영롱,

'24시간 사회의 이면—야간 파트타임 노동자를 중심으로', 〈진보평론〉 제54호, 2012. 12, 259~279쪽에서 재인용.

3 휴일근로는 연장근로시간에 포함되지 않는다. 휴일근로란 사용자가 근로자에게 일주일에 평균 1회 이상 주어야 하는 유급휴일에 일하는 것을 말한다. 연장·야간·휴일 시간에 이루어지는 노동에는 임금을 가산하여 지급해야 한다. 근로기준법 참조.

4 교대작업은 작업자들을 2개 반 이상으로 나누어 각각 다른 시간대에 근무하도록 함으로써 사업장의 전체 작업 시간을 늘리는 근로자 작업일정이나 작업 조직방법을 말한다. 교대작업자는 작업 일정이 순환 교대작업인 근로자를 말한다. 한국산업안전보건공단 교대작업자의 보건관리지침 참조.

5 잡코리아 좋은일연구소 2013년통계 http://cafe.naver.com/goodlab/3972

6 이진옥, '사회적 재생산을 통해 본 발전국가의 재해석', 〈여성학연구〉 22(1), 2012; 이종희·이영롱, '24시간 사회의 이면:야간 파트타임 노동자를 중심으로', 〈진보평론〉 제54호. 2012에서 재인용.

7 한국정보통신산업노동조합·장하나 의원실 주최, 〈'을이라도 되고 싶은 IT노동자 증언대회' 자료집〉, 2013

8 문재훈(남부비정규직센터 소장) 인터뷰 '수탈에 가까운 하청 구조를 어찌할 것인가', 김순천, 《대한민국 나쁜 기업 보고서》, 오월의봄, 2013.

9 한국정보통신산업노동조합·장하나 의원실, 같은 글.

10 "실적부진" 맥도날드, '24시간 캠페인'으로 심기일전 나서', 〈이투데이〉, 2015. 3. 25.

11 '새벽 2시, 햄버거 먹고 싶나요? 불 켜진 롯데리아에 빼앗긴 '잠'', 〈오마이뉴스〉, 2013. 10. 3.

12 〈일터〉 양영순 조합원 인터뷰

13 야간 전담 간호제의 경우 노동시간을 주간의 두 배로 인정한다고는 한다.

14 '마트에는 '까대기 치는' 그 사람이 있다', 〈오마이뉴스〉, 2015. 6. 11.

15 한국노동안전보건연구소, '고려대학교병원 노동자의 교대제 개선을 위한 노동

조건 실태 조사', 2009.

16 '[정동늬우스]감정노동자, 미소 속에 숨은 고통', 〈주간경향〉 948호, 2011. 11. 1.

17 전국민간서비스산업노동조합연명 취재요청 보도자료 2011. 11. 2.

8장

1 한국노동안전보건연구소, '현대자동차 노동강도 평가와 대안 마련을 위한 연구—울산공장을 중심으로'. 2005, 65쪽.

2 위의 글, 65쪽.

3 Nylén, L., Voss, M., Floderus, B., 'Mortality among women and men relative to unemployment, part time work, overtime work, and extra work: a study based on data from the Swedish twin registry' *Occup Environ Med*, 2001 Jan;58(1):52–57.

4 Buell, P., Breslow, L., 'Mortality from coronary heart disease in California men who work long hours', *J Chronic Dis*, 1960 Jun;11:615–626.

5 Hayashi, T., Kobayashi, Y., Yamaoka, K., Yano, E., 'Effect of overtime work on 24–hour ambulatory blood pressure', *J Occup Environ Med*, 1996 Oct;38(10):1007–11; Iwasaki, K., Sasaki, T., Oka, T., Hisanaga, N., 'Effect of working hours on biological functions related to cardiovascular system among salesmen in a machinery manufacturing company', *Ind Health*, 1998 Oct;36(4):361–7.

6 Allen, HM Jr., Slavin, T., Bunn, WB 3rd. 'Do Long Workhours Impact Health, Safety, and Productivity at a Heavy Manufacturer?', *J Occup Environ Med*, 2007 Feb;49(2):148–71.

7 Vegso, S., Cantley, L., Slade, M., Taiwo, O., Sircar, K., Rabinowitz, P., Fiellin, M., Russi, MB., Cullen, MR.. 'Extended Work Hours and Risk

292 · 우리는 왜 이런 시간을 견디고 있는가

of Acute Occupational Injury: A Case—Crossover Study of Workers in Manufacturing', *Am J Ind Med*, 2007 Aug;50(8):597—603.

8   Kleppa, E., Sanne, B., Tell, GS., 'Working Overtime is Associated With Anxiety and Depression: The Hordaland Health Study', *J Occup Environ Med*, 2008 Jun;50(6):658—66.

9   Ulhôa, MA, Marqueze, EC, Lemos, LC, Silva, LG, Silva, AA, Nehme, P, Fischer, FM, Moreno, CR., 'Minor psychiatric disorders and working conditions in truck drivers', *Rev Saude Publica*, 2010 Dec;44(6):1130—6.

10   Lee HE, Kim HR, Kong JO, Jang TW, Myong JP, Koo JW, Kim I, 'Weekend work and depressive symptoms among Korean employees', *Chronobiol Int*, 2015 Mar;32(2):262—9.

11   Kim I, Kim H, Lim S, Lee M, Bahk J, June KJ, Kim S, Chang WJ, 'Working hours and depressive symptomatology among full—time employees: Results from the fourth Korean National Health and Nutrition Examination Survey (2007—2009).Scand *J Work Environ Health*, 2013 Sep 1;39(5):515—20.

12   Yoon JH, Jung PK, Roh J, Seok H, Won JU, 'Relationship between Long Working Hours and Suicidal Thoughts: Nationwide Data from the 4th and 5th Korean National Health and Nutrition Examination Survey', *PLoS One*, 2015 Jun 16;10(6):e0129142

13   Cho YS, Kim HR, Myong JP, Kim HW, 'Association between work conditions and smoking in South Korea', *Saf Health Work*, 2013 Dec;4(4):197—200.

14   Jeon SH, Leem JH, Park SG, Heo YS, Lee BJ, Moon SH, Jung DY, Kim HC, 'Association among Working Hours, Occupational Stress, and Presenteeism among Wage Workers: Results from the Second Korean Working Conditions Survey', *Ann Occup Environ Med*, 2014 Mar 24;26(1):6.

15 Song JT, Lee G, Kwon J, Park JW, Choi H, Lim S, 'The Association between Long Working Hours and Self-Rated Health', *Ann Occup Environ Med*, 2014 Jan 20;26(1):2.

16 Lee HE, Kim HR, Park JS. Work—related risk factors for workplace violence among Korean employees. J Occup Health. 2014;56(1):12—20

17 Kim BH, Lee HE, 'The association between working hours and sleep disturbances according to occupation and gender', *Chronobiol Int*, 2015 Aug 28:1—6.

18 김보성, '주간연속 2교대제의 도입과 노동자 일상생활 변화: 두원정공 사례', 〈대한직업환경의학회 가을학회 연제집〉, 215쪽.

19 김인아, '시간의 주인이 되자: 비표준적 노동시간의 정치경제학적 의미와 영향', 〈노동과 건강〉 2011년 가을호.

9장

1 한국노동안전보건연구소, '고려대학교병원 노동자의 교대제 개선을 위한 노동조건 실태 조사', 2009.

2 'GPS로 추적당하는 영업사원 '감시 노이로제'', 〈서울신문〉, 2014. 1. 16.

3 '사무직 근로자의 근로시간 실태—IT 업종을 중심으로', 한국노동사회연구소, 2013.

4 '열사병의 원인은 태양이 아니라 저열한 제도', 〈일터〉, 2015. 7.

5 안규백, '작업중지권의 현재—한국지엠 사례를 중심으로', 2014년 4월 한국노동안전보건연구소 회원 월례토론회

6 '작업중지권의 법리적 쟁점—금속노조 법률원 김유정, 김태욱 변호사 인터뷰', 〈일터〉, 2014. 9.

7 산업안전보건법에서 중대재해란 사망 사고 혹은 3개월 이상 요양이 필요한

부상자가 동시에 두 명 이상 발생하거나 부상자 또는 직업성 질병자가 동시에 열 명 이상 발생한 경우로 정의되어 있다.

8   이숙견, '작업중지권의 성격과 현황', 민중의료연합, 2001.

9   〈매일노동뉴스〉, 2010. 6. 29.

10   〈노동판례리뷰〉, 한국노동연구원, 2014.

11   조흠학 외, '사업장의 작업중지권 행사에 관한 실태 조사', 산업안전보건연구원, 2013.

12   http://www.ilo.org/dyn/normlex/en/f?p=NORMLEXPUB:12100:0::NO::P12100_ILO_CODE:C105

13   박찬임 외, '상품판매원·전화상담원의 감정노동 실태', 〈월간 노동리뷰〉 2013년 9월호, 한국노동연구원.

14   성은지, '콜센터 감정노동자 보호를 위한 사업주의 안전배려의무 고찰: 통화종료권을 중심으로', 〈Ewha Law Review〉, 제4권 1호, 65~96쪽.

15   '언론사 파업기자 좌담, 낙하산 사장들이 우리의 직업윤리를 무너뜨렸다', 〈고대신문〉, 2012. 6.12, http://www.kukey.com/news/articleView.html?idxno=17978

16   서울고등법원 2014노 업무방해 2심 판결문.

17   전윤구, '노동법의 과제로서의 근로자 인격권 보호', 〈노동법연구〉 2012 하반기 제33호, 153쪽.

18   대법원 2011. 3. 17. 선고 2007도482 전원합의체 판결.

10장

1   막스 베버, 《프로테스탄티즘의 윤리와 자본주의 정신》, 김덕영 옮김, 길, 2010.

2   박노자, 2014. 2. 19. http://blog.hani.co.kr/gategateparagate/64833.

3   "새뮤얼 스마일스의 《자조론》은 1859년 영국에서 간행된 뒤, 조선에는 1906

년 7월 1일에 잡지 〈조양보〉에 처음으로 부분 번역, 소개되었다. 그 후 계몽기 학회지 〈서우(西友)〉 1907년 11월호 '논설'에 그의 사상이 집중 소개된다. 이에는 《자조론》의 주된 목적이 "청년을 고무하여 바른 사업에 근면케 하여 노력과 고통을 피하지 않고 극기와 자제에 힘써 타인의 도움이나 비호를 의지하지 않고 오로지 자기의 노력에 의지함에 있다"고 밝히고 있다. 그 뒤 1918년 당대 최고의 번역가 육당 최남선이 《자조론》을 단행본으로 발간했다. (정선태, "'말씀'에 취해 현실을 잊으렴!' 〈한겨레21〉, 2003. 8. 6.)

4 박노자, "'남자' 노릇하는 다양한 방법', 〈한겨레21〉 제610호, 2006. 5. 18.

5 박노자, 《비굴의 시대》, 한겨레출판, 2014, 112쪽.

6 김진송, '근면과 성실 혹은 아저씨 품성에 대하여', 〈탈영자들의 기념비〉, 〈당대비평〉, 2003; 박노자, '우승열패의 신화', 한겨레, 2005 참조.

7 1961년 5.16쿠데타로 권력을 잡은 박정희는 《국가와 혁명과 나》(향문사, 1963)의 끝에 이렇게 적었다. "소박하고 근면하고 정직하고 성실한 서민 사회가 바탕이 된, 자주독립된 한국의 창건, 그것이 본인의 소망의 전부다."

8 이 표현조차 일제강점기의 군가에서 유래했다는 설이 있다. "옛 일본 해군군가에는 '월월화수목금금'이라는 구절이 나온다. 쉼 없이 침략전쟁을 수행하는 군을 독려하며 식민지 노동력을 착취하기 위한 구호다. 이 표현은 소설가 최정희 씨가 1942년 '국민문학'에 기고한 '야국초'라는 소설에도 등장해 일본군의 정신무장을 상징하고 있다." (〈한국일보〉, 2006. 1. 23.)

9 앤 윌슨 섀프·다이앤 패설, 강수돌 옮김, 《중독 조직》, 이후, 2015 참조.

10 김영선, 《과로사회》, 이매진, 2013.

11 홀거 하이데, '두려움과 자본', 강수돌·홀거 하이데, 《자본을 넘어, 노동을 넘어》, 이후, 2009 참조.

12 이상헌, '제네바에서 온 편지: 노동자는 정말 게으른가', 〈슬로우뉴스〉, 2014. 11. 4.

13 강수돌·홀거 하이데, 《자본을 넘어, 노동을 넘어》, 이후, 2009, 113쪽.

14 스마일스가 쓴 《자조론》의 수많은 격언은 당시 조선 사람들을 향해 거침없이

말한다. "사람을 저주하는 것은 게으름이지 노동이 아니며, 게으름이 개인과 국민의 마음을 잠식하고 또 부식하는 것은 마치 녹이 쇠를 갉아먹는 것과 다름없다."(정선태, 앞의 글 〈한겨레21〉, 2003. 8. 6.)

15 김진송, 앞의 글.

16 이옥순, 《게으름은 왜 죄가 되었나》, 서해문집, 2012.

17 홀거 하이데, 《노동사회에서 벗어나기》, 박종철출판사, 2000; 강수돌·하이데, 앞의 책, 참조.

18 강수돌·하이데, 앞의 책, 127쪽.

19 원래 프롤레타리아(Proletariat)란 자기 자식 외에는 아무 재산이 없는 이들로, 주로 경제적 차원의 계급을 일컫는 말이다. 나는 이 경제적 프롤레타리아를 넘어, 사람들이 자기 고유의 느낌이나 감정조차 상실하게 된 상태를 일컫고자 정서적 프롤레타리아라 정의한다. (강수돌, 《노동을 보는 눈》, 개마고원, 2012; 강수돌, 《팔꿈치 사회》, 갈라파고스, 2013.)

20 조지 오웰, 《1984》, 김기혁 옮김, 문학동네, 2009.

21 에티엔 드 라 보에시, 《자발적 복종》, 심영길·목수정 옮김, 생각정원, 2015.

22 박노자, 앞의 글. 2014. 2. 19.

23 구미방무, 《특명전권대사 미구회람실기》, 방광석 옮김, 소명, 2011, 제2권, 41~65쪽(박노자, 앞의 글, 2014. 2. 19. 재인용).

24 홀거 하이데, '두려움과 자본', 앞의 글 참조.

25 김영선, '장시간 노동의 돼지우리에서', 한국노동안전보건연구소 강연회 발표문, 2014. 8. 8., 김영선, 《과로사회》, 이매진, 2013, 62~63쪽 참조.

26 〈동아일보〉, 2015. 4. 17.; 〈한국경제〉, 2015. 7. 3.; (이런 입장에의 반론은) *Frankfurter Rundschau*, 2011. 6. 22.; 〈허핑턴포스트〉, 2015. 6. 30.

27 일례로 〈매일경제〉, 1998. 1. 22. (한라건설의 경우, 상여금 300퍼센트와 연월차휴가 반납, 복리후생비 삭감, 매일 한 시간 일 더 하기, 매월 마지막 주 토요휴무 폐지 등을 노사가 약속함); 이윤호, '경제위기의 근원과 해법', 〈한국경제〉, 2000. 11. 20.; 김대중 대통령 취임사, 〈오마이뉴스〉, 2003. 2. 24. 등 참조.

28 강준만, 《개천에서 용 나면 안 된다》, 인물과사상사, 2015.

29 〈민중의 소리〉, 2015. 3. 25.

30 강준만, '우리는 왜 개천에서 난 용 신화를 포기하지 않는가?—앨저 컴플렉스',
    칼럼방, 2014. 7. 1. http://blog.naver.com/personnidea/220407012768

31 강준만, 앞의 글, 2015. 7. 1.

32 이반 일리치, "평화의 근원적 의미를 생각한다." 〈녹색평론〉 제62호, 2002년
    1–2월호.

33 일례로 김효근, 《신지식인》, 매일경제신문사, 1999.

34 〈오마이뉴스〉, 2015. 7. 3.; 〈SBS〉 TV, 2015. 7. 6.

35 〈YTN〉, 2015. 7. 7.

36 박태주, 《현대자동차에는 한국노사관계가 있다》, 매일노동뉴스, 2014.

37 물론 청주 우진교통의 협동조합식 자주관리 사례나 인천 키친아트의 노동자
    자주관리 같은 사례도 주목할 만하다. 강수돌, 《자본주의와 노사관계》, 한울,
    2014 참조.

38 이론적으로 보면, 노동(arbeit, labor)과 마찬가지로 부지런함(fleiß,
    diligence)에도 소재적 차원과 관계적 차원이 있다. 소재적 차원은 보편성을
    지니지만, 관계적 차원은 역사적, 사회적 관계에 따라 의미가 달라지는 특수
    성이다. 노예의 부지런함과 자유인의 부지런함에 차이가 생기는 까닭이다.

39 이런 면에서 한 대안연구공동체가 2014년 12월, '게으름의 숭고함'과 '여가권'
    을 되찾기 위해 함께 공부를 하자고 제안한 것은 신선한 시도다(http://cafe.
    naver.com/paideia21/5902 참고).

40 특이하게도 한국의 경우는 2012년과 2013년이 2163시간으로 동일하며,
    2014년치는 공식 입력되지 않았다. http://stats.oecd.org/ (2015. 7. 10. 현재)

41 〈한국경제TV〉, 2015. 5. 18.

42 〈국민일보〉, 2015. 6. 25.

43 박노해, 《그러니 그대 사라지지 말아라》, 느린걸음. 2010.

44 그렇지 않으면 자칫 '국가사회주의' 내지 '파시즘'의 오류를 범하기 쉽다. 예

컨대 독일, 폴란드 등 유럽 곳곳에 설치되었던 강제노동수용소(Konzen-trationalager) 입구에는 '노동이 (너희를) 자유케 하리라(Arbeit macht frei)' 라는 구호가 있는데, 겉보기에 노동=자유였으나 실제로는 노동=굴욕이었 다(P. J. Winters, *Gedenkstätte und Museum Sachsenhausen*, Berlin: Stadtwandelverlag, 2012 참고).

45 〈매일노동뉴스〉, 2015. 3. 27.

우리는 왜 이런 시간을 견디고 있는가

초판 1쇄 발행 2015년 11월 30일
    2쇄 발행 2016년 3월 31일

지은이 | 전주희, 김영선, 정재현, 김보성, 신경아, 정하나, 김형렬, 김인아, 최민, 강수돌

펴낸이 | 이정규
발행처 | 코난북스
출판신고 | 2013년 9월 12일 제 2013-000275호
주소 | 서울시 마포구 성산동 253-10 3층
전화 | 070-7620-0369 팩스 | 050-5330-1020
이메일 | conanpress@gmail.com

ISBN 979-11-952181-4-1 03330

* 이 책은 한국출판문화산업진흥원 2015년 우수출판콘텐츠 제작 지원 사업 선정작입니다.
* 이 책의 국립중앙도서관 출판시도서목록(CIP)은 e-CIP(http://www.nl.go.kr/ecip)와
  국가자료공동목록시스템(http://www.nl.go.kr/kolisnet)에서 이용하실 수 있습니다.
  (CIP 제어번호: CIP2015032201)